전문법칙의 이해와 오해

Understanding and Misunderstanding of
the Rule against Hearsay

김희균

박영사

미국 사람들은 들어서, does와 doesn't를 잘 분간하지 못한다

— Roger Park —

머리말

2004년 여름 얘기다. 미국 로스쿨에서 증거법 박사과정을 마치고 논문을 쓰던 나는 서울에 있는 좋은 학교에서 법학과 학과장님의 연락을 받고 형법 교수 자리에 지원해서 최종면접까지 올라갔다. 당시 이사장님께서 '아직 학위는 못 받았냐?'고 물으셔서 '이제 구두시험(oral defense)만 남겨 놓고 있습니다'라고 말씀드렸다. 교수 지원자로서 나를 그다지 탐탁하게 여기신 건 아닌 것 같지만, 그래도 박사학위만 받아 오면 뽑을 의향도 있다는 말씀으로 알고 미국 학교로 돌아왔다. 당시만 해도 구두시험은 대부분 형식적인 절차였다. 지도교수가 좋다고 해서 구두시험에 올린 것인데, 사이가 아주 나쁘지 않다면 위원으로 참여한 다른 교수가 어깃장을 놓는 일은 거의 없었다. 그래서 나는 가벼운 통과의례라고 생각하고 구두시험장에 부담 없이 들어갔다. 거금을 들여서 스타벅스 커피를 열댓 잔이나 준비하고, 유학생 몇 명을 방청객으로 부르기까지 했다. 그런데 위원으로 참여하셨던 Orenstein이라는 분이 내 요약 발표가 끝나자마자 제일 먼저 이의를 제기하셨다.

"어, 크로포드 얘기가 없네!"라고. 마침 그해 봄에 크로포드 v. 워싱턴 (Crawford v. Washington)이라고 하는 '이상한' 판결이 나와서 우리가 알던 미국 전문법칙 자체가 완전히 바뀌고 말았다. 빨리 일자리를 찾아야 한다는 생각에 딴 데 정신을 팔고 있다가 내가 정통으로 뒤통수를 맞은 것이다. 일자리가 날아간 것은 물론이고, 나는 그해 가을과 겨울, 크로포드 공부를 하느라고 지겨운 유학생활을 1년 가까이 더 늘려야 했다.

2005년 법학과 교수가 되고 나서도 나는 크로포드 판결에 대한 앙금을 지우지 못했다. 별로 보고 싶지가 않았다. 재임용을 위해서 논문을 급히 써야 할 때 말고는 크로포드를 잘 들여다보지 않았다. 2010년에 로스쿨로 자리를 옮기고 나서도 마찬가지였다. 그러다가 2010년대 중반에 내가 있던 인디애나 대학으로 연구년을 다녀오신 어떤 교수님께서 "오렌슈타인 교수님이 당신 논문 얘기를 하던데"라고 말씀해 주셨다. 그 얘기를 듣고 나는 기억에도 희미한 그 교수님께 처음으로 죄송스러운 마음이 들었다. 내가 공부를 못 한 탓이지, 그 교수님께서 잘못 지적하신 것은 전혀 아니기 때문이다. 크로포드를 모르고는 전문법칙을 안다고 얘기해서는 안 되는 일인 것도 맞기도 하고, 말이다.

하지만 또 그러고 나서도 나는 몇 년을 다른 일에 얽매여 있었다. 주로 용역보고서를 쓰고, 영어 책을 번역하는 일을 했다. 그러다가 그 일마저 주는 사람이 점점 줄어드는 시기가 되자, 나는 드디어 마음을 먹었다. 전문법칙과 그 예외 이론, 그리고 크로포드 판결에 대한 글을 쓸 때가 되었다고 판단한 것이다. 나는 가장 집중이 잘 되는 집 앞 스터디 카페에 등록하고, 지난 봄과 여름, 가을까지 이 글을 썼다. 그래서 이제 조심스럽게 그 보고의 글을 올리는 것이다.

나는 지난 20년간 거의 한 해도 빠짐없이 형사소송법 강의를 했다. 그중 적어도 3주 이상은 전문법칙과 그 예외 이론에 할애했다. 그런데 전문법칙에 대한 우리 법제가 워낙 복잡해서, 매년 새롭게 깨닫는 게 있고, 금년도 예외는 아니다. 그리고 이제야 조금씩 명확하게 전문법칙이 보이기 시작했다. 왜 전문법칙이 필요하고, 왜 전문법칙이 까다로운 법칙인지, 왜 우리는 전문법칙에 대한 근본적인 법 개정을 해야 하는지 이해하게 된 것이다. '이게 무슨 말인지 이제야 알게 되다니!'라는 대목이 한둘이 아니다. 물론 이것마저도 최종본은 아닐 것 같다. 아직도 내가 모르는 게 틀림없이 있을 것 같아서, 답답하고 두렵기만 하다.

제1부 '전문법칙의 이해와 오해'는 내가 그동안 공부한 내용에 대한 보고서이다. 시간이 많지 않아서 이 책에 오래 머물 여유가 없으신 독자는 바로 제1부 제4장으로 가서 크로포드 판결 얘기만이라도 읽고 가기를 권한다. 이것만큼은 어느 곳에서도 못 들어보았고, 또 앞으로도 잘 못 들어볼 얘기일 것 같기 때문이다.

제2부 '그림으로 풀어보는 전문법칙'은 지난 공부에 대한 보고이면서, 내가 앞으로 하고 싶은 연구에 대한 기초연구다. 나는 수년 전까지 작고하신 캐나다의 증거법학자 Douglas Walton이라는 분의 논증도식(argument scheme) 이론을 공부했었다. 사실인정을 하는 판사나 배심원의 머릿속에서 일어나는 증명 과정을 그림 위에 도표로 그리는 것이 너무 매력적이라서 본격적으로 가담해서 배우

고 싶었는데, 그것 역시 다른 일에 치여서 제대로 해내지 못했다. 그러다가 학생들 가르친답시고 칠판에 이리저리 그리던 것이 생각나 이번에 용기를 냈다. 직접사실은 뭐고, 간접사실은 뭐고, 간접사실에 대한 정황증거는 무엇인지, 그림으로 상세히 표현해 보려고 했다. 기존 판례 3개를 평석하는 형식을 빌려 증명 과정을 그린 것이므로, 최소한 신선한 느낌은 드릴 수 있을 것 같다.

이제는 다시 질책과 꾸지람의 시간이다. 읽어 보시고 제 글의 부족한 부분에 대해서 가차 없이 비판해 주시기를 간곡히 부탁드린다. 그게 혹시라도 우리들 사이의 토론으로 이어진다면 학자로서 더없는 영광일 것 같다. 존경하는 많은 선후배님들께 이 글을 바친다. 우리의 공부가 금년에는 더 활발해지기를 소망할 따름이다.

부족한 글을 훌륭한 책으로 만들어 주신 박영사 안상준 대표님과 윤혜경 대리님께 깊이 감사를 드린다. 박영사의 저자 중 한 사람으로서 자부심을 가지고, 이 길로 계속 정진할 것을 약속드린다.

2024년 2월
서울시립대학교 연구실에서,
김희균 올림

목 차

제1부　전문법칙의 이해와 오해

제1장　우연히 알게 된 전문법칙◆3

제2장 조사자의 증언도 증거가 될 수 있을까?◆46
— 제316조 제1항 —

제3장 피고인의 '말'도 증거가 될 수 있을까?◆70
— 제312조 및 제313조 —

제4장 크로포드 판결에서 우리가 배울 게 있다면◆99

제2부 그림으로 풀어보는 전문법칙

제1장 성추행 피해자: "저 사람이에요!"◆129
— 대법원 2021. 2. 25. 선고 2020도17109 판결 —

제2장 "내 말대로 해!"를 해석하는 방법◆157
— 대법원 2012. 9. 13. 선고 2012도7461 판결 —

제3장 "뽑아라, 말이야!"◆175
— 대법원 2018. 5. 15. 선고 2017도19499 판결 —

제 1 부

전문법칙의
이해와 오해

우연히 알게 된 전문법칙

I. 들어가며

우리 법이 채용하고 있는 3대 증거법칙 가운데 하나로 전문법칙(rule against hearsay)이 있다. 자신이 직접 경험한 것이 아니라 남에게 들어서 전하는 진술,[1] 즉 전문진술(hearsay)은 증거로 하지 못한다는 원칙이다.

재판은 과거의 사실을 찾아가서 그 진위를 확인하는 과정이다. 당연히 그 사실에 관해서 아는 사람을 불러서 진술을 듣고, 그 외 증거물 등을 확인한다. 그런데 사람을 부를 때 아무나 부르는 게 아니다. 사건을 직접 경험한(having first knowledge) 사람을 불러서 증언을 듣는다. 그리고 그 사람의 증언이 믿을 만한지 검증하는 과정을 거친다.

가령, 살인사건이라면 목격자를 부른다. 살해 장면을 봤다고 주장하는 사람을 불러 얘기를 듣는 것이다. 이때 먼저 선서를 시키면서 위증의 벌을 경고하기도 하고, 증언하는 태도를 보기도 한다. 또, 목격하게 된 경위 등 다른 문맥(larger context)을 질문하면서 그 경험 사실이 진실인지 확인한다. 이를 통틀어 반대신문(cross−examination)이라고 한다.

반대신문을 거친 진술과 거치지 않은 진술은 그 신빙성(reliability) 면에서 상당한 차이가 있다. 반대신문이라는 검증절차를 거치면 진실에 가까운 증언을 얻을 수 있다. 반대신문을 '진실 발견을 위한 법적 엔진'이라고 부르는 이유가 그것이다. 증언도 사람의 진술이기 때문에 그것이 사실에 가까운 것이려면 다음 네 가지 점에서 흠이 없어야 한다.

sincerity, perception, memory, communication difficulties[2]

즉, 진술자가 진실해야 하고, 지각 능력에 이상이 없어야 하고, 기억에 문제가 없어야 하고, 표현을 정확하게 해야 한다. 그래야 그 사람의 진술이 믿을 만하다고 할 수 있다. 반대신문은 그걸 확인하는 절차다.

그런데 만약, 경험자가 직접 나오지 않고 그 경험한 내용을 전해 들었다는 사람이 나온다고 생각해 보자. 그러면 그 경험 내용을 반대신문을 통해서 검증할 수가 없다.

가령, 피고인이 탄 포드 차량이 교차로에서 신호를 위반한 결과 피해자 차량과 충돌하게 되었다는 범죄사실에 대하여 甲이 목격자로서 "사건 당시 포드 차량이 빨간 불인데도 교차로를 건넜다"라고 진술했고, 그걸 전해 들은 경찰관 乙이 증인으로 법정에 나온다고 가정해 보자. 피고인 측 변호인과 증인 乙 사이에는 대략 다음과 같은 질문과 답변이 오갈 것이다.

문: 사고 당시, 甲이 정확하게 뭐라고 진술을 하던가요?
답: '포드 차량이 빨간 불인데도 교차로를 건넜다'라고 했습니다.
문: 포드 차량이 신호위반을 할 때, 甲이 정확하게 어떤 위치에 있었다고 하던가요?
답: 그건 제가 잘 모르겠습니다.
문: 남쪽을 보고 있었으면 햇빛 때문에 보기가 힘들었을 것 같은데, 어느 쪽에서 있었다고 하던가요?
답: 글쎄요. 그것도 제가 잘 모르겠습니다.
문: 甲이 포드 차하고 그와 비슷하게 생긴 볼보 차를 구별할 수 있었을까요?
답: 모르겠는데요.
문: 포드 차가 교차로에 진입했을 때 신호가 바뀌었나요, 아니면 진입하기 전에 신호가 바뀌었나요?
답: 글쎄요. 제가 甲이 아니어서.[3]

이런 식의 알맹이 없는 문답이 오갈 수밖에 없다. 반대신문으로 알아낼 정보가 거의 없다. 경험한 사람이 직접 말하는 진술이 아니라 그 경험자로부터 들은 것을 그대로 반복하는[4] 진술은 신빙성이 떨어진다.[5] 그래서 증거로 쓸 수 없다고 한다. 이것이 바로 전문법칙이다. 전문진술, 들어서 전하는 진술은 증거로 못 쓴다는 뜻이다.

하지만 경우에 따라서는 전문법칙에도 예외가 있을 수 있다. 경험자를 직접 불러서 확인한 것은 아니지만, 그 내용이 상당히 믿을 만한 것일 때도 있다. 가령, 살인사건 현장에서 범인이 검은색 승용차를 몰고 도주했다는 사실을 확인했는데, 그 승용차의 차적을 조회한 결과 K-렌트카 회사 차량이었다고 하자. 경찰은 당시 렌트 기록을 증거로 제출해서 피고인이 그 차량을 빌려서 운전했다는 사실을 입증하려고 한다. 그렇다면 원칙적으로는 피고인에게 차량을 렌트해 준 K-렌트카 회사 종업원을 법정에 증인으로 불러야 한다. 그렇지 않고 "내가 피고인에게 차량을 렌트해 주었다"는 종업원의 말을 들은 가게 사장이나 "내가 피고인에게 차량을 렌트해 주었다"고 종업원이 장부에 적은 것을 증거로 제출하는 것은 증거가 될 수 없다. 전문법칙 때문이다.

하지만 실제 사건에서 이런 증거가 제출되면, 즉, 렌트카 종업원이 아닌 제3자의 진술이나 그가 작성했다는 장부가 증거로 제출되면, 법원은 그걸 증거로 쓸 가능성이 높다. 그 이유는 그 증거가 신빙성이 높아서 굳이 렌트카 종업원을 불러서 확인할 필요가 없기 때문이다. 실제로 여러분이 그 종업원이었다고 생각해 보자. 나중에 살인사건에서 피고인이 될 고객이 매장에 와서 차량을 달라고 하면서 신분증을 제시한다. 그 사실을 기록에 남기는 것이 여러분의 할 일이기 때문에 굳이 빌려 가는 사람이 누군지 거짓말로 적을 이유가 없다. 여러분의 일이란 기록 작성을 기계적으로 반복하는 것이기 때문에 사실대로 적었을 가능성이 높다는 말이다. 이처럼 "피고인이 차량을 대여해 갔다"라는 진술은 제3자가 법정에 보고함에도 불구하고, 또는, 기록에 적혀서 법정에 보고됨에도 불구하고, 신용성 또는 신빙성이 있어서 예외적으로 증거능력을 인정받을 수 있다.[6] 이걸 전문법칙의 '예외'라고 한다. 예외적으로 증거가 될 수 있다는 뜻이다.

우리 법에도 이처럼 전문법칙을 적은 원칙 규정, 제310조의2가 있고, 다음과 같이 6개 조문에 걸쳐 예외가 규정되어 있다. 그 가운데 제311조부터 제315

조까지는 '서류'에 관한 예외다. 즉, 경험자가 진술한 것을 글로 적어서 낸 것을 예외를 인정해서 증거로 받는다. 그리고 제316조는 '진술'에 관한 예외다. 즉, 경험자의 말을 제3자가 들어서 법정에 전달하는 것에도 증거능력을 인정한다.

그리고 이와 같이 총 6개 조문에 적혀 있는 예외 가운데 특히, 예외 인정의 요건으로 '신용성' 또는 '신빙성'이 필요하다고 명시한 부분이 8군데 나온다. 이를 표로 정리하면 다음과 같다.

조문			예외 인정 요건으로서 '특신상태'
311			
312	①		그 조서에 기재된 진술이 특히 신빙할 수 있는 상태 하에서 행하여졌음이 증명된 때에 한하여 증거로 할 수 있다.
	②		그 조서에 기재된 진술이 특히 신빙할 수 있는 상태 하에서 행하여졌음이 증명된 때에 한하여 증거로 할 수 있다.
	③		
	④	본문	
		단서	그 조서에 기재된 진술이 특히 신빙할 수 있는 상태 하에서 행하여졌음이 증명된 때에 한한다.
	⑤		
	⑥		
313	①	본문	
		단서	그 진술이 특히 신빙할 수 있는 상태 하에서 행하여진 때에 한하여 피고인의 공판준비 또는 공판기일에서의 진술에 불구하고 증거로 할 수 있다.
	②	본문	
		단서	
	③		
314	본문		
	단서		그 진술 또는 작성이 특히 신빙할 수 있는 상태 하에서 행하여졌음이 증명된 때에 한한다.
315(iii)			기타 신용할 만한 정황에 의하여 작성한 문서
316	①		그 진술이 특히 신빙할 수 있는 상태 하에서 행하여졌음이 증명된 때에 한하여 이를 증거로 할 수 있다.
	②		그 진술이 특히 신빙할 수 있는 상태 하에서 행하여졌음이 증명된 때에 한하여 이를 증거로 할 수 있다.

위 표에서 보는 것처럼 전문법칙의 예외가 되기 위해, 아무런 조건이 붙어 있지 않은 것도 있다. 가령, 제311조에 있는 법관 앞에서 작성된 서류 같은 게 그런 예다. 그 서류는 법관이 듣는 상태에서 양 당사자가 참여한 가운데 진술한 것이기 때문에 믿을 만한 진술이라고 법이 인정해 준다. 또, 색다른 요건이 적혀 있는 경우도 있다. 가령, 제313조에서는 서류가 '자필'이어야 한다는 게, 예외 인정 요건이다.

그런데 이보다 훨씬 더 많은 8개 조문에서, 전문법칙의 예외가 되기 위해서는 신빙성이 있을 것, 즉, '그 진술이 특히 신빙할 수 있는 상태'(이하 "특신상태") 하에서 행하여졌음이 증명될 것이라는 조건이 붙어 있다. 그럴 때에만 그 '서류'나 '진술'을 증거로 받는다고 한다. 증인이나 증거서류를 내는 입장에서는 제출하는 증거에 특신상태가 있는지 증명해야 한다. 결국, 특신상태가 무엇인지를 이해하고 그에 대응하는 것이 형사재판에서 중요한 일이 된다.

그런데 위 표에서 한 가지 특이한 것은, 총 8개 가운데 제315조 제3호에만 '신빙'이 아니라 '신용'이라는 단어가 들어가 있다는 점이다(음영 참조). 나머지 7개 조문에는 거의 비슷한 내용으로, "진술이 특히 신빙할 수 있는 상태 하에서 행하여졌음이 증명"되는 경우에는 증거능력이 있다고 한다.

많은 교과서에서 단어의 앞 글자를 따서 소위 '특신상태'의 요건이라고 설명하는[7] 이 규정들은 1954년 제정형사소송법 이래 많은 변천과정을 거쳐 왔다. 제정 당시에는 총 3군데 규정되어 있다가 제1차 개정을 한 1961년에 6군데로 늘어났고, 2007년 개정 시에 2개가 더 추가되어 현재에 이른다. 그 과정을 간략하게 3개의 도표로 표시하면 다음과 같다.

1954		특신상태
311		
312	본문	
312	단서	
313		
314	본문	
314	단서	
315(iii)		(신용)
316	본문	
316	단서	

1961			특신상태
311			
312	①	본문	
312	①	단서	추가+
312	②		
313	①	본문	
313	①	단서	추가+
313	②		
314		본문	
314		단서	
315(iii)			(신용)
316	①		추가+
316	②		

2007			특신상태
311			
312	①	본문	
312	①	단서	
312	②	본문	
312	②	단서	추가+
312	③		
312	④	본문	
312	④	단서	추가+
312	⑤		
312	⑥		
313	①	본문	
313	①	단서	
313	②		
314		본문	
314		단서	
315(iii)			(신용)
316	①		
316	②		

제일 왼쪽에 있는 표가 형사소송법이 제정되던 1954년 버전이고, 그 다음이 1961년, 그 다음이 2007년 버전이다. 문구는 거의 비슷하지만 시기마다 '특신상태'의 위치나 의미가 조금씩 달라져 현재에 이른다.[8]

본 장의 목적은 그 각각의 '특신상태'의 의미를 이해하는 데 있다. 여기서는 먼저 형사소송법 제정 당시 3군데 조문에 나오는 특신상태 규정을 영미법 상 전문법칙과 비교해서 살펴보고, 우리 판례의 견해를 검토하기로 한다. 그 나머지 규정들에 대해서는 다음 장에서 다루기로 한다.

Ⅱ. 특신상태란 무엇인가

1. 신용성인가, 신빙성인가?

제정형사소송법 상 전문법칙의 예외 가운데는, 앞에서 본 것처럼 예외 인정의 요건으로 글자 '신용'을 요구하는 곳이 있고, '신빙'을 요구하는 곳이 있다. 제315조 제3호는 "기타 특히 **신용**할 만한 정황에 의하여 작성된 문서"는 증거능력이 있다고 하고, 제314조 및 제316조 단서는 "진술이 특히 **신빙**할 수 있는 상태 하에서 행하여졌음이 증명된 때"에는 증거능력이 있다고 한다. 막상 법정에 나온 것은 경험자 자신이 아니라 그로부터 얘기를 들은 제3자이거나 작성한 서류이다. 그런데 그 안에 들어 있는 진술을 증거로 인정한다. 믿을 만한 내용이기 때문이다.

그런데 그 설명이 하나는 '신용성이 있으니까'이고, 다른 하나는 '신빙성이 있으니까'이다. 이 두 개의 버전이 유의미한 차이가 있는지[9] 보기 위해서는 형사소송법 제정과정을 잠깐 들여다볼 필요가 있다.

해방 후 형사소송법 법전편찬위원회가 구성되어[10] 「형사소송법초안」(이하 "초안")이 만들어진 것은 6·25 전쟁 중이던 1952년 4월이었다. 초안 증거 편[11]을 보면 전문법칙이나 전문법칙의 예외에 대한 별다른 설명 없이 서류에 관한 특별규정이 하나 추가되는데,[12] 그게 바로 초안 제302조이다.

> 제302조 다음에 계기(揭記)한 서류는 증거로 할 수 있다.
> 1. 호적등본이나 초본, 공정증서등본 기타 공무원 또는 외국공무원의 직무상 증명할 수 있는 사항에 관하여 작성한 문서
> 2. 상업장부, 항해일지 기타 업무상 필요로 작성한 통상문서
> 3. 기타 특히 **신용**할 만한 정황에 의하여 작성된 문서[13]

현행 형사소송법 제315조와 내용상 크게 다를 바 없는 규정으로서,[14] 공무원의 문서나 상업장부 등은 그걸 적은 사람이 직접 법정에 나오지 않고 문서나 장부가 나와도 증거가 된다고 한다. 그런 다음 2년 정도 지난 1954년 2월 15일

에 국회 법제사법위원회가 '수정안'을 만들어서 국회에 제출하는데, 그때 다음과 같이 2개의 조문이 추가된다.

제301조 단행(신설)
「단, 조서 또는 서류는 그 진술 또는 작성이 특히 **신빙**할 수 있는 상태 하에 서 행해진 때에 한한다.」

제302조의2(신설)
「피고인 아닌 자의 공판준비 또는 공판기일의 진술이 피고인 아닌 자의 진술을 그 내용으로 하는 것인 때에는 원진술자가 사망, 질병, 기타 사유로 인하 여 진술할 수 없는 때에 한하여 증거로 할 수 있다. 단 그 진술이 특히 **신빙** 할 수 있는 상태 하에서 행하여진 때에 한한다.」[15]

이 가운데 제301조는 이미 만들어져 있던 법안에 단서만 추가한 것이고, 제 302조의2는 아예 조문 하나를 새로 만들어 넣은 것이다.

제301조는 수사기관이 작성한 각종 조서를 어떤 경우에 증거로 쓸 수 있는 지에 대한 규정이다. 보통 피의자나 참고인으로 불려 가서 조서를 쓰고 나면 도 장을 찍고 나오는데, 나중에 법정에 나가서 자신이 찍은 도장이 맞는지, 그리고 자신이 말한 대로 제대로 적혀 있는지 확인을 해 주면 그 조서를 증거로 쓸 수 있다. 그런데 제301조는 거기다 단서를 추가해서, 특신상태를 더 요구하게 되었 다. 그 진술이 특히 신빙할 수 있는 상태 하에서 행하여진 때에 한하여 증거능력 이 있다고 한 것이다.

제302조의2는 현행법 제316조 제2항처럼 전문'진술'이 문제된 상황에서, 다 시 말하면, 법정에 나온 증인이 법정에 나오지 못한 사건 경험자의 진술을 전하 는 경우에, 경험자가 법정에 나오지 못하더라도 '특신상태'가 증명되면 증거로 할 수 있다는 취지의 규정이다.

이상과 같은 2개의 조문이 초안에는 없다가 국회 법제사법위원회 공청회 등 을 거치면서 새로 추가된다. 이를 간단히 도표로 정리하면 다음과 같다.

조문	내용	비고
302	다음에 게기(揭記)한 서류는 증거로 할 수 있다[...] 3. 기타 특히 **신용**할 만한 **정황**에 의하여 작성된 문서	초안
301	전2조의 경우에 공판준비 또는 공판기일에의 진술을 요할 자가 사망, 질병 기타 사유로 인하여 진술할 수 없는 때에는 그 조서, 기타 서류나 물품을 증거로 할 수 있다. <u>단, 조서 또는 서류는 그 진술 또는 작성이 특히 **신빙**할 수 있는 **상태** 하에서 행해진 때에 한한다</u>	수정안 (왼쪽 표 밑줄 부분 추가)
302조의2	<u>피고인 아닌 자의 공판준비 또는 공판기일의 진술이 피고인 아닌 자의 진술을 그 내용으로 하는 것인 때에는 원진술자가 사망, 질병, 기타 사유로 인하여 진술할 수 없는 때에 한하여 증거로 할 수 있다. 단 그 진술이 특히 **신빙**할 수 있는 **상태** 하에서 행하여진 때에 한한다.</u>	

위 표에서 본문 내용은 지금 잘 이해하지 못해도 상관없다. 문제는 강조표시를 한 부분들이다.

위 표에서 보는 것처럼 초안에는 '신용'이라는 글자가 있고, 수정안에는 '신빙'이라는 글자가 있다(굵은 글자 참조) 또, 초안에는 '정황'이라는 단어가 있고, 수정안에는 '상태'라는 단어가 있다(밑줄 있는 굵은 글자 참조). '정황'이나 '상태'가 아주 다른 의미는 아닌 것 같은데,[16] 그것마저도 다르게 들어가 있다. 그렇다면 처음 초안을 만들 때와 수정안을 만들 때, 우리 입법자들이 굳이 다른 단어를 씀으로써, 다른 의미를 부여하고자 한 것일까?[17]

그런 것 같지는 않다. 초안을 만들 때나 수정안을 만들 때나 우리 입법자들은 전부 일본 쇼와형사소송법을 참고했다.[18] 일본은 우리 형사소송법보다 6년 앞선 1948년 미국의 영향을 받아 형사소송법을 개정하면서 미국식 전문법칙과 그 예외 규정을 적어 놓았다.[19] 그 규정이 초안과 수정안 모두에 영향을 미쳤다.

실제로, 위 표에 나오는 3개의 조문 모두 쇼와형사소송법에 거의 같은 내용으로 들어가 있다.[20] 쇼와형사소송법에도 위 표에 적은 각종 예외에 관한 조항이 들어 있다. 그것과 거의 비슷한 내용이 우리 형사소송법에도 들어온 것이다. 비교를 위해 쇼와형사소송법과 우리 법 초안 및 수정안 규정을 나란히 놓아 보면 다음과 같다.[21][22][23]

쇼와형사소송법(1948)		초안 및 수정안(1954)	
내용	조문	조문	내용
前二号に掲げるものの<u>外特に信用すべき情況の下に作成された書面</u>	323(iii)	302(초안)	다음에 게기(揭記)한 서류는 증거로 할 수 있다[...] 3. <u>기타 특히 신용할 만한 정황에 의하여 작성된 문서</u>
前二号に掲げる書面以外の書面については、供述者が死亡、精神若しくは身体の故障、所在不明又は国外にいるため公判準備又は公判期日において供述することができず、且つ、その供述が犯罪事実の存否の証明に欠くことができないものであるとき。但し、その供述が<u>特に信用すべき情況の下にされたものであるときに限る。</u>	321①(iii)	301(수정안)	전2조의 경우에 공판준비 또는 공판기일에의 진술을 요할 자가 사망, 질병 기타 사유로 인하여 진술할 수 없는 때에는 그 조서, 기타 서류나 물품을 증거로 할 수 있다. <u>단 조서 또는 서류는 그 진술 또는 작성이 특히 신빙할 수 있는 상태 하에서 행해진 때에 한한다.</u>
被告人以外の者の公判準備又は公判期日における供述で被告人以外の者の供述をその内容とするものについては、第三百二十一条第一項第三号の規定を準用する。	324②	302조의2 (수정안)	<u>피고인 아닌 자의 공판준비 또는 공판기일의 진술이 피고인 아닌 자의 진술을 그 내용으로 하는 것인 때에는 원진술자가 사망, 질병, 기타 사유로 인하여 진술할 수 없는 때에 한하여 증거로 할 수 있다. 단 그 진술이 특히 신빙할 수 있는 상태 하에서 행하여진 때에 한한다.</u>

　먼저 분명히 해 둘 것은, 위 표의 왼쪽과 오른쪽 규정이 완전히 같은 내용을 담고 있는 것은 아니라는 점이다. 즉, 어떤 서류가 전문법칙의 예외에 해당할지에 대해서는 우리나라와 일본의 규정이 당연히, 차이가 있다. 하지만 여기서 중요한 것은 본문이 아니라 단서다. 위 표 중간 칸, 다시 말해서, 쇼와형사소송법 제321조 제1항 제3호와 우리 형사소송법 제301조를 비교해 보면, 단서에서 비슷한 취지의 말을 하고 있다. 즉, 법정에 나와야 할 자가 나오지 못하는 경우 쇼와형사소송법은 "특히 신용할 만한 정황 하에서 행하여진 때에" 증거능력이

있다고 하고, 우리 수정안은 "그 진술 또는 작성이 특히 신빙할 수 있는 상태하에서 행해진 때에" 증거능력이 있다고 한다.

위로 올라가서 쇼와형사소송법 제323조 제3호와 우리 초안 제302조도 마찬가지다. 쇼와형사소송법은 "특히 신용할 만한 정황 하에서 작성한 문서"라고 하고, 우리 초안은 "기타 특히 신용할 만한 정황에 의하여 작성된 문서"라고 한다. 제일 아래 우리 수정안 제302조의2는 "그 진술이 특히 신빙할 수 있는 상태하에서 행하여진 때에 한한다"고 하고, 쇼와형사소송법 제324조 제2항은 "제321조 제1항 제3호의 규정을 준용한다"고 하고 있다. 즉, 공술이 "특히 신용할 만한 정황 하에서 행해진 때에 한한다"고 하고 있는 것이다.

이 비교표를 통해서 알 수 있는 것은, 쇼와형사소송법은 조문 3개에 모두 같은 문구가 들어간다는 점이다.[24] 전문법칙의 예외가 되기 위해 거기서는 '특히 신용할 만한 정황'이 요구된다. 그런데 그 문구를 우리 초안 및 수정안은 표 오른쪽에서 다르게 번역하고 있다. 핵심 단어만 뽑아서 비교하면 다음과 같은 차이가 있다.

쇼와형사소송법(1948)			수정안(1954)
내용	조문		내용
특히 신용할 만한 정황	321①(iii)	302	특히 신용할 만한 정황
	323(iii)	301	특히 신빙할 수 있는 상태
	324②	302조의2	

표 왼쪽에 있는 것이 표 오른쪽으로 오면 왜 달라져야 하는지 그 내력을 자세히 알 수는 없다. 다만, 표 오른쪽 첫 번째 칸에 있는 '특히 신용할 만한 정황'과 그 아래 두 번째 및 세 번째 칸에 있는 '특히 신빙할 수 있는 상태'가 많이 다른 의미는 아닐 것 같다. 표 왼쪽 같은 법률에 규정된 문구가 시점을 달리 해서 표 오른쪽으로 옮겨 오면서 글자가 달라진 것이기 때문이다.

쇼와형사소송법이 '특히 신용할 만한 정황'이라는 문구를 어디서 가져왔는지는 또, 얼마든지 추측이 가능하다. 영미 보통법에서 전문법칙의 예외 인정 요건으로 자주 드는 것이, "circumstantial guarantees of trustworthiness"[25]인데 이를 직역하면 '신용성의 정황적 보장'이 되고, 풀어쓰면 '신용이 보장되는 정황' 또는 '신용할 만한 정황' 정도가 될 것이기 때문이다. 그렇다면 수정안은 왜 '신용할 만한 정황'이라고 하지 않고, '신빙할 수 있는 상태'라고 번역한 것일까? '신용할 만한 정황'과 '신빙할 수 있는 상태', 이렇게 두 개의 번역 가운데 어느 쪽이 더 정확한 것일까?[26]

왜 이렇게 번역이 달라져야 했는지에 대해서는 사실, 확인할 방법이 없다. 「형사소송법 제정자료집」에는 이 부분을 따로 떼서 고민한 흔적을 찾을 수가 없다. 다만 '신빙할 수 있는 상태'라는 문구가 들어간 조항이 수정안이라는 이름으로 추가 제출되고, 그에 대한 법제처장의 다음과 같은 짧은 언급이 남아 있을 뿐이다.

이것을 이 증거력을 법률로서 제한한다고 할 것 같으면 전문증거에만 의할 것인가 그 밖에도 여러 가지 난문이 많[았]습니다. 예를 들면 우리가 이렇게 공청회에 왔다가 헤진 후에 누구 있었느냐 물어보면 이것을 정확히 대답할 사람이 없을 줄로 압니다. 지금 보고 기억하면 모르겠[습]니다만 기억한 것도 또 잊어버릴 때가 있습니다. 그런데 때로는 전하여진 것이 정확한 편이 있[습]니다. 그리고 원안에 보면 재판관을 믿을 수밖에 없다. 이 증거가 정확하냐 않느냐 하는 것은 재판관에게 맡긴다. 이렇게 되어 있는데 저는 이것이 좋다고 생각합니다.[27]

추가된 제302조의2에 관하여 "그 증거력을 법률로서 제한"할 게 아니라 그 "증거가 정확하냐 않느냐 하는 것[을] 재판관에게 맡"기자는 취지로 진술하고 있다. 그리고 당시 법제사법위원회 공청회 회의록에는 이에 대한 한 마디 반대토론도 나와 있지 않다.[28] 왜 일본에서는 '신용할 만한 정황'이라고 하는데 우리는 '신빙할 수 있는 상태'라고 바꿔야 했는지에 대한 논의를 찾을 길이 없다.

지금에 와서 아쉬운 대목은 일본처럼 어느 쪽으로든 같은 문구로 통일했으면 어땠을까, 하는 점이다. 그랬다면 우리 교과서들이 전문법칙의 예외 인정 요건으로 '신용성의 정황적 보장'이라는 문구를 쓰고,[29] 법조문은 '특별히 신빙할 수 있는 상태'라는 문구를 쓰는 혼란스러운 상황은 피할 수 있었을 것이다.

실제 번역의 기술로 보면 '신용'보다는 '신빙'이 맞다. 쇼와형사소송법이나 초안보다는 수정안이 조금 더 영미 보통법의 원문에 가까운 것 같다. '신빙'에서 '빙(憑)'은 기댈 '빙'이다. 믿고 기댈 수 있다는 뜻이다. 그런 의미를 갖는 영어 단어는 'reliable'이 있는데, 영미 보통법에서 전문법칙의 예외를 말할 때 reliability라는 단어가 자주 나온다.[30] 그 의미를 담는 우리말로는 '신용'보다는 '신빙'이 나은 것 같다.[31]

현행 형사소송법령 전체의 관점에서 볼 때도 '신빙'이 맞다. 1982년 제정된 「형사소송규칙」은 제77조에서 다음과 같이 '신빙성'과 '신용성'을 나누고 있다.

> 제77조(증언의 증명력을 다투기 위하여 필요한 사항의 신문)
> ① 주신문 또는 반대신문의 경우에는 증언의 증명력을 다투기 위하여 필요한 사항에 관한 신문을 할 수 있다.
> ② 제1항에 규정한 신문은 증인의 경험, 기억 또는 표현의 정확성 등 증언의 **신빙성**에 관한 사항 및 증인의 이해관계, 편견 또는 예단 등 증인의 **신용성**에 관한 사항에 관하여 한다. 다만, 증인의 명예를 해치는 내용의 신문을 하여서는 아니 된다.(강조표시 필자)

보통 검사나 변호인 중 한쪽이 내세운 증인의 증언을 듣고 난 다음에 다른 쪽에게 그 증언에 대해서 검증할 기회를 주는데, 이때 검증의 방향은 크게 두 가지다. 하나는 그 증언 내용이 믿을 만한지 보는 것이고, 다른 하나는 증언을 한 증인 자체가 믿을 만한 사람인지 보는 것이다. 즉, 증언의 '신빙성'을 보고, 증인의 '신용성'을 본다. 신빙성은 증언이 믿을 만한 것인지 아닌지에 대한 개념으로, 신용성은 증인이 믿을 만한 사람인지 아닌지에 대한 개념으로 쓴다. 우리가 보통 진술은 '신빙할 만하다'라고 얘기하고, 사람은 '신용(credible)이 있다'라고 얘기하는 것과 비슷한 맥락이다.[32] 규칙에서 그와 같이 개념 구분을 하고 있기 때문에 그에 부합하도록 사용하는 것이 맞다고 본다.

규칙 말고 법률로 와도 마찬가지다. 현행 형사소송법에서 전문법칙 외의 다른 부분에서 '신빙'이라는 단어가 딱 한 번 나오는데, 거기서도 '신빙성'은 진술의 진실성(truthfulness)이라는 의미로 쓰인다. 바로 제286조의3이다.

법원은 전조의 결정을 한 사건에 대하여 피고인의 자백이 **신빙**할 수 없다고 인정되거나 간이공판절차로 심판하는 것이 현저히 부당하다고 인정할 때에는 검사의 의견을 들어 그 결정을 취소하여야 한다.

피고인의 자백이 믿을 수 있다는 의미로 '신빙'이라는 단어를 쓰고 있다.

따라서 아래에서는 쇼와형사소송법과 우리 초안에 나오는 '신용할 만한 정황' 대신 수정안에 나오는 '신빙할 수 있는 상태'를 중심으로 논의를 이어가기로 한다. 또, '특히'라는 문구는 초안과 쇼와형사소송법, 수정안에 공통적으로 들어가 있기 때문에, 이를 덧붙여 '특히 신빙할 수 있는 상태', 줄여서 '특신상태'를 분석 대상으로 삼기로 한다.

2. 특신'상태'인가 '내용'인가?

특신상태에서 신빙성이 있다는 것은 내용(content)이 진실에 가깝다는 뜻일까, 아니면 상황(circumstances)이 진실을 말할 상황이라는 뜻일까?

원래 전문법칙은 초창기 영국에서도 법칙과 동시에 예외가 나온 법칙으로 알려져 있다. 이런 예외를 초창기부터 있던 예외라는 뜻에서 "firmly rooted hearsay exceptions(오래 전부터 승인된 전문법칙의 예외)"[33]라고 한다. 그 예로 "involuntary utterances, regular entries into shop−books, and dying declarations(무의식적인 진술, 규칙적인 장부 기재, 임종 시의 진술)"[34] 등이 나오는데 3개 모두 내용(content)보다는 상태(situation)나 상황(circumstances)을 감안한 예외다. 어떤 상황, 가령, 죽어가는 상황을 그려놓고 그런 상황에서라면 진실을 말할 가능성이 높았다는 점을 강조하고 있다. 하지만 그렇다고 해서 내용에 대한 검토를 전혀 하지 않는 것은 아니다. 가령, 보통법 상 전문법칙의 예외 인정 요건으로 미국 판례는 '9가지 테스트'를 소개한다. 오래전부터 예외인정의 기준으로 삼았던 사항을 정리한 것이다.

(1) whether the declarant had an apparent motive to lie;
(2) whether the general character of the declarant suggests trustworthiness;
(3) whether more than one person heard the statements;

(4) whether the statements were made spontaneously;

(5) whether the timing of the statements and the relationship between the declarant and the witness suggest trustworthiness.

(6) whether the statements contained express assertions of past fact;

(7) whether cross-examination could not help to show the declarant's lack of knowledge;

(8) whether the possibility of the declarant's recollection being faulty is remote;

(9) whether the circumstances surrounding the statements give no reason to suppose that the declarant misrepresented the defendant's involvement.

(1) 진술자가 거짓을 말할 명백한 이유가 있었는지

(2) 진술자의 성격이 신빙성을 담보하는지

(3) 같은 진술을 여러 명이 들었는지

(4) 진술이 갑자기 나온 것인지

(5) 진술 시점이나 진술자와 그것을 들은 자의 관계로 볼 때 신빙성이 있는지

(6) 진술 내용이 과거의 사실을 확인하는 것인지

(7) 반대신문을 통해 진술자의 경험 의무를 검증할 수 있는지

(8) 진술자의 기억에 오류가 있을 가능성이 있는지

(9) 진술 상황에 비추어 볼 때 피고인의 관련 사실을 진술자가 잘못 진술할 가능성이 있었는지[35]

여기 보면 그 수가 많지는 않지만 내용에 대한 검토도 포함되어 있음을 알수 있다.[36] 즉, 보통법 시대부터 이미 내용도 예외 인정 기준으로 고려하고 있었던 것이다.

그 뿐만이 아니다. 20세기 후반 미국에서는 판례로만 인정되어 오던 전문법칙의 예외 조항을 정리할 필요성이 제기되었고, 1975년 그런 노력이 결실을 맺어 미연방증거규칙(Federal Rules of Evidence)이 제정되었다.[37] 그때 이미 전문법칙의 예외가 31개까지 확대되는데, 아래 표는 그 예외를 전부 정리한 것이다.

조문	예외	내용 또는 상황
803	(1) present sense impression	내용과 상황
	(2) excited utterance	상황
	(3) then-existing mental, physical conditions	내용
	(4) stn. made for medical diagnosis	내용과 상황
	(5) recorded recollection	내용과 상황
	(6) records of a regularly conducted act.	내용과 상황
	(7) absence of record	내용과 상황
	(8) public records	내용과 상황
	(9) public records of vital statistics	내용
	(10) absence of a public record	상황
	(11) records of religious organizations	내용과 상황
	(12) certificate of marriage, baptism..	내용과 상황
	(13) family records	내용과 상황
	(14) records of documents..in property	내용과 상황
	(15) statements in documents..in property	내용
	(16) statements in ancient documents	상황
	(17) market reports and similar..	내용과 상황
	(18) statements in learned treatise..	상황
	(19) reputation concerning family history	내용
	(20) reputation concerning boundaries	내용
	(21) reputation concerning character	내용
	(22) judgment of a previous conviction	내용과 상황
	(23) judgments involving..family, boundaries	내용과 상황
804	(1) former testimony	상황
	(2) statement under the belief of death	내용과 상황
	(3) statement against interest	내용과 상황
	(4) statement of family history	내용과 상황
	(6) statement offered against a wrongful party	내용과 상황
805	hearsay within hearsay	상황
807	residual exceptions	내용과 상황

제803조부터 제807조까지 4개 조에 걸쳐 규정된 예외 가운데 '내용'이 기준이 되는 게 한두 가지가 아니다. 제803조에서 '현재의 느낌(제1호)', '몸 상태(제3호)', '결혼증명서 또는 세례증명서(제12호)', '가족관계(제13호)', '물권 관계(제14호 내지 제15호)', '시장조사보고서(제17호)', '가족사(제19호)', '경계 관련 평판(제20호)', '성격 관련 평판(제21호)', '종전의 유죄판결(제22호)', '가족 및 경계 관련 판결(제23호)'과 제804조에서 '자기 이익에 반하는 진술(제3호)' 및 '가족사 관련 진술(제4호)' 등이 그것이다. 누구한테 말했는지, 어떤 상황에서 말했는지, 어떤 말투로 말했는지, 와 상관없이 내용이 신빙성이 있어서 증거능력 있는 증거로 취급된다. 즉, 미연방증거규칙도 진술을 할 때 어떤 '상태'였는지만 문제로 삼는 게 전혀 아니다.

우리 법도 마찬가지다. 내용을 중심으로 예외가 되는 경우를 우리 입법자가 적어 놓았다. 가령, 제315조 제2호에 보면 '상업장부'나 '항해일지'도 예외가 된다고 한다. 서류 상 진술 내용이 영업이나 항해 관련된 거라서, 경험자가 나오지 않고 장부를 내도 증거로 인정을 해 주겠다는 것이다. 미국법이나 일본법처럼 우리 법도 내용과 정황, 상태 모두 전문증거의 증거능력을 인정할 때 고려하고 있음을 알 수 있다.

우리 판례도 진작부터 내용도 특신상태 판단에서 고려의 대상이 된다는 점을 선언하고 있다.

"진술 **내용**[에] 허위가 개입할 여지가 거의 없고, 진술 내용의 신빙성이나 임의성을 담보할 구체적이고 외부적인 정황이 있는 경우를 가리킨다."(강조표시 필자)[38]

그런데 이것보다 더 중요한 문제가 있다. 바로 번역의 문제다. 쇼와형사소송법 상 '정황'을 우리 말은 '상태'로 바꾼 바 있다는 점은 앞에서 본 바와 같다. 그런데 쇼와형사소송법에서 '정황'이라고 번역한 게 처음부터 과연 맞는 것이었는지 의문이 없지 않다. 그 법에서 굳이 '정황'이라고 한 것은 'circumstantial guarantees of trustworthiness'에서 'circumstantial'을 번역한 결과다. 진술 내용이 아니라 정황(circumstances)이 신빙성(trustworthiness)이 있다고 이해했다는 뜻이다.

하지만 쇼와형사소송법이 참조한 원문 'circumstantial'을 '총체적으로'라는 뜻으로 이해할 수도 있다. 즉, 진술의 내용이나 진술 당시의 상황 등을 '총체적으로' 고려해서 그 진술이 신빙성이 있는지를 판단한다는 뜻으로 읽을 수도 있는 것이다. 실제로 현행 미연방증거규칙 상 특신상태의 예외를 설명하는 규정에는 'circumstantial'이라는 단어는 없고 대신 'sufficient'(충분한)라는 단어만 있다. 'sufficient guarantees of trustworthiness'라고 되어 있는 것이다. 'circumstantial'이 반드시 정황이나 상태만 보는 것은 아님을 추측할 수 있는 대목이다.

우리가 앞으로 볼 전문법칙의 예외 가운데 대표적인 것이 '자기 이익에 반하는 진술'이다. 피고인이나 참고인이 자신의 형사책임을 인정하는 진술을 법정 외에서 하는 경우 그런 진술은 신빙성이 있어서 전문법칙의 예외로 인정된다. 그 '자기 이익에 반하는 진술'은 진술의 정황이나 상태가 아니라 진술의 내용이 문제 되는 가장 대표적인 경우다. 우리 법 상 각종 조서에 '특신상태'라는 요건이 규정되어 있는데, '자기 이익에 반하는 진술'도 당연히 그 규정의 적용을 받는다. 정황이나 상태가 아니라 내용이 예외 인정의 요건이 될 수 있음을 추측하게 한다.

따라서 아래에서는 법문의 규정에도 불구하고 '특신상태'라는 말 대신 '특신성'이라는 단어를 쓰기로 한다. '내용' 역시 특신성 판단의 근거가 된다는 점을 강조하기 위함이다.

3. 소결

이상의 논의를 통해서 확인할 수 있는 사실을 정리하면 다음과 같다.

영미 보통법 또는 제정법은, '특신상태'를 주로 전문법칙의 예외 인정 요건으로 제시하고 있다. 그 문구가 일본법에서는 '신용성의 정황적 보장'이라고 번역되었고, 우리 법에서는 대부분 '특히 신빙할 만한 상태'라고 번역되었다. 하지만 특신상태라는 문구 자체는 내용의 신빙성도 포함하는 개념이다. 따라서 앞으로는 특신상태보다는 '특신성'이라는 단어를 주로 쓰기로 한다.

아래에서는 이와 같은 이해를 바탕으로, 제정법에 들어가 있는 3가지 특신성의 의미를 각각 해석해 보고, 우리 판례의 견해를 비판적으로 검토해 보기로 한다.

Ⅲ. 제정법 상 특신성의 의미와 판례의 해석

1. 제316조의 특신성

(1) 조문의 취지

> <u>피고인 아닌 자(A)</u>의 공판준비 또는 공판기일에 있어서의 진술이 <u>피고인 아닌 자(B)</u>의 진술을 그 내용으로 하는 것인 때에는 원진술자(B)가 사망, 질병 기타 사유로 인하여 진술할 수 없는 때에 한하여 증거로 할 수 있다. 단, 그 진술이[39] 특히 신빙할 수 있는 상태 하에서 행하여진 때에 한한다.

제정법 제316조에서는 직접 경험한 자(B)가 따로 있는데 그는 지금 법정에 나오지 않고, 그 경험자의 진술을 들은 다른 증인(A)이 대신 법정에 나와 있다. 아래 그림과 같이 진술이 전달되기 때문에 전문진술이 문제되는 상황이라고 할 수 있다.

B(경험자, 불참) → A(증인) → 법관[40]

여기서 쟁점은, 경험자(B)도 아닌 증인(A)의 진술을 듣고 그걸 기초로 재판을 할 수 있는가 하는 점이다.[41] A의 진술이 신빙성이 있으려면, A의 진술뿐만 아니라 B의 진술도 신빙성이 있어야 한다. 그런데 위 그림에서 보는 바와 같이 반대신문을 통해서 A에 대한 검증을 할 수는 있어도, B에 대한 검증은 할 수가 없다.[42] 법정에 없기 때문이다. 전문진술의 증거능력을 인정하지 않는 전문법칙이 탄생한 배경이 바로 이것이라는 점은 앞에서 본 바와 같다.[43]

그런데 예외적으로 B의 진술도 신빙성이 확보되는 경우가 있다. B의 진술 자체가 반대신문을 통한 검증을 거치도 않아도 될 만큼 신빙성이 있는 경우다. 앞에서 우리가 렌트카 종업원 사례를 통해서 본 바와 같다. 그런 경우라면 B가 법정에 나오지 않아도 A의 진술을 통해 B의 진술을 보고받아 증거로 쓸 수 있다.[44] 제316조가 단서에서 특신성을 요구하는 취지가 그것이다. B의 진술이 특히 신빙할 수 있다면, 즉, 믿을 만하다면, 그때는 증거로 받아도 된다는 점을 선언하고 있는 것이다.

그렇다면 어느 정도로 신빙성이 있어야 되는 것일까? 예를 들어, 50% 정도의 신빙성만 있으면 되는 것일까, 아니면 100%에 가까운 신빙성이 있어야 하는 것일까?

이에 대해서는 한 마디로 결론을 내릴 수 없다. 전문진술을 보는 시각과 재판구조[45])에 관한 문제이기 때문이다. 재판을 많이 해서 전문증거가 제출된 상황에 이미 익숙한 나라라면 B가 없는 상황에 대처하는 능력이 좋을 것이고, 그렇지 않은 나라는 확실하게 믿을 만한 B의 진술만 증거로 받으려고 할 것이다. 다만, A의 법정에서의 진술이 신빙성이 있기 위해서는 B의 진술이 먼저 상당한 정도로 신빙성이 있어야 한다는 점은 어디나 마찬가지일 것이다. 가령, 가장 신빙성이 떨어지는 진술을 0%라고 하고, 가장 신빙성이 높은 진술을 100%라고 할 때, 70~80%의 확률로 신빙성이 있는 진술이라면 일단 듣고, 법정에 나와 있는 A에 대한 반대신문으로 전체 진술의 신빙성을 확인하는 방식으로 재판을 해 나가면 될 것이다.

제316조에서 말하는 특신성은 결국, B의 진술이 상당한 정도로 신빙성이 있어서 'B에 대한 반대신문을 하지 않아도 될 정도인지' 여부에 달려 있다고 할 것이다.[46])

(2) 판례 검토

제316조의 특신성에 관한 판례의 견해는 크게 다음과 같은 두 가지 설시가 주류를 이룬다.

첫째, 특신성의 의미에 대해서는, "진술 내용[에] 허위가 개입할 여지가 거의 없고, 진술 내용의 신빙성이나 임의성을 담보할 구체적이고 외부적인 정황이 있는 경우를 가리킨다"[47])고 한다.

앞에서 우리가 본 것처럼 우리 판례도 한편으로는 내용에 대한 판단을 하고, 다른 한편으로는 외부적인 정황에 대한 판단을 한다. 그리고 진술 당시 진술자인 B가 타인의 강요 없이 임의 또는 자의로 말을 했는지도 확인한다는 점을 주목할 필요가 있다. 다만 한 가지 아쉬운 것은, 앞에서 예로 든 것과 같은 미국 판례의 9가지 테스트를 특신성의 요건으로 들었으면 어떨까, 하는 점이다.[48] 그 랬다면, 특신성 판단에 대한 보다 구체적이고 객관적인 기준을 제시하는 의미가 있었을 것이다.

둘째, 입증 정도와 관련해서 "단지 그러할 개연성이 있다는 정도로는 부족하고 합리적인 의심의 여지를 배제할 정도에 이르러야 한다"[49]고 하고 있다. 즉, 50% 내지는 70% 정도의 신빙성으로는 부족하고, 적어도 95% 이상의 신빙성이 있는 진술이라야 특신성의 요건을 충족해서 증거로 사용될 수 있다는 뜻이다.

우리 판례는 신빙성이 아주 높은 B의 진술만 증거로 받을 수 있다고 생각하는 것 같다. 그런 다음 A에 대한 반대신문과 기타 제출된 증거를 종합적으로 검토해서[50] 증명력을 판단하겠다는 뜻일 것이다. 반대신문의 기술이 영미처럼 발전해 있지 않다는 점에서[51] 일리가 없지는 않다.

다만, 과연 그 증명의 정도가 "합리적인 의심의 여지를 배제할 정도에 이르러야" 하는지에 대해서는 보다 신중한 검토가 필요하다고 본다.

제316조가 적용되는 경우 법정에 나온 증인은 직접 경험한 자의 진술을 전달하는 역할이다. 그렇게 전달되는 진술이 피고인의 유죄를 그야말로 직접적으로 입증하는 "결정적인 진술(smoking gun)"일 수도 있고, 그 정도에 이르지 못하는 진술일 수도 있다. 전문진술은 한 사건 당 하나만 받는다, 는 규칙이 있지 않은 이상, 그 신빙성에 있어서 급이 다른 여러 가지 전문진술이 제출되기도 할 것이다. 그중에서 어떤 것을 증거로 받을 것이냐 하는 게 바로 특신성의 문제이다.

'특신성'의 문언만을 놓고 보면 '특히 신빙할 수 있는' 진술만 받으라는 취지로 읽을 가능성이 있다. 웬만큼 믿을 만한 진술로는 안 되고 특별히, 또는 특히, 믿을 만한 진술이어야 한다는 것이다. 그래서 90% 이상 100%에 가깝게 믿을 만한 진술만 받겠다는 우리 판례와 같은 해석론이 나온다.

하지만 그건 특신성이라는 문언의 취지를 잘못 이해한 것이다. 특신성에서 '특히'는 당연히, '일반적인'의 반대말이다. 즉, 보통의 경우는 이 정도면 되는데, 전문진술에서는 그 정도로 안 된다는 것을 의미한다. 그렇다면 구체적으로, 보통의 경우는 어느 정도 신빙성이 있으면 증거로 받는가?

당연히 50% 이상의 신빙성이 있으면 증거로 받는다. 이것이 바로 증거우월(preponderance of evidence)의 원칙이다. 가령, 51% 정도 신빙성 있는 진술이 있다고 하자. 그 정도면 없는 것보다는 낫다고 보는 게 증거우월의 원칙이다. 사실 51%의 신빙성은 '동전 던지기' 확률 정도밖에 안 된다. 하지만 그런 증거라도 있는 것과 없는 것에는 확실한 차이가 있다. 보통의 경우 그 진술 하나만 증거로 나올 건 아니기 때문이다. 그것 자체로는 51%의 신빙성밖에 없는 진술이지만, 다른 제2의 증거가 있으면 51%만 신빙성 있는 증거도 신빙성이 높아질 수 있다. 부합하는 증거가 있다면 이미 제출된 증거의 신빙성도 높아질 수 있다는 뜻이다. 그래서 증거는 50% 이상의 신빙성만 있으면 일단 받는다고 한다.

그런 다음 출석한 증인에 대해서는 반대신문을 할 수 있다. 신용성과 신빙성에 대한 총체적인 검증 과정을 거친다. 그 결과 진술의 신빙성을 최대 75%까지 높일 수 있다.

원래 반대신문(cross-examination)이라는 말은 증인 둘의 법칙(Two Witnesses' Rule)[52]에서 시작되었다. 조지 후퍼의 제1법칙으로 설명되는 증인 둘의 법칙은 증인이 둘 있을 경우에만 유죄를 선고할 수 있고, 증인이 둘 있는 경우 피고인이 유죄일 확률은 75%라고 설명한다. 즉, 서로 다른 증인 N명이 어떤 사실 E가 일어났다고 주장하고, 각 증인의 신용성이 p일 때 그 사건이 실제 일어났을 확률 P(E)는 다음과 같다고 한다.

$$P(E) \ = \ 1 - \ (1-p)^N$$

보통의 신용성(50%)을 가지고 있는 증인 두 명이 있는 경우, 사건 E가 사실일 확률은 $1-(1-0.5)^2$ 가 되어 0.75, 즉, 75%가 된다.

그런데 증인 둘을 데려다 놓고 신문할 때는 중요한 전제가 있다. 둘을 다른 방에 놓고 각 방에서 하는 말이 들리지 않게 신문해야 한다는 것이다. 그런 상태에서, 먼저 한 쪽에게 "사건이 일어난 시간이 몇 시냐?"라고 물어보고 "다섯 시"라고 대답했는데, 다른 쪽에서는 "여섯 시경"이라고 대답한다면 결국, 증인 둘의 법칙을 충족하지 못한 게 된다. 세부사항에서 두 사람의 말이 일치해야 하는 것이다. 이렇게 증인 둘의 대답을 서로(cross) 맞춰 보는 신문을 cross-examination, 즉, 교차신문 또는 반대신문이라고 한다.[53] 우리가 알고 있는 검사와 변호인이 번갈아 하는 신문은 교차신문 또는 반대신문이 아니라 '교호신문'이 맞다. 영어로 rotated examination이라고 써야 한다.

증인 둘의 법칙과 그 둘에 대한 교차신문 또는 반대신문은 결국, 그 기원도 같고, 목표도 같다. 최대 75%의 확률에 이르는 신빙성 있는 증언을 확보하기 위한 신문기법이다. 그런데 나중에 증인 둘이 필요하다는 룰이 삭제되었다. 즉, 증인 한 명만 있어도 되는 걸로 바뀐 것이다. 그러자 영미에서는 한 명의 증인에 대한 탄핵 등 기법을 추가한다. 그리고 이런 신문을 반대신문이라고 불렀다. 위그모어라는 증거법학자가 그 반대신문을 "영미법이 발명해 낸 진실 발견을 위한 가장 위대한 법적 엔진"이라고 칭송하게 되었다는 점은 주지의 사실이다. 하지만 그 시작은 증인 둘의 법칙과 그 안에서 사용된 증인 둘에 대한 교차신문 또는 반대신문 기법이다. 결국, 예전의 교차신문 또는 반대신문과 현재의 반대신문 모두 증인의 진술의 신빙성을 최대 75%까지 높이는 게 목적이다.

자, 그렇다면 50%의 신빙성만 있는 보통의 진술과 비교할 때, 전문진술에서 '특히' 신빙성이 있을 것을 요구하는 이유는 무엇일까? 그 해답은 다시 조지 후퍼의 제2법칙(George Hooper's Rule II)을 참고해야 한다. 그 취지는, 전문진술은 법정에서 아무리 열심히 반대신문을 해도, 증거로 채택할 만한 정도의 신빙성 수준에 이르지 못한다는 뜻이다. 후퍼는 어떤 사건이 일어났다는 진술이 사실일 확률을 P(E)라고 할 때, 그 진술을 여러 사람이 옮기는 경우, 각 단계의 진술의 신빙성을 p, 사람의 숫자를 N이라고 하면, 다음과 같은 식이 나온다고 한다.

$$P(E) \ = \ p^N$$

어떤 사건이 일어났다는 취지의 진술을 경험자가 하고, 그걸 다른 사람이 들어서 법정에 옮기는 경우, 두 진술 모두 보통의 신빙성(50%)만 있다면, 그 값은 25%가 된다.

$$P(E) \ = \ 0.5 \ \times \ 0.5 \ = \ 0.25$$

법정에서 증언한 진술이 사실일 확률이 25%밖에 안 된다는 것이다. 그리고 더 심각한 것은, 그 상황에서 원래 경험자에 대해서는 반대신문조차 할 수 없고,

법정에 나온 사람만 반대신문을 할 수 있다는 사실이다. 출석한 자에 대해서라도 성공적인 반대신문을 해서 두 번째 진술의 신빙성을 75%로 높인다고 해도 전체 값이 40%를 넘을 수 없다.

$$P(E) = 0.5 \times 0.75 = 0.375$$

즉, 법정에 나오지 않은 사람에 대한 반대신문을 못하는 이상, 그 자의 진술을 내용으로 하는 진술은 거짓일 확률이 더 높고, 증거우월의 원칙에 의해도 증거로 쓸 수 없다는 결론이 나온다. 후퍼의 제2법칙은 이처럼, 전문증거를 증거로 받을 수 없는 이유를 숫자로 보여주는 법칙이다.

그렇다면 어떤 상황이라면 전문법칙의 '예외'로서 증거능력을 인정한다고 할 수 있을까? 다시 말하면, 법정에 나올 수 없는 경험자의 진술에 어느 정도 특신성이 있으면 그때는 증거로 채택해도 되는 것일까?

먼저, 그 진술의 신빙성이 100%라면 당연히 증거로 받아도 된다.

$$P(E) = 1.0 \times 0.5 = 0.5$$

위와 같이 최종진술의 신빙성이 최소 50%로 나오고, 그 상태에서 법정에 출석한 자에 대한 반대신문을 하면 75%까지 신빙성을 높일 수 있기 때문이다. 바로, 아래와 같은 식이 된다.

$$P(E) = 1.0 \times 0.75 = 0.75$$

하지만 전문증거의 예외로서 이 옵션만 있는 게 아니다. 가령, 원진술의 신빙성이 75%만 되어도 전체적으로 50%가 넘는 신빙성 수치가 나온다. 다음과 같은 경우다.

$$P(E) = 0.75 \times 0.75 = 0.5625$$

원진술자의 진술에 특히 75% 정도의 신빙성이 있고, 법정에 나온 증인에 대해서 반대신문을 해서 그 신빙성을 75%로 높이면 전체 증언의 신빙성은 56.3%가 된다. 충분히 증거로 삼아도 좋을 만한 증언을 확보할 수 있는 것이다. 전문증거임에도 불구하고 예외적으로 증거로 받을 수 있다는 의미다.

그런데 위 식에서 주의 깊게 볼 지점이 있다. 바로 두 개의 진술 모두 그 신빙성이 75%로 표시되어 있다는 것이다. 뒤의 진술이 75%가 되는 것은 앞에서 설명한 바와 같다. 법정에 출석한 자를 대상으로 한 반대신문의 결과 최대 75%에 이르는 신빙성 있는 증언을 얻을 수 있다는 뜻이다.

그렇다면 앞의 진술이 75%라는 것은 무슨 뜻일까? 경험자가 법정에 나올 수 없는 진술이라도 실제로 법정에 나와서 반대신문을 할 때와 같은 정도(75%)의 신빙성 있는 진술이라면 전문법칙에도 불구하고 증거로 받아도 된다는 의미이다.

이것이 바로 전문증거 또는 전문진술에 대해서 요구하는 특신성이다. 75% 또는 그보다 약간 낮은 정도(약 70%)의 신빙성 있는 진술이면 전문법칙의 예외로 삼아도 된다. 결과적으로 법정에 나온 자에 대한 반대신문을 통해 증거우월의 원칙에 부합하는 증거, 즉 50% 이상의 신빙성이 있는 증거를 얻을 수 있기 때문이다. 게다가 이런 상황은 검찰 측이 초래한 상황도 아니다. 경험자가 법정에 나올 수 없는 부득이한 경우라면 전문법칙에도 불구하고 그 자의 진술을 증거로 해야 할 '필요성'이 있다. 다만, 그 경험자의 진술에 특신성이 필요하고, 그 특신성의 정도는 70% 내외라고 보면 된다.

위 식에서 최종 결괏값으로 나온 56%는 낮은 숫자가 아니다. 진실일 확률이 최대 56%에 이르는 증거를 증거의 세계에서 축출할 아무런 합리적 근거가 없다. 재판은 얼마 없는 증거를 모아서 '합리적 의심 없는 증명'을 해 가는 과정이다. 그 과정에서 없는 것보다 있는 게 나은 증거를 없앨 이유는, 전혀 없다.

요컨대, 우리 판례의 요구처럼 법정 외 진술이 반드시 95% 이상의 신빙성을 가질 필요는 없고, 보통의 진술보다 20% 정도 높은 정도의 신빙성이면 충분하다고 본다.

실제로 판례가 요구하는 합리적 의심 없는 정도로 신빙성이 있는 전문진술이 있는지 생각해 보면 그것 역시 의문이 아닐 수 없다. 가령, 피해자가 성범죄

트라우마를 견디지 못하고 이민을 가면서 가장 친한 친구에게 "나는 떠난다. 사실은 이런 일이 있었다"라고 말하는 상황이면 그 진술의 특신성이 "합리적 의심의 여지 없이" 증명되었다고 볼 수 있을 것인가? 아니면 불치병으로 죽으면서 "이런 일이 있었다"라고 친구에게 말하면 그 진술의 특신성이 "합리적 의심의 여지 없이" 증명되었다고 말할 수 있을 것인가? 그건 아니다. 그런 진술에도 당연히 의심스러운 대목이 있을 수 있다. 이민을 가면서 한 말이라면 '왜 사건 발생 당시에 얘기하지 않고 뒤늦게 이민을 가면서 말하는가?'라고 특신성을 의심할 수도 있다. 죽으면서 한 말이면 왜 수사기관에 얘기하지 않고 친한 친구에게만 말한 것일까, 라고 그 고백의 의도를 의심할 수 있다. 의심하자고 마음먹으면 끝도 없다. 우리 판례의 입장에서는 이 모든 점에서 확신을 갖게 되기를 바랄지도 모르지만, 그게 실제 재판에서 가능한 일일 것 같지 않다. 직접 나와서 증언하지 않는 경우라고 해서 우리 판례가 특신성에 대한 기준을 높게 잡는 거라면, 어떤 진술이 와도 판례를 만족시킬 수 없다. 우리 판례가 제정법 제316조의 규정의 적용범위를 지나치게 좁힌다는 혐의를 받을 수 있는 대목이다.

미국법과 비교해 보면 우리 판례가 제시하는 '합리적 의심 없는 정도'의 신빙성 요구가 지나치다는 것을 알 수 있다. 앞에서 본 바와 같이 미연방증거규칙에는 30개가 넘는 전문법칙의 예외가 적혀 있다. 그중 어디에도 전문증거가 '합리적 의심 없는 정도로 신빙성이 있을 것'을 요구하는 곳은 없다. 오히려 반대로, 예외로 인정되는 전문증거 중 단 한 군데를 빼고는 어디에도 '특신성'이라는 요건조차 적혀 있지 않다. 그냥 '이런 이런 내용의 진술'이나 '이런 저런 상태에서 행하여진 진술'은 전문법칙에도 불구하고 증거로 할 수 있다고 적고 있을 뿐이다.

원래 특신성은 미연방증거규칙이 만든 개념이 아니라 영미 판례법이 만든 개념이다. 사건마다 계속해서 제출되는 전문증거를 예외로 인정할 기준으로 판례가 '신빙성의 정황적 보장', '특별히 신빙할 수 있는 진술' 등 개념을 만들었을 뿐이다. 그러다가 미연방증거규칙을 만들면서 판례법 상 전문법칙의 예외들을 정리해서 30개 정도로 묶었다는 점은 앞에서 본 바와 같다. 그렇게 묶인 30개의 예외에는 특신성 요건이 들어갈 이유가 없다. 이미 판례법을 통해서 그런 증거들은 특신성이 있다고 판단한 바 있기 때문이다. 다만, 미연방증거규칙은 아직 묶이지 않은 예외가 있을 수 있다는 생각에서 보충규정(residual exceptions)을 하나 둔다. 앞에 묶인 것 말고 다른 전문증거도, 다음과 같은 요건 하에서 증거능력이 인정될 수 있다고 선언하고 있는 것이다. 그 전문을 번역하면 다음과 같다.

(a) In General. Under the following conditions, a hearsay statement is not excluded by the rule against hearsay even if the statement is not admissible under a hearsay exception in Rule 803 or 804:

  (1) the statement is supported by <u>sufficient guarantees of trustworthiness</u> -after considering the totality of circumstances under which it was made and evidence, if any, corroborating the statement; and

  (2) it is more probative on the point for which it is offered than any other evidence that the proponent can obtain through reasonable efforts.

(b) Notice. The statement is admissible only if the proponent gives an adverse party reasonable notice of the intent to offer the statement- including its substance and the declarant's name-so that the party has a fair opportunity to meet it.[54]

(a) 원칙: 다음의 경우는 전문증거가 제803조 내지 제804조에 따라 전문법칙의 예외로 인정받지 못하는 경우에도 전문증거라는 이유로 증거에서 배제되지 않는다.

  (1) 진술을 한 상황과 진술을 뒷받침하는 증거 등 전체상황을 고려할 때 진술에 <u>충분한 신빙성의 보장</u>이 있고;

  (2) 진술의 제출자가 상당한 노력을 기울여 확보할 수 있는 다른 증거보다 쟁점사실을 증명하는 효과가 뛰어난 경우

(b) 고지: (a)항에 정한 진술의 증거능력을 인정하기 위해서는 제출자가 상대방에게 증거제출 계획, 진술자의 이름 및 주소 등 관련 사실을 고지하여 상대방이 그에 대해 미리 대비할 기회를 주었어야 한다.

여기서 말하는 '충분한 신빙성의 보장'(위 인용문 밑줄 표시)이 우리 판례가 얘기하는 '합리적 의심 없는 정도의 신빙성'이라고 생각하는 미국 법원은 어디에도 없다. 그 정도 증거가 있으면 전문증거에 증거능력을 인정하는 것으로 그치지 않고 재판 없이 유죄판결을 선고하면 될 것이기 때문이다.

실제로 앞에서 인용한 (a)(2)항도 비슷한 얘기를 하고 있다. 포괄적 예외 조항을 통해서 제출되는 전문증거의 신빙성이란 '진술의 제출자가 상당한 노력을 기울여 확보할 수 있는 다른 증거보다 쟁점사실을 증명하는 효과가 뛰어'나면 된다고 한다. 보통의 증거보다 조금 더 신빙성이 있으면 되는 것이지, 유무죄 판단의 기준이라고 할 수 있는 '합리적 의심 없는 정도의 증명'까지는 요구하지는 않는 것이다. 위 인용문의 뉘앙스는 전문증거를 그렇게까지 엄격하게 제한하겠다는 게 아니라는 점은 누구나 알 수 있을 것이다.

다만 한 가지, 전문증거를 제출하려는 자는 상대방에게 미리 고지해야 한다는 단서가 달려 있다(위 인용문 (b)). 이런 전문증거를 낼 테니까 미리 준비를 하십시오, 라고 상대방에게 미리 얘기를 해 주라는 것이다.

전문증거가 아니라 보통증거에도 사실은, 증거능력 인정 요건으로서 '합리적 의심 없는 정도의 증명'을 요구해서는 안 된다. '합리적 의심 없는 증명'은 증거의 총합으로 달성하면 되는 것이지, 어느 한 증거에 대해서 요구할 수 있는 개념이 아니다.

가령, 성범죄 피해자가 법정에 직접 나와 '결정적인' 진술을 한다고 치자. 즉, "피고인이 나를 성폭행했다"라고 진술하는 것이다. 그 진술의 신빙성은 상황에 따라 너무 다르다. 그 외에 정황증거가 많은 경우에는 신빙성이 높다고 할 수 있고, 전혀 없다면, 즉, 범행 장면을 본 사람이 아무도 없고, 증거물이나 흔적도 전혀 발견되지 않았다면, 신빙성이 낮다고 할 수 있다. 하지만 분명한 것은, 그 진술이 피고인의 유죄를 "합리적 의심의 여지를 배제할 정도로" 확실한 진술이어야만 증거로 받는 것은 아니라는 사실이다. 설령, 반반의 확률밖에 없는 진술이라도, 다시 말해서, 거짓 또는 진실일 확률이 각각 반반 정도밖에 안 된다고 하더라도, 일단은 받은 다음에 다른 증거와 비교해 보거나 증인의 신용성을 따져 보는 등 후속 작업을 거칠 것이다. 증거능력(증거로 쓸 수 있는 자격 유무 검증)은 통과하고 증명력(그 증거를 기초로 유무죄를 결정하는 힘) 판단의 단계로 넘어간다는 뜻이다. 그 결과 그것 말고 다른 신통한 증거가 없으면 증거불충분으로 무죄판결을 선고하면 된다.

그 증거가 전문증거라고 해도 마찬가지다.

증거는 필연적으로 다른 증거와 맞춰 보면서 그 신빙성을 가늠해 보게 되어 있다. 그런데 전문증거라는 이유로, 또, 전문법칙의 예외 인정 기준을 너무 높게 잡아서, 전문증거를 사실인정 과정에서 없애 버리면 그것과 결합해서 증명력이 높아질 수도 있는 다른 증거에까지 부정적인 영향을 미칠 수 있다. 증거가 2개 있는데, 그중 하나를 빼 버리면 다른 증거 하나만 가지고 재판을 해야 하는 곤란한 상황에 처하게 된다는 것이다. 위법수집증거는 그런 곤란함에도 불구하고 증거의 세계에서 추방해야 할 증거이지만, 전문증거는 그렇게 본질적으로(*per se*) 위험한 증거가 아니다. 전문증거를 지나치게 제한하는 것은 당사자의 증거신청권을 부당하게 제한하는 것일 수 있다.

물론 우리 대법원의 고민을 모르지 않는다. 앞에서 본 것처럼 피해자 한 명의 진술이 다른 사람의 입을 통해 법정에 들어옴으로써 피고인이 속수무책으로 당하는 상황을 막고 싶다는 취지에 동의한다. 하지만 그 방법은 그 진술을 못 들어오게 하는 것이어서는 안 된다. 일단 들어오게 한 다음에 그에 걸맞은 가치를 부여하면 된다. 증명력도 아니고 증거능력 판단 단계인데 굳이 그 정도의 확실한 증명을 요구할 필요가 있을까, 의문을 제기하는[55] 이유가 그것이다. 어떤 개별증거에 대해서 증거능력 인정 단계에서 그 정도 신빙성을 요구하는 경우가 있는지 곰곰이 생각해 볼 필요가 있다.

게다가 더 심각한 문제는 우리 판례의 입장은 그런 특신성의 입증을 '자유로운 증명'으로 해도 된다고 말하고 있다는 사실이다. 자유로운 증명이란 말 그대로 특별한 형식이 없는 증명이다. 증인을 법정에 부를 필요도 없고, 증거능력 검증을 받은 서류를 법정에서 낭독할 필요도 없다. 간단한 의견조회나 세평, 소문, 재전문진술(double hearsay)(경험자의 진술이 두 다리 건너서 법정에 제출되는 경우)등으로 자유롭게 증명하는 것이 자유로운 증명이다. 심지어 판사에게 전화를 연결해서 경험자가 설명하게 하는 것도 자유로운 증명이라고 할 수 있다. 그런데 이렇게 말하면 이번에는 입증책임을 지지 않는 반대당사자가 발끈할 수도 있다. 아니, 특신성을 합리적 의심 없는 정도로 증명하라고 하면서, 그렇게 중요한 증명을 왜 '자유로운 증명'으로 하게 내버려 두느냐?라고 반문할 수도 있는 것이다. "자유롭게 하시되, 합리적 의심 없는 정도로 증명하세요!"라는 말은 그것 자체가 심각한 모순이 있는 말이다.

(3) 소결

제정법 제316조를 통해서 법정에 들어오는 진술은 서류에 적은 것이 아니기 때문에, 기껏해야 한두 마디 전해들은 것일 가능성이 크다. 그것도 목격자나 피해자 등 '피고인 아닌 자'의 진술을 다른 사람이 들어서 법정에 전하는 게 대부분이다. 그 경험한 자에 대한 법정에서의 반대신문을 못하는 상황이 되면, 못하는 만큼 증거능력 인정 요건을 높일 필요는 있다. 우리 법이 특신성을 요구하는 이유가 그것이다. 하지만 그 정도를 넘어서는 특신성의 증명을 요구해서는 안 된다.

피해자나 목격자의 일방적인 진술이 그래도 의심스러우면 제대로 된 검증을 하면 된다. 아마도 그 진술과 맥을 같이 하는 진술이나 증거물, 정황 등이 없는 경우가 태반일 것이다. 그렇다면 그 진술은 "일방적이고", "주관적인" 진술이기 때문에 피고인의 유죄를 합리적 의심 없는 정도로 증명하기는 부족하다고 설시하면 된다.

전문진술이라는 것은 최고도의 신빙성이 담보되지 않으면 아예 듣지도 않겠다, 고 할 일도 아니고, 특신성이라는 요건에 다른 것보다 유독 더 높은 기준을 설정할 일도 아니다.

우리가 전문진술에 대해서 민감하게 반응하는 것은, 아마도 조서에 적힌 피의자나 참고인의 결정적 진술에 대한 거부감 때문일 거라고 본다. 하지만 우리가 지금 듣고자 하는 진술은 조서 상 진술도 아니다. 다른 나라에서도 여러 개의 증거방법 중 하나로 채택하는 증거 중 하나일 뿐이다. 반대신문의 기회가 없었다는 이유로 반대신문을 다 해도 도달하지 못하는, 그렇게 높은 정도의 특신성을 요구할 일은 아니다.

2. 제315조 제3호의 특신성

(1) 조문의 취지

> 다음에 게기한 서류는 증거로 할 수 있다.
> 1. 호적의 등본 또는 초본, 공정증서등본 기타 공무원 또는 외국공무원의 직무상 증명할 수 있는 사항에 관하여 작성한 문서
> 2. 상업장부, 항해일지 기타 업무상 필요로 작성한 통상문서
> 3. **기타 특히 신용할 만한 정황에 의하여 작성된 문서**(강조표시 필자)

제315조는 전체가 문서에 관한 예외다.[56] 따라서 제316조의 그림과는 다른 그림을 그려야 한다.

B(경험자, 불출석) → 문서 → 법관

문서는 사람과 달리 거짓말을 할 가능성이 훨씬 적다. 위조 여부나 필적에 대한 감정을 거치기 때문에 기본적으로 신빙성이 높은 증거에 속한다.[57] 따라서 B의 진술만 신빙성이 높으면 전체 문서의 신빙성이 인정될 가능성도 훨씬 높다. 따라서 제316조에서 본 바와 같이 B의 진술에, 반대신문을 하지 않더라도 상대 방에게 크게 불이익하지 않을 정도의 특신성만 있으면 증거로 해도 문제가 없을 것 같다.[58] 그런 다음 그 진술의 신빙성을 판단해서 유무죄 여부를 가리면 된다.

그 외 두 가지 점을 주의할 필요가 있다.

첫째, 제315조 제3호의 해석과 관련해서는 제1호와 제2호라는 예시가 있다. 그것이 제316조와 다른 점이다.[59] 제1호 내지 제2호의 문서를 보면서 그에 준하 는 정도의 특신성이 있는 문서라면 증거로 받으면 될 것이다.[60]

둘째, 제3호의 서류에 담긴 진술이 다시 전문진술이어서는 안 된다. 가령, 제1호의 문서에 해당하려면 공무원이 '직접 적은' 진술이어야 한다. 공무원이 어 떤 사실을 확인하고 '직접 적은' 문서를 예외로 인정하는 것이지, 다시 누군가의 진술을 들은 다음에 그 진술의 취지대로 공무원이 다시 적은 문서를 예외로 인 정하자는 게 아니다.[61] 그때는 전문진술이 기재된 서류가 되어 이중의 특신성 검증을 받아야 한다. 가령, 다음과 같은 그림이 되는 것이다.

(진술자) → (공무원) → 문서 → 법관

괄호로 표시한 바와 같이, 공무원이 다시 적은 문서의 경우에는 '진술자'와 '공무원' 모두 현재 법정에 나올 수 없다. 즉, 해야 할 반대신문을 1번이 아니라 2번이나 못하는 구조가 된다.[62]

제315조 제3호도 마찬가지다. 그것 역시 경험자가 자신이 직접 경험한 사실 을 적은 문서를 말하는 것이지, 경험자의 진술을 들어서 다시 적은 문서를 제

315조 제3호에 따라 증거능력이 인정된다고 할 수는 없다.[63]

(2) 판례 검토

판례는 대법원 2015. 7. 16. 선고 2015도2625 판결에서 최초로 제315조 제3호의 의미를 설시하였고, 이후 2017. 12. 5. 선고 2017도12671 판결에서 같은 취지로 판시했다. 헌법재판소는 2013. 10. 24. 선고 2011헌바79 결정에서 제315조 제3호를 정의하면서 명확성의 원칙에 위배되지 않는다고 판시한 바 있다.

구체적으로 판례는 다음과 같이 제315조와 제3호의 의미를 설명하고 있다.

> 상업장부나 항해일지, 진료일지 또는 이와 유사한 금전출납부 등과 같이 범죄사실의 인정 여부와는 관계없이 자기에게 맡겨진 사무를 처리한 내역을 그때그때 계속적, 기계적으로 기재한 문서는 사무처리 내역을 증명하기 위하여 존재하는 문서로서 형사소송법 제315조 제2호에 의하여 당연히 증거능력이 인정된다. 그리고 이러한 문서는 업무의 기계적 반복성으로 인하여 허위가 개입될 여지가 적고, 또 문서의 성질에 비추어 고도의 신용성이 인정되어 반대신문의 필요가 없거나 작성자를 소환해도 서면제출 이상의 의미가 없는 것들에 해당하기 때문에 당연히 증거능력이 인정된다는 것이 형사소송법 제315조의 입법 취지[이므로...]제3호에서 규정한 '기타 특히 신용할 만한 정황에 의하여 작성된 문서'는 형사소송법 제315조 제1호와 제2호에서 열거된 공권적 증명문서 및 업무상 통상문서에 준하여 '굳이 반대신문의 기회 부여 여부가 문제 되지 않을 정도로 고도의 신용성의 정황적 보장이 있는 문서'를 의미한다.[64]

특신성의 의미뿐만 아니라 제315조의 제정 취지를 정확히 짚어낸 판결이다. 특히 '업무의 기계적 반복성'은 판례의 지적처럼 제315조 각호 문서의 공통적인 특징이라고 할 수 있다. 다만 한 가지 아쉬운 것은 우리 판례가 아래와 같이 '재전문진술을 담고 있는', '조서'까지도 제315조 제3호의 문서로 보는 경우가 있다는 점이다.[65]

> 법원 또는 합의부원, 검사, 변호인, 청구인이 구속된 피의자를 심문하고 그에 대한 피의자의 진술 등을 기재한 구속적부심문조서는 형사소송법 제311조가 규정한 문서에는 해당하지 않는다 할 것이나, 특히 신용할 만한 정황에 의하여 작성

된 문서라고 할 것이므로 특별한 사정이 없는 한, 피고인이 증거로 함에 부동의하더라도 형사소송법 제315조 제3호에 의하여 당연히 그 증거능력이 인정된다.[66]

원래 제315조 제3호는 자동차대여 기록이나 회계기록, 편의점의 지난달 매출액, 주민등록부 등본, 통계 자료 등 일일이 진술자를 데려올 필요가 없는, 그런 문서에 적용되는 조항이다.[67] 자신 또는 타인의 형사책임과 관련해서 구속적부심에서 진술한 것을 적은 조서는 그것 자체로 신빙성이 있다는 생각이 들더라도 제3호의 문서로 포섭해서는 안 된다.[68] 제3호의 문서는 그야말로 문서의 작성자가 자신이 경험한 바에 대해서 간단한 진술을 하고, 그 진술을 적게 된 경위 등에 문제가 없을 때 적용되는 조항이기 때문이다.

3. 제314조의 특신성

(1) 조문의 취지

> 전2조의 경우에 공판준비 또는 공판기일에 진술을 요할 자가 사망, 질병 기타 사유로 인하여 진술할 수 없는 때에는 그 조서 기타 서류 또는 물건을 증거로 할 수 있다. 단, 그 조서 또는 서류는 그 진술 또는 작성이 특히 신빙할 수 있는 상태 하에서 행하여진 때에 한한다.

제314조는 전2조, 즉 제312조와 제313조에 대한 보충규정이다. 가령, 제312조 제4항의 참고인진술'조서' 규정에 의하면, 사건에 대해 중요한 사실을 알고 있다고 판단되는 참고인이 수사기관 앞에 가서 진술을 하고, 수사기관이 이를 조서에 받아 적어 법정에 증거로 제출한다. 그런데 이 경우 아무렇게나 작성된 조서에 대해 증거를 인정할 수는 없으므로 일종의 조건을 단다. 바로 '성립의 진정'이라는 조건이다. 즉, 그 조서를 작성하는 과정에 문제가 없었는지를 확인하는 것이다.

실제로 수사기관에 가서 진술을 하고 참고인진술조서를 작성한 사람들은 그 작성이 끝난 후에 간단한 체크리스트에 체크를 해야 한다. '진술한 것과 동일하게 기재되었나요?'라는 문구에 그렇다, 또는, 아니다, 라고 확인을 해 주어야 한다. 그렇지 않으면 피의자가 하지도 않은 일을 피의자가 한 것처럼 진술하고, 그

런 내용으로 진술조서가 '작성'될 우려가 있기 때문이다. 심지어 우리 법 제312
조는 그렇게 작성된 참고인진술조서를 나중에 형사재판에서 증거로 하고 싶으
면, 그 진술한 참고인을 법정에 데리고 오라고 한다. 그래서 출석한 참고인에게
직접 "이 조서에 증인께서 진술한 내용이 동일하게 적혀 있습니까?"라고 물어본
다. 진술로 '성립의 진정(the truthfulness of making)'을 인정하는 절차를 거치는
것이다.

그런데 문제는, 그 참고인이 법정에 못 나오는 경우도 있다는 점이다. 사망
이나 질병, 외국 거주 등 사유로 법정에 나올 수 없는 경우다. 그때는 제312조
제4항이 아니라 제314조가 적용된다. 즉, 제312조와 제313조에 정한 서류에 관
하여 법정에 나와 '성립의 진정'[69]을 인정해야 할 자가 법정에 나올 수 없는 경
우, 그 조서에 적힌 진술을 증거로 하기 위해서는 제314조가 말하는 특신성이
있어야 한다. 그런데 여기서 말하는 '특신성'은 우리가 앞에서 본 것과 의미가 조
금 다르다.

첫째, 앞의 두 경우(제316조와 제315조)는 전형적인 전문법칙의 예외 규정이
다. 즉, 진술자가 있고, 그걸 들은 사람이 증인으로 나서거나 아니면 진술자가
직접 작성한 문서가 증거로 제출되는 경우다. 하지만 제312조 제4항에 정한 참
고인진술조서 상황을 그림으로 그려 보면, 그 모양이 약간 다르다.

참고인["성립의 진정"] → (경찰) → 조서 → 법관

경찰, 이라는 글자에 괄호를 친 것에서 알 수 있듯이, 진술조서를 작성한 경
찰은 법정에 나오지 않고 조서만 증거로 나온다. 하지만 다행스럽게도 진술을
한 참고인이 법정에 출석해서 진술로 "성립의 진정"을 인정하는 절차를 거친다.
"조서에 제가 진술한 내용이 정확하게 기재되어 있네요"라고 말을 하는 것이다.
위 그림에서 참고인 표시를 괄호로 묶지 않은 이유가 그것이다.

그런데 그 참고인마저 법정에 못 나올 상황이 생기면, 그림이 다음과 같이
달라진다.

(참고인) → (경찰) → 조서 → 법관

경찰뿐만 아니라 참고인도 못 나오는 상황이 되는 것이다(괄호 참조). 우리 법 제314조가 적용되는 것은 바로 이런 상황이다. 제314조는 전문증거가 문제가 아니라, 재전문증거가 문제가 된다고 얘기하는[70] 이유다. 재전문증거의 경우에는 위 그림에서 보는 것처럼 (참고인)과 (경찰) 모두 법정에 나오지 못하고, (참고인)과 (경찰)에 대한 두 번의 반대신문 기회가 무산된 것과 다름없다. 따라서 특신성을 요구하더라도 한 번이 아니라, 두 번의 특신성이 필요하다.[71] 이것이 일반적인 전문법칙의 예외규정처럼 제314조의 특신성을 읽어서는 안 되는 이유다. 요컨대, 제314조가 현실적으로 가장 많이 적용되는 참고인진술조서의 경우는 '재전문증거'가 문제되고, 그 증거능력 인정요건인 특신성을 같은 의미로 읽을 수 없다.

둘째, 참고인진술조서와 피의자신문조서의 경우는 그것 말고도 훨씬 더 큰 문제가 있다. 바로 그 두 가지는 대륙법에서 말하는 '조서'라는 점이다.[72] 우리가 말하는 특신성이라는 요건은 영미법 상 전문법칙의 예외 인정요건이다. 그런데 전문법칙과 조서는 한 군데 섞일 수 있는 개념이 아니다. 그 이름이 참고인진술조서든 뭐든, '조서'에 특신성이 있다고 해서 전문법칙의 예외가 된다는 말은, 생각해 보면 성립 자체가 불가능한 말이다.

조서는 전문법칙의 시각으로 보면 어떤 경우에도 법정에 들여서는 안 되는 증거다.[73] 전문법칙이 시작된 나라인 영국도 16세기 초에 대륙식 조서와 유사한 문서를 작성한 적이 있다. 당시 치안판사 또는 검사 역할을 한 JOP(justice of peace)가 증인을 신문한 결과를 문서에 적어 두었다가 순회법원의 판사에게 증거로 제출한 적이 있다. 하지만 그걸 그대로 증거로 쓰지 않았음은 물론이고, 그렇게 만든 서류는 대륙식 조서와는 성격이 달랐다. 게다가 그런 지 얼마 되지 않은 1603년 월터 롤리(Sir Walter Raleigh) 재판을 거치면서 영국은 대륙의 조서와는 완전히 결별하겠다고 선언한다. 법관이든 검사든 경찰이든 상관없이, 수사기관이나 재판기관이 피의자 또는 증인의 진술을 적어서 법원에 내고 그걸 증거로 하는 것은 '스페인식 규문주의'이므로 절대로 용납할 수 없다는 것이다. 그러면서 앞으로 조서를 사용하지 않는 재판을 하기 위해서 도입한 것이, 바로 전문법칙이다. 진술할 자를 상대로 조서를 작성하는 것이 아니라, 그를 직접 법정에 데려와서 배심원이나 법관 앞에서 반대신문을 할 것을 요구하는 법칙, 그것이 원래 전문법칙이다.

전문법칙이란 1. 법정 외 진술이; 2. 요증사실의 입증을 위해 제출될 때 발동하는 법칙이다. 그런 전문진술에 대해서는 증거능력을 인정할 수 없고, 다만, 예외 규정에 따라 특신성이 있을 때 증거능력이 있다는 것은, 이미 여러 차례 설명한 바와 같다.

그런데 우리가 쓰는 조서도 그 안에 1. 법정 외 진술을 담고 있고, 2. 요증사실의 입증을 목적으로 증거로 제출된다. 참고인이 법정 외에서 진술을 하고, 그것이 피고인의 유죄 인정을 목적으로 제출되는 것이다. 바로 이런 이유 때문에, 얼핏 구조상으로 보면, 그 조서에 대해서 전문법칙이 발동되는 게 맞아 보인다. 즉, 원칙적으로는 증거능력이 없지만 예외적으로 특신성이 인정되면 증거능력이 있다고 말해야 할 것 같다.

하지만 그런 결론을 내려서는 안 된다.

이건 전문법칙과 그 예외의 문제가 아니라, 영미식 재판제도의 본질에 관한 문제다. 전문법칙을 도입한 영미식 재판의 본질은 '조서의 배제'에 있다. 어떤 경우에도 조서는 안 된다, 는 것이 그들이 정한 원칙이다. 그런데 전문법칙의 예외라는 이름으로 조서를 증거로 받는다면, 그것은 예외 인정이라는 문제에 그치지 않는다. 마치 지구의 북극과 남극을 뒤바꿔 놓는 것과 같은 근본적인 혼란이 발생한다. 수백 년 동안 비아냥거린 것은 물론이고, 때로는 욕설에 가까울 만큼 혹독한 비판을 해 온 영국과 미국의 법원이 스페인의 규문주의를 자신들이 직접 하게 된다는 것을 의미하기 때문이다.

지금도 미국에는 조서라는 게 없다. 진술은 들어서 전하거나, 진술자에게 쓰게 하거나, 녹음해서 법정에 보고한다. 그리고 이런 진술들은 전부 전문법칙의 적용을 받는다. 1. 법정 외 진술이고 2. 요증사실의 입증 목적으로 제출되는 것이기 때문이다. 따라서 증거가 되기 위해서는, 전문법칙의 예외에 해당해야 한다. 미연방증거규칙이나 판례법에 자세하게 나와 있는 예외 규정을 충족할 때만 법정에 들어와서 증거가 될 수 있다. 가령, 참고인이 수사기관 앞에 가서 "제가 피고인의 사기 행각을 도왔습니다"라고 진술한다고 하자. 이런 진술은 전문법칙의 적용을 받아 증거능력이 없는 게 원칙이다. 하지만 그것이 '자기의 이익에 반하는 진술'이고, 그런 진술을 한 자가 법정에 나올 수 없으면 증거능력이 인정되기도 한다. 진술을 함으로써 그 자신도 형사책임을 지게 되는 것이기 때문에, 자기 이익에 반하는 진술이고, 그런 진술은 신빙성이 높다고 보는 것이다.

그렇다면 같은 진술을 수사기관이 조서에 적어서 법정에 증거로 제출하면 안 되는가? 당연히 안 된다. 일단 그런 예외 자체가 없다. 그리고 있을 수도 없다. 전문법칙의 존재 이유가 조서에 대한 부정에 있기 때문이다. 생각해 보자. 콘크리트(조서) 집이 싫어서 온갖 불편을 무릅쓰고(증인으로부터 진술을 받는 게 아니라 증인 자신을 안전하게 법정에 데려오기 위해 보호프로그램에 들이는 돈과 노력을 생각해 보라!) 나무(법정증언)로 집을 짓고 살았고, 콘크리트 집을 보면서 무수히 손가락질을 했었는데, 살아보니까 편해 보여서 제일 중요한 본체(증인신문)를 이제 와서 콘크리트로 대체하자고 할 수는 없지 않을까?74) 그러면서 또 다른 한편으로는, 나무집이 좋다(전문법칙은 유지한다)고 말을 한다면 그건 실성한 사람의 두 말로 들릴 것이다. 어떤 진술에 특신성이 있고 없고의 문제가 아니다. 그 진술이 들어 있는 조서를 법정에 들여오는 순간, 전문법칙뿐만 아니라 영미 증거법의 근본이 무너지고 만다.75) 영국의 역사를 스스로 부정하는 것과 다를 바 없는 것이다.

그런데 그와 비슷한 일이 우리 증거법에서 벌어지고 있다. 제314조가 조서를 전문법칙의 예외로 증거능력을 인정한다는 것이다. 특신성이 있으면 조서도 증거능력이 있는 걸로 하면 되지 않겠는가, 라고 말한다. 과연 이런 사태를 어떻게 설명해야 할까? 여기서 말하는 특신성을 그렇게 이해해도 되는 것일까?

틀림없는 것 하나는 특신성으로는 설명할 수 없는 근본문제가 있다는 것이다. 가령, 최근에 이런 사건이 실제로 미국에서 있었다. 상해를 방조(도운)한 자가 경찰에게 "피고인인 피방조자가 칼도 안 든 사람을 찔렀어요"라고 진술했다. 그렇게 말하면 자기도 꼼짝없이 형사책임을 져야 하기 때문에 그 진술은 특별히 신빙할 만한 진술이라고 할 수 있다. 경찰은 이거다! 싶어서 그 진술을 녹음했고, 녹음테이프를 배심원 앞에서 들려주었다. 당연히 증거법 상으로는 전혀 문제가 없었다. 앞에서 본 '자기 이익에(도) 반하는 진술'이기 때문에 특신성이 있고, 전문법칙의 예외가 될 수 있기 때문이다. 그런데 미연방대법원은 여기서 심각한 질문을 하나 던진다.

"이거 스페인 규문주의와 너무 비슷한데!"라는 생각을 하게 된 것이다. 스페인에서도 증인을 따로 불러 심문하면서 진술을 들었다가 법정에 전달했다는 점, 그것이 영 꺼림칙했다. 그래서 미연방대법원은 고민 끝에 그런 증거는 유죄의 증거가 될 수 없다고 선언한다. 미국 전문법칙에 따르면 '자기의 이익에 반하는 진술'은 증거로 할 수 있다고 명문으로 선언하고 있는데도 말이다. 특신성이 있다는 것, 즉, 그 진술이 믿을 만하다는 것은 두말 할 나위가 없다. 오죽하면 배심원 앞에서 선 검사가 확신에 차서 이렇게 말했을까.

이것보다 더 믿을 만한 게 어디 있겠습니까?라고.

그럼에도 불구하고 연방대법원은 검사의 편을 들지 않았다. 대륙식 재판에서나 하는 일을 했다는 자괴감 때문이었다.

그런데 문제는, 증거능력을 인정하지 않는다고 할 때 무슨 근거를 들어야 할까, 하는 점이었다. 전문법칙과 그 예외 이론에 의하면 증거로 받는 게 맞는데, 어떻게 안 된다고 해야 할까? 이런 고민 끝에 미연방대법원은 수정헌법 제6조를 근거로 댔다. 헌법 상 피고인은 자신에게 불리한 증인을 대면할 권리가 있는데, 그걸 침해했다는 것이다.

모든 피고인은 자신에게 불리한 진술을 하는 증인을 대면할 권리가 있다.

증인을 대면할 기회가 없었으니까, 그 증인의 진술이 아무리 믿을 만한 것이어도 증거로 할 수 없다는 취지다. 이와 같은 연방대법원의 설시로 인해서 미국 사법제도는 또 하나 중대한 도전에 직면하게 되었다. 종래는 전문법칙과 그 예외로 다 해결을 했는데, 이제는 그것 외에도 헌법 상 대면권(right of confrontation), 즉, 피고인이 증인과 얼굴을 맞댈 권리를 보장해 주어야 하는 문제가 생긴 것이다. 헌법상 대면권을 보장하기 위해서는 무조건 증인을 피고인 앞으로 불러와야 한다. 그러려면 당연히 돈이 더 들고, 더 까다로워진다. 종전보다 더 불편한 재판을 해야 하는 것이다.

연방대법원이 그런 불편한 결정을 내린 이유가 바로 '대륙식 재판이 싫어서'였다. 과거 수백 년 역사를 거슬러 올라가면서 영미의 재판이 대륙의 재판과 얼마나 다른지 강조해 온 터다. 대륙식 재판에 대한 알레르기 증상이라고 보아도 좋을 정도의 반감을 미국 법원은 가지고 있다.

그런데 이보다 더 놀라운 사실이 있다. 이 재판에서 문제가 된 것은 우리가 말하는 '조서'도 아니었다는 점이다. 경찰은 그저 참고인의 진술을 녹음해서 법정에서 틀었을 뿐이다. 우리 식대로 수사기관이 진술을 들은 다음에 다시 작성한 '조서'를 낸 것도 아니다. 그냥 들리는 대로 녹음을 했고, 녹음기를 법정에서 틀었을 뿐이다. 그럼에도 미연방대법원은 그것이 스페인 식 규문주의와 다를 바 없다고 질색을 했다. 그런 재판은 우리가 원하는 재판이 아니고, 앞으로는 그런 재판을 하지 않을 거라고 못을 박았다.

그렇다면 만약 우리 제정법 제314조처럼 조서를 전문법칙의 예외로 미국 법원에 제출했다면 어떤 일이 벌어졌을까? 특신성이 있다는 이유로 참고인이 나오지 않는 재판에서 녹음테이프도 아니고 '조서'를 증거로 제출했다면 연방대법원은 어떤 반응을 보였을까?

아마 기겁을 했을 것이다. 의견을 쓴 스칼리아(Scalia) 대법관이 의견 전체를 조서에 대한 성토로 가득 채웠을 것이다. 특신성이라는 말은 아예 꺼내지도 못했을 가능성이 높다. 특신성이 있으면 우리가 스페인이 되어도 좋느냐?라고 화부터 냈을 테니까 말이다.

바로 이 점이 우리 제정법 제314조의 특신성 요건과 일반적인 전문법칙의 예외 인정요건인 특신성을 혼동해서는 안 되는 이유다. 아무리 1. 법정 외 진술이고, 2. 요증사실의 입증을 위해서 제출한 것이라고 해도, 또, 아무리 특신성이 있다고 해도, 조서에 적은 진술을 전문법칙의 예외라고 해서는 안 된다. 그것은 마치 크기나 생김새가 비슷하다고 해서, 코끼리 코에 뱀 꼬리를 집어넣는 것과 같다. "크기만 맞으면 되지, 무슨 대수냐?"라고 말하는 것은, 그런 우둔함을 그대로 고백하는 꼴이다.

우리 법 상 조서 관련 규정은 전문법칙의 시각이 아니라 직접주의 또는 직접심리주의의 시각에서 읽어야 한다. 우리는 지금도 조서를 증거로 쓰는 나라다. 즉, 대륙식 재판을 하는 나라다. 대륙식 재판에도 당연히 정도가 있다. 바로 '직접심리주의'라는 것이다. 피고인의 권리보호를 위한 것이라는 점에서, 전문법칙의 취지와 크게 다르지 않다. 증인은 법관이 직접 심문한다는 의미다. 그런데 여기서도 마찬가지로 예외가 있다. 법관이 직접 듣는 것과 다를 바 없다면 그 결과를 적은 조서도 증거가 될 수 있다는 예외다. 이걸 직접주의의 예외라고 한다.

직접심리주의를 선언한 독일의 경우는 법관과 자격요건이 비슷한 예심법관의 조서는 증거로 할 수 있다고 한다. 이 규정을 그대로 받아서 일본도 예심법관의 조서를 직접심리주의 또는 직접주의의 예외로 인정했다. 그리고 『조선형사령』에 따라 일본형사소송법을 가져다 썼던 우리나라도 그 대열에 합류했다. 그런데 여기서 한 가지 문제가 생겼다. 조선형사령에 따르면 우리나라의 경우는 예심법관뿐만 아니라 검사나 경찰관도 조서 작성 권한이 있다는 점이었다. 그들이 작성한 조서도 예외로 인정했다. 수사기관 앞에서 한 진술이 법정에서 그대로 증거로 쓰일 길이 열린 것이다.

이와 같은 직접주의의 예외의 '확대'는 사실 안 될 말이다. 독일재판에서 수사기관의 조서가 증거로 쓰인다는 말은 예전에도 들은 바가 없고, 지금도 안 되는 일이다. 법정 외의 진술을 조서에 적어서 전달하기 위해서는 철저한 검증과정이 있어야 한다. 검사나 경찰이 밀실에서 받아낸 것까지 다 인정해 줄 수는 없다. 이것이 바로 우리 형사소송법 제정 당시 입법자들이 처한 딜레마였다.

일본으로부터 해방되어 새로운 나라가 되었기 때문에 조서에 대한 근본적인 재검토를 했어야 할 시점이었다. 그런데 당시 우리나라는 그럴 만한 힘이 없었다. 검사가 없어서 변호사 출신들을 대거 검사로 채용해서 쓰던 시절이었다. 나라를 재건하는 데도 엄청난 돈과 인력이 필요한 마당에 단번에 선진국이 하는 '공정한' 재판을 할 상황이 아니었다. 그래서 당시 입법자들은 두 가지 원칙을 정한다.

첫째, 일단은 하던 대로 하기로 했다. 즉, 검사나 경찰이 법관은 아니지만, 그들이 작성한 조서도 직접주의의 예외로서 증거능력을 인정한 것이다.

둘째, 대신 요건을 좀 더 강화했다. 즉, 조서에 대해서 무턱대고 증거능력을 인정할 게 아니라, 진술한 자이기도 한 그 참고인이 법정에 나와 '제가 진술한 것과 같이 작성되어 있습니다'라고 '성립의 진정'을 인정할 때만 증거능력이 있게 하는 것이다. 이와 더불어 검사도 아니고 사법경찰관이 '피의자'신문의 결과를 기재한 피의자신문조서만큼은 당해 피고인이 '내용을 인정'한 때에 한하여 증거가 될 수 있다고 했다. 그 조서는 조금 더 요건을 강화해서 신문 당시 피의자였던 피고인이 나중에라도 진술 내용이 사실이라고 인정할 때만 증거로 할 수 있게 했다. 사실상, 피고인이 동의하는 경우에만 증거가 되도록 한 것이다. 이것이 바로 조서에 관한 우리 법의 태도였다. 성립의 진정을 요건으로 하되, 사경 작성 피신조서는 '내용의 인정'을 요건으로 한 것이다.

그런데 만약, 법정에 나와서 성립의 진정을 인정해 주어야 할 자가, 예를 들면, 진술을 한 참고인이 법정에 나오지 못할 상황이 되면 어떻게 할 것인가? 제314조가 적용되는 것이 바로 이런 상황이다. 제312조 제4항 참고인진술조서를 증거로 하기 위해서는 참고인이 나와 성립의 진정을 인정해 주어야 하는데, 그가 못 나오는 상황에서는 어떻게 할 것인가, 하는 문제다. 우리 입법자들은 여기에다 전문법칙의 예외 규정에서나 쓸 법한 문구를 적었다. 즉, "그 진술 또는 작성이 특히 신빙할 수 있는 상태 하에서 행하여진 때에 한한다"는 것이다. 나름대로 요건을 강화하기 위한 포석이었지만, 정확한 자기 자리는 아니다. 영미식 전문법칙의 예외 인정 요건을 그야말로 엉뚱한 데다 적은 것이다. 전문법칙의 예외로 읽기보다는 '증거서류의 요건 강화 규정' 정도로 읽는 것이 맞다고 주장하는 이유다. 전문법칙의 예외 인정의 요건이 아니라, 조서를 증거로 받을지 말지를 결정하는 우리 법 상 고유한 요건이라고 말할 수밖에 없다.[76]

앞에서 말한 것처럼, 직접주의에도 전문법칙처럼 예외가 있다. 하지만 두 가지는 같은 예외가 아니다. 전문법칙은 진술 몇 개를 더 들여오고 말고의 문제이지만 직접주의의 예외는 의미가 아주 다르다. 우리가 어떤 재판을 할 것인가 하는 결단의 문제가 걸려 있다. 직접주의에 예외를 둔다는 것은 '조서'에 의한 재판을 하겠다는 뜻이다. 그것도 우리 같으면 법관의 조서가 아니라, 검사나 경찰관의 조서에 의한 재판도 감수하겠다는 뜻이다. 피고인 입장에서는 곤혹스럽기 짝이 없다. 진술자가 직접 증언하는 대신 조서라는 종이와 다투어야 하는 상황인데, 과연 종이에 적힌 글과 어떻게 싸울지 가늠조차 되지 않는다. 그래서 최소한으로라도 피고인 보호를 위해서 그 진술자를 법정에 오도록 했다. 진술했다는 사람 얼굴이라도 보여준다는 의미다. 그러면 그를 붙잡고 왜 이런 진술을 했는지, 물어볼 수라도 있다. 그런다고 해서 조서를 증거로 쓸 수 있다는 결론이 달라지지는 않을 테지만, 따져 물을 상대방이라도 있어 다행이다. 그것이 바로 제312조 제4항 참고인진술조서 규정이 정하고 있는 바다. 그런데 그 진술자도 못 나온다고 한다. 제314조의 문제 상황으로 바뀐다. 그때는 그 못 나오는 자의 진술을 담은 조서는 증거능력이 없어야 하는 게 맞다. 그래서 제정법 초안은 본문만 두고 있었다. 그런데 수정안에서 특신성을 조건으로 예외적으로 증거능력이 있도록 단서를 달았다. 수정안의 입법자가 제315조 제3호나 제316조에나 어울릴 조건을 엉뚱한 곳에 잘못 단 것이다. 하지만 같은 글자가 달렸다고 해도, 여기서 말하는 특신성은 [직접주의의] 예외의 예외가 되기 위한 요건이지, 전문법칙의 예외가 되기 위한 요건이 아니다. 참고인진술조서(직접주의의 예외)가 예외적으로 증거능력이 있게 되는 경우를 정하는 것일 뿐이다. 이 점을 혼동해서는 안 된다.

(2) 판례 검토

판례는 제314조의 특신성과 제316조의 특신성을 본질적으로 같은 의미로 읽었던 경우가 여러 번 있었다. 하지만 특히 최근 들어서는 제314조의 특신성이 '직접주의의 예외의 예외'에 대한 요건이라는 점을 강조하기 시작했다.[77]

> 형사소송법 제312조 또는 제313조는 참고인이 진술하거나 작성한 진술조서나 진술서에 대하여 피고인 또는 변호인의 반대신문권이 보장되는 등 엄격한 요건이 충족될 경우에 한하여 증거능력을 인정하고 있다. 형사소송법 제314조는 참고인 소재불명 등의 경우에 **직접심리주의 등 기본원칙에 대한 예외를 인정한 것에 대하여 다시 중대한 예외를 인정**하여 원진술자 등에 대한 반대신문의 기회조차 없이 증거능력을 부여할 수 있도록 한 것이다.(강조표시 필자)[78]

너무나 옳은 태도임은 물론이다. 특히, 그 증명의 정도는 "합리적 의심의 여지가 없을 정도여야 한다"고 설시한 점도 타당한 지적이라고 본다. 법정에 나와 성립의 진정을 인정할 자가 법정에 나올 수 없는 경우, 그 진술이 신빙성이 있다는 점이 합리적 의심 없는 정도로 증명되어야 증거로 받을 수 있다는 뜻이다. 조서만 작성하면 다 증거가 된다, 는 잘못된 믿음을 심어줄 수는 없기 때문이다.

전문법칙의 예외와는 달리 법정 외의 재판을 법정 내의 재판으로 대체하는 직접주의의 예외이고, 제314조는 그때 적용되는 조항이다. 비록 증거능력과 증명력을 혼동하는 흠이 있더라도 합리적 의심 없는 정도로 신빙성이 인정되어야 증거로 할 수 있다는, 판례의 해석론을 지지하지 않을 수 없다. 그만큼 제314조의 조서를 증거로 받는 것은 최소한에 그쳐야 한다. 법문에 적힌 것처럼 특신성이 그 관문이 되어야 함은 물론이다. 그런 의미에서 여기서 말하는 특신성은 판례의 견해와 같이 유죄의 입증에 버금가는 정도로 믿을 수 있는 서류임을 강조하는 문구라고 보아야 한다.

Ⅳ. 나오며

원래 진술의 신빙성은, 그것이 상황에 대한 것이든 내용에 대한 것이든 상관없이 법관이 판단할 바다. 자유심증주의가 적용되기 때문이다.

그럼에도 전문진술에 대해 증거능력 인정의 요건으로 일찍부터 진술 정황의 신빙성, 즉, 특신성을 요구하는 이유는 그 증거가 워낙 낮은 신빙성밖에 없는데다가 법정에서 반대신문을 통해 그 신빙성을 높일 가능성도 없기 때문이다. 제정법이 제314조와 제315조 제3호, 제316조에서 특신성이라는 요건을 적은 이유가 그것이다.

하지만 제정법에 쓰인 3개의 특신성은 깊이 들어가 보면, 그 의미가 조금씩 다르다. 먼저, 제316조의 특신성은 '반대신문의 필요가 없을 정도'로 신빙성을 갖출 것을 요구한다는 취지이고, 전형적인 전문법칙의 예외로서의 요건이 맞다. 아울러 제315조 제3호의 특신성도 근본적으로 제316조의 그것과 같은 반열에 놓고 판단하면 된다. 다만, 제315조 제3호에서는 제1호와 제2호라는 예시가 있고, 문서에 대한 특별규정이라는 점에서 증거능력 단계에서는 좀 더 폭넓게 예외를 인정해도 될 것이다.

하지만 제314조의 특신성은 의미가 또, 다르다. 그걸 전문법칙의 예외 인정 요건으로 읽어서는 안 된다. 제314조가 전문증거가 아닌 재전문증거를 주로 포함하고 있고, 특히 조서라는 전문법칙과 본질적으로 어울리지 않는 서류의 증거능력을 규정하고 있기 때문이다. '왜 같은 것을 다르게 읽느냐?'라는 반론에 직면하게 되더라도, 우리 판례가 읽는 것처럼 그 의미를 다르게 해석할 필요가 있다. "조서 또는 서류의 작성에 허위 개입의 여지가 거의 없고 그 진술 내용의 신빙성이나 임의성을 담보할 구체적이고 외부적인 정황이 있는 경우를 가리킨다"라고 엄격하게 해석하고, 신빙성도 높게 잡아야 한다.

진술자가 나올 수 없는 조서를 증거로 받을지 말지를 결정하는, 직접심리주의의 예외에 대한 또 하나의 중대한 예외를 인정하는 조항이기 때문이다.

제 2 장

조사자의 증언도 증거가 될 수 있을까?

— 제316조 제1항 —

1961			특신상태
제310조의2(전문법칙)			
311			
312	①	본문	
		단서	추가+
	②		
313	①	본문	
		단서	추가+
	②		
314	본문		
	단서		
315(iii)			
316	①		추가+
	②		

Ⅰ. 들어가며

1948년 제정된 일본의 쇼와형사소송법은 증거법 부분에서 전문법칙 규정을 도입했고, 그 예외 규정을 두었다. 그것이 시차를 두고 우리 법에 영향을 미쳤는데, 그 양상에 특이한 면이 있다.

먼저, 1954년 우리 형사소송법의 제정 과정에서는 전문법칙 자체는 소개되지 않고, 세 군데서 전문법칙 예외 조항만 수입했다. 위 표에서 (추가+)라는 글자 없이 음영으로 표시된 부분이 그것이다. 그것도 시차를 달리 하면서 수입하는 바람에 제정법 제315조 제3호에서는 전문법칙의 예외 인정 요건이 "신용성의 정황적 보장"이라고 들어갔고, 나머지 조문에서는 "특별히 신빙할 수 있는 상태"라고 들어갔다. 제정법의 초안을 내던 1952년과 수정안을 내던 1954년 번역에 차이가 있었던 것이다.[1] 다만 그 취지가 미국 전문법칙의 예외 규정을 도입하는 것이었다는 점에서는 차이가 없다.

　　그리고 나서 다시 7년이 지나 1961년을 맞이하게 되었다. 그 해는 우리 형사소송법에 당사자주의적 요소를 대폭 강화하는 개정이 이루어진 해였다. 종래 대륙식 재판에서 영미식 재판으로의 일대 변화가 있었으며, 증거법 규정도 예외가 아니었다. 영미식 재판의 트레이드－마크라고 할 수 있는 전문법칙의 원칙 규정이 이때 들어온다. 그것 역시 쇼와형사소송법을 참조한 것이다. 그러면서 그 조항이 자기 뒤로 오는 것들을 예외라고 부르는 바람에, 제311조 내지 제316조 모두 이제는 '전문법칙의 예외'라는 새로운 이름을 얻게 되었다. 그 전문법칙의 예외 조항에는 이름에 걸맞게 특신성 요건이 속속 추가되었다. 위 표에서 보는 바와 같이 총 3군데다. 제312조 제1항과 제313조 제1항은 본문만 있던 곳에다가 단서를 두어 특신성 요건을 추가했고, 제316조 제1항은 새로이 항을 하나 더 만들면서(종전 제316조 규정은 제2항으로 밀려났다) 특신성 요건을 추가했다.

　　이렇게 들어온 세 가지 특신성 요건은 전부 법정 외 피의자 또는 피고인의 진술을 대상으로 하고 있다. 즉, 피의자인 상태에서 수사기관에게든, 친구에게든 말을 한 것을 가져와서 증거로 쓸 때 적용되는 조항이다. 제312조 제1항은 검사 앞에서 피의자신문조서(이하 "피신조서")를 작성하면서 피의자가 진술한 것을 증거로 삼기 위해서는 특신성이 있어야 한다고 하고, 제313조 제1항 단서와 제316조 제1항 단서는 그 외 제3자 앞에서 한 피의자의 진술을 증거로 하기 위해서는 특신성이 있어야 한다고 한다.[2] 즉, 그 진술이 믿을 만한 상태에서 한 것이라야 한다. 다만 여기서도 차이가 없지 않다. 제312조 제1항 단서 및 제313조 제1항 단서는 '서류'에 관한 규정이고, 제316조 제1항 단서는 '진술'에 관한 규정이다. 서류에 적혔든, 진술로 보고하든, 그 진술에 특신성이 있는 때에만 증거가 될 수 있다는 의미이다.

　　아래에서는 먼저 피의자의 진술도 전문법칙의 적용 대상인지 살펴본 다음에, 위 각 규정 가운데 먼저 제316조 제1항 단서의 특신상태가 의미하는 바를 검토하면서 판례의 견해와 비교해 보고자 한다.

Ⅱ. 피의자의 진술에도 전문법칙이 적용되는지

1. 문제의 소재

개정 전	개정 후
제312조	제312조 제1항
검사 또는 사법경찰관의 피의자 또는 피의자 아닌 자의 진술을 기재한 조서, 검증 또는 감정의 결과를 기재한 조서와 압수한 서류 또는 물건은 공판준비 또는 공판기일에 피고인 또는 피고인 아닌 자의 진술에 의하여 그 성립의 진정함이 인정된 때에는 증거로 할 수 있다.	① 검사가 피의자나 피의자 아닌 자의 진술을 기재한 조서와 검사 또는 사법경찰관이 검증의 결과를 기재한 조서는 공판준비 또는 공판기일에서의 원진술자의 진술에 의하여 그 성립의 진정함이 인정된 때에는 증거로 할 수 있다. 단, 피고인이 된 피의자의 진술을 기재한 조서는 그 진술이 특히 신빙할 수 있는 상태하에서 행하여진 때에 한하여 피의자였던 피고인의 공판준비 또는 공판기일에서의 진술에 불구하고 증거로 할 수 있다.

먼저 피의자의 진술이 전문법칙의 적용대상인지 살펴보기로 한다.

전문법칙이 필요한 이유는 경험자가 법정에 나올 수 없어서 그 진술의 신빙성을 반대신문을 통해 확인할 방법이 없기 때문이다. 즉, 전문법칙은 경험자가 법정에 나와서 진술할 수 없는 경우를 전제로 한 규정이다. 그런데 피신조서가 증거로 제출되는 재판이라면 당시 피의자였던 피고인이 법정에 나와 있는 상태이고,[3] 특히 우리 법에서는 피고인신문의 기회가 있기 때문에 얼마든지 자신이 경험한 바를 법정에서 진술할 수 있다. 또, 경우에 따라서는 피고인에 대한 변호인의 반대신문도 가능하다.[4] 그럼에도 불구하고 피의자의 진술도 전문법칙이 적용되는 경우라고 보아야 할 것인가? 아니, 도대체 피고인 자신이 나와 있는데 바로 그 피고인에게서 진술을 듣지 않고, 피고인의 진술을 들었다고 주장하는 다른 누군가를 불러서 피고인이 무슨 말을 했는지 들을 이유가 무엇일까?

누군가 피의자에게 고문을 해서 피의자가 억지로 자백이라도 한 경우라면, 그런 (자백)진술은 증거로 해서는 안 될 것이다. 그런데 그게 아니라, 피의자 본 인이 자발적으로 자기 죄를 인정하는 진술을 했다면? 그걸 누군가 듣고 법정에 전달하는 상황이라고 하자. 여기에 대해서 피의자였던 피고인 본인이, '아, 그건 법정 외에서 한 말이니까 전문법칙 상 증거가 될 수 없겠네요?'라고 반박할 수 있는 것일까? 제3자가 한 말도 아니고 본인이 직접 한 말도 전문법칙이라는 방 패막이를 이용해서 증거로 못 쓰도록 할 수 있을까?

여기에 대해서는 전문법칙의 이론이 발달한 미국에 두 가지 견해의 대립이 있다.

2. 견해의 대립

(1) 제1설: 적용제외설(이하 "제외설")

제외설은 피의자의 진술에 대해서는 전문법칙이 적용되지 않는다는 견해이 다. 즉, 피의자가 다른 곳에서 한 진술은 전문진술이 아니기 때문에 전문법칙이 라는 증거 배제 법칙이 적용될 여지가 없다고 본다. 따라서 피고인의 진술을 들 은 자는 그 진술을 법정에 제한 없이 옮길 수 있고, 그렇게 보고된 피고인의 진 술을 증거로 하는 데 문제가 없다. 이런 주장을 대표하는 학자가 바로 위그모어 라는 사람이다. 20세기 초 전문법칙의 이론화에 크게 기여했고, 미국의 여러 가 지 증거법 규정의 제정에도 지대한 영향을 끼친 증거법학자로서, 일본 게이오대 학에 와서 미국법을 가르친 경험도 있다.[5]

위그모어의 주장에 따르면, 전문법칙의 문제 상황은 직접 경험한 자가 법정 에 나올 수 없어서 반대신문을 할 수 없다는 것인데, 피의자였던 피고인의 경우 는 아주 특별한 경우가 아니면 법정에 나오기 때문에 전문법칙이 상정한 문제 상황에 해당하지 않는다고 본다. 전문법칙이 요구하는 위험, 즉 진술자가 없어서 반대신문으로 그 진술의 신빙성을 검증할 수 없다는 위험이 아예 없는 상태이 며, 따라서 전문법칙의 요구가 '충족된 사례(rule satisfied)', 또는 처음부터 전문법 칙이 문제될 여지가 없었던(exempted) 사례이다.[6]

실제로 위그모어의 영향을 많이 받은 미연방증거규칙(Federal Rules of Evidence)은 이 같은 견해에 입각해서 제정되었다.[7] 피고인이 자신의 죄를 인정한 불리한 진술에 대해서는 '전문증거가 아니'라고 정의 규정에서 명시하고 있는 것이다.

> 제801조 정의: 전문증거의 배제
> (a) 진술: "진술"이란 쟁점 사실을 주장하는 구두, 서면 또는 묵시의 진술을 의미한다.
> (b) 진술자: "진술자"는 진술을 하는 자를 의미한다.
> (c) 전문증거: "전문증거"란
> (1) 진술자가 현재 재판이나 준비기일에서 증언을 하는 중에 말한 것이 아닌 진술로서
> (2) 당사자 중 일방이 그 진술 내용의 진위를 입증할 목적으로 제출한 진술을 말한다.
> (d) 전문증거가 아닌 진술: 다음 진술은 전문증거로 보지 않는다.
> (1) 진술자-증인의 종전 진술: 진술자가 증인으로 출석해서 반대신문을 받고 있는 가운데 그가 종전에 했던 진술로서[...]
> (2) 반대 당사자의 진술: 특정 당사자에게 불리한 [그 자신의] 진술은 전문증거로 보지 않는다.(강조표시 필자) [8]

이 규정에 따르면 피의자의 진술은 검사와 재판에서 대치 중인 '반대당사자', 즉 피고인 자신의 진술로서 전문증거가 아니기 때문에 전문법칙이 적용될 이유가 없고, 누구든 들은 자가 법정에 보고함으로써 증거가 된다.

(2) 제2설: 전문법칙의 예외설(이하 "예외설")

반면에 예외설은 피의자의 진술도 일단 전문법칙의 적용을 받는다고 한다. 즉, 전문법칙이 적용되어 증거로 쓸 수 없다. 다만, 전문법칙의 예외(exceptions)로서 증거능력이 인정될 수는 있다. 위그모어와 비슷한 시기에 하버드 대학 로스쿨 학장을 맡았던 에드워드 모건(Edward Morgan)이 그 주창자이다.[9]

에드워드 모건은 전문법칙 자체를 그다지 달가워하지 않는 것으로 유명한 인물이다. 그게 무슨 대단한 법칙인 양 주장하는 사람들의 태도를 이해하지 못

한다. 특히 위그모어처럼 전문증거를 과학자들이 물질을 나누듯이 자세하게 나눠서 어떤 경우는 전문법칙이 적용되지 않고, 어떤 경우는 전문법칙이 적용되지만 예외로 인정되고, 등등의 분류법 자체를 탐탁지 않게 여긴다.[10] 전문법칙이란, 다음과 같은 두 가지 요건을 갖추면 언제나 적용되는 법칙이라고 단순하게 이해하고자 한다.

> 1) 법정 외 진술일 것;
> 2) 요증사실의 입증 목적으로 제출될 것;[11]

모건에 따르면 어떤 진술을 전문법칙의 대상으로 하기 위한 요건은, 이렇게 두 가지밖에 없다. 현재 재판 중에 한 진술이 아니라 재판 이전에 법정 외에서 한 진술이고, 그것이 탄핵(증인이나 피고인이 종전에 다른 진술을 했다는 점 등을 밝힘으로써 증인의 신용성을 깎아내리는 것 등) 등 다른 목적으로서가 아니라 법정에서 요증사실의 입증 목적으로 사용한다면 전부 전문법칙의 적용 대상이 된다. 가령, 피의자가 검사에게 "제가 사기를 쳤습니다"라고 진술하고, 그것이 녹취서(recorded statement)를 통해 법정에 전달된다고 하자. 그 진술은 법정 바깥인 수사기관에서 한 법정 외 진술이고, 그 진술을 제출한 목적은 요증사실, 즉 '피고인이 사기죄를 범하였다'는 사실을 입증하는 것이기 때문에 전문법칙이 적용된다. 수사기관에서 진술을 할 당시에 피의자 신분이었는지, 그 피의자가 지금은 피고인이 되어서 법정에 나올 수 있는지 등은 문제 삼지 않는다. 간단한 두 가지 표지만으로 전문진술을 정의한다는 것이 예외설의 특징이고, 장점이다.

모건의 지적처럼 전문법칙은 수많은 예외로 점철된 법칙이다. 벌써 19세기 미국 판례에 14개나 되는 예외가 덕지덕지 소개되고 있다.[12] 그것들을 관통할 무슨 정치한 이론이나 원칙을 찾는 것이 무색할 만큼 그야말로 잡동사니의 모임이다.[13] 그 안에서 다시 법정에 나올 수 있는 자의 진술, 법정에 나올 수 없는 자의 진술, 법정에 나올 수 있지만 나올 필요가 없는 자의 진술, 피의자 자신의 진술, 제3자의 진술, 이렇게 나누는 것은 문제를 더 어렵고 복잡하게 만들 뿐이다. 법정 외 진술이면 누구의 진술이든 간에 전문법칙이 적용되어 증거로 할 수 없고, 다만, 그 중에서 예외로 인정할 만한 사유, 즉 특신성이 있는 진술은 증거로 받으면 된다고 보는 것이 모건의 '깔끔한' 결론이다.

3. 평가

그렇다면 이와 같은 견해 대립은 우리에게 무슨 의미가 있을까.

먼저 증거능력 인정 여부와 관련해서 두 학설은 사실, 큰 차이가 없다. 제외설을 취할 때는 당연히, 피의자의 법정 외 진술을 증거로 사용하는 데 아무 문제가 없다. 그것이 다른 증인의 말을 통해 들어오든, 서류를 통해 들어오든, 전문법칙의 적용 대상이 아니기 때문이다. 반면에 예외설을 취해도 피의자의 법정 외 진술을 법정에서 쓰지 못하게 되는 것은 아니다. 예외설에 의하면 피의자의 진술에도 전문법칙이 적용되지만, 결국 예외에 해당할 수 있기 때문에 증거로 하는 데 큰 문제가 없다고 한다.[14]

예외설은 피의자의 진술의 경우는 예외 충족을 위해서 요구하는 특신성을 아주 낮게 잡는다.[15] 약간만 믿을 만해도 증거로 한다는 뜻이다. 결국 두 학설 중 어느 설을 따르더라도 피의자의 법정 외 진술이 법정으로 들어와 실체증거(substantive evidence)로서 활용할 수 있다는 결론이 나온다.[16] 다만 예외설에서는 피의자의 진술의 특신성을 따지기는 한다는 점에 차이가 있다.

아래에서는 이 학설 가운데 예외설에 따를 때[17] 요구되는 특신성의 의미와 정도에 대해 자세히 살펴보기로 한다.

Ⅲ. 전문법칙과 특신성: 제316조 제1항

1. 전문진술의 전달 경로

앞에서 예외설에 따라 피의자의 진술도 일단 전문법칙의 적용을 받고, 대신, 특신성을 조건으로 조건으로 예외적으로 증거능력이 인정된다고 정리한 바 있다. 여기서 굳이 이 학설을 택하는 이유는 무엇보다 그 학설이 전문법칙을 깔끔하게 설명하고 있다는 점 때문이다. 또, 우리 법의 태도와 유사하다는 장점도 있다. 우리 법 제316조 제1항에서도 피의자의 진술을 전문증거라고 하고, 예외적으로 특신성이 있을 때 증거능력이 있다고 한다.

본격적으로 우리 법에서 말하는 특신성을 분석하기 전에 먼저, 피의자의 진술이 증거로 들어오는 다양한 경로를 먼저 생각해 보고자 한다. 그 가운데 우리 법이 어떤 경로를 주로 규정하고 있는지 파악하기 위함이다.

피의자의 진술이 법정으로 전달되는 경로는 여러 개가 있다. 남의 말을 통해서 들어올 수도 있고, 서류에 적혀 들어올 수도 있다.

[시나리오 1]

먼저, 피의자의 진술을 다른 증인이 들어서 법정에 보고하는 경우다.

피의자 → 증인 → 법정

피의자가 한 말을 다른 누군가가 듣고, 그 피의자가 피고인이 된 법정에 나와서 진술하는 상황이다. 가령, 피의자가 친구에게 "내가 살인을 저질렀다"라고 말했는데, 검찰 측이 그 친구를 증인으로 불러 문답을 하면서, "피고인이 제게 '내가 살인을 저질렀다'고 말했습니다"라는 증언을 끌어내는 경우다. 이것이 가장 일반적으로 피의자의 진술이 법정에 들어오는 경로다. 그리고 그 진술을 증거로 할 수 있는지에 대해 앞에서 본 바와 같이 제외설과 예외설의 대립이 있다. 제외설에 의할 때는 전문법칙이 적용되지 않아서 아무런 요건 없이 증거로 할 수 있고, 예외설에 의할 때는 전문법칙이 적용되지만 피의자 본인의 진술에 약간의 특신성만 있으면 예외가 돼서 증거로 할 수 있다.

[시나리오 2]

그런데 여기서 혹시라도 한 사람의 입을 더 거치면 그때는 얘기가 조금 달라진다. 단순한 전문진술이 아니라 '재'전문진술의 문제가 된다.[18]

피의자 → 증인1 → 증인2 → 법정

앞에서 본 예를 조금 변형해서, 피의자의 진술("내가 살인을 저질렀다")을 친구(증인1)가 듣고, 그 친구가 자기 엄마에게 말했는데, 그 엄마가 증인2가 되어 법정에서 보고하는 경우다. 이때는 피의자의 진술이 먼저 전문법칙의 예외가 되어야 함은 물론이고, 피의자의 진술을 들은 바 있는 피의자의 친구(증인1)의 진술도 전문법칙의 예외로 인정되어야 한다.[19] 즉, 위와 같은 그림이 되는 경우는, 앞에서 본 것과 같은 이론을 적용할 수 없다. 해야 할 반대신문을 한 번 못 한 게 아니라, 두 번 못 한 게 되기 때문이다. 따라서 특신성도 하나에만 있어서는 안 되고, 둘 다에 있어야 한다.

제외설에 따라 피의자의 진술에 특신성을 요구하지 않든, 아니면 예외설에 따라, 피의자의 진술에 대해 요구되는 특신성을 낮게 잡아 그 증거능력을 인정하든, 문제가 다 해결되는 게 아니다. 한 다리를 다시 건너 증인1의 진술도 같은 취급을 해 줄지는 아직 결론이 나지 않았기 때문이다. 즉, 전문증거와 재전문증거에 대해서는 요구되는 것이 다르다. 우리가 앞에서 본 제외설과 예외설의 대립도 전문증거에 대해서만 유효하고, 재전문진술이 되면 그때는 어떤 학설을 취해도 특신성에 대한 요구가 달라질 수밖에 없다.

[시나리오 3]

한편 피의자의 진술을 사람이 아니라 문서가 전달하는 경우도 비슷한 얘기를 할 수 있다. 문서로 전달된 진술도 당연히, 전문법칙의 예외로 증거능력을 인정받을 수 있다. 즉, 다음과 같은 그림이 되는 경우다.

피의자 → 문서 → 법정

위 그림은 피의자가 문서에 어떤 사실을 진술하고 그것을 법정에 제출하는 상황을 보여주고 있다. 피의자가 일기에 "나는 오늘 사람을 죽였다"라고 쓰고, 그것이 나중에 증거서류가 되어서 법정에 제출되는 경우다. 이때도 문서 상 진술이 피의자의 진술이기 때문에 예외설에 따르면 전문법칙이 적용되고, 특신성 인정 여부에 따라 증거능력이 달라진다. 다만, 예외설에 의할 때는 전문법칙이 적용되지만 자기 스스로 고백한 내용이기 때문에 요구되는 특신성을 낮게 잡아서 증거능력이 인정된다고 할 것이다. 한편 제외설에 의할 때는 전문법칙이 적용되지 않아 특신성을 따질 필요도 없이 증거능력이 인정된다.

[시나리오 4]

똑같은 논리는 녹음의 경우에도 적용된다. 피의자가 문서로 적는 대신 녹음을 하고 그 녹음테이프를 녹취한 서면까지 같이 제출하는 경우다.[20]

피의자 → 녹음테이프(녹취서) → 법정

녹음을 해서 내는 것도 문서로 작성해서 제출하는 것과 똑같이 취급한다. 피의자가 녹음기에 대고 "나는 오늘 사람을 죽였다"라고 말을 하고 그게 증거로 제출되는 경우다.

단, 여기서 주의할 점이 하나 있다. 피의자의 진술을 녹음테이프에 담고 녹취서를 제출하는 것과 피의자의 진술을 속기해서 속기록을 제출하는 것은 그 전달 경로가 다르다는 점이다. 속기를 할 때는 속기사라는 사람이 한 명 더 개입하고, 그가 정확하게 듣고 전달한 것인지도 문제가 된다. 즉, 속기의 경우에는 녹취서와는 달리 다음과 같은 그림을 그려야 한다.[21]

피의자 → 속기사 → 속기록 → 법정

앞에서 본 녹음의 경우와 비교해 보면, 속기록은 속기사가 들어서 기록에 작성하는 과정을 한 번 더 거친다. 아주 잠깐이지만 진술한 내용이 속기사의 머릿속에 들어갔다가 다시 나온다는 뜻이다. 따라서 그 구조가 앞에서 본 재전문진술과 같다. 반면에 녹음테이프는 그대로 전문진술 상황으로 본다.[22] 녹취서가 따로 있어서 언제든 그 진술 내용과 일치 여부를 확인할 수 있고, 속기사에 의한 부정확한 전달이나 왜곡을 걱정할 이유가 없기 때문이다.[23] 즉, 재전문의 위험이 없는 경우이다.

결국, 녹취서에는 전문법칙을 그대로 적용하면 되지만, 속기록은 재전문진술이기 때문에 전문법칙의 일반이론을 그대로 적용해서는 안 된다.[24] 예외설과 제외설의 주장을 그대로 적용할 수 없다는 뜻이다.

[시나리오 5]

마지막으로 조서의 경우는 얘기가 또 다르다. 우리 법에서 조서라고 하면 크게 피의자신문조서와 참고인진술조서가 있다. 피의자신문조서는 피의자의 진술을 적은 것이고, 참고인진술조서는 피의자 아닌 자의 진술을 적은 것이다. 그리고 이 둘은 다시 검사가 작성한 것이 있고, 사법경찰관이 작성한 것이 있다. 그래서 총 4개의 조서가 가장 일반적으로 증거서류로 법정에 제출되고 있다. 얼핏 보기에는 이 가운데 피신조서도 앞에서 본 예외설 또는 제외설의 적용을 받아야 할 것처럼 보인다. 그 안에 들어 있는 것이, 법정 외에서 피의자가 한 진술이고, 재판에서 피고인의 유죄 입증 목적으로 제출될 것이기 때문이다.

하지만 피신조서는 전문법칙과 특신성 논의에서 제외하고자 한다. 그 이유는 다음과 같이 두 가지를 들 수 있다.

첫째, 구조적 문제다.

진술의 전달경로로 볼 때 조서는 다음과 같은 다단계 구조, 즉 재전문진술의 구조가 된다.

피의자 → 검사 → 조서 → 법정

앞에서 속기록에 관해서 살펴본 것과 유사하다. 진술을 그대로 녹음하는 것이 아니라 검사라는 사람의 인지과정을 통과해서 조서가 작성되기 때문에 필연적으로 재전문진술의 문제가 발생한다.[25] 피의자가 직접 작성한 진술서나 진술녹취서와 같은 취급을 할 수 없다는 말이다. 그나마 속기록은 들은 것을 짧은 시간 안에 그대로 문서에 적어내는 데 반해, 조서는 작성자가 더 크게 개입할 여지가 있다. 들은 것을 머릿속에 정리해서 문서에 옮기면서 상당히 다른 의미로 변질될 우려가 있다. 즉, 조서는 기본적으로 재전문증거이면서, 왜곡의 위험이 더 큰 재전문증거라는 한계가 있다.

외국의 입법례를 보아도 이 점은 명확하게 확인된다.

미국의 전문법칙에서 피의자의 진술이 문제 되는 경우는 위에서 본 바와 같이 그 전달 경로가 세 가지로 구분된다. 하나는 피의자의 진술을 다른 사람이 들어서 전달하는 것이고([시나리오 1]),[26] 다른 하나는 피의자가 직접 문서를 작성하는 것이고([시나리오 3]),[27] 마지막 하나는 피의자의 진술을 녹음해서(recorded statement) 법정에 제출하는([시나리오 4]) 것이다.[28] 이 모든 경우에 피의자의 진술도 예외설에 따라서 전문법칙의 적용을 받고 특신성을 조건으로 전문법칙의 예외가 된다. 하지만 조서를 작성해서 피의자의 진술을 전달하는 경우는 얘기가 다르다. 미국에는 조서 자체가 없기 때문에 조서와 전문법칙의 관계에 대한 논의 자체가 원천적으로 불가능하다.

1948년 쇼와형사소송법도 미국으로부터 전문법칙을 배워서, 미국과 똑같은 태도를 취하고 있다. 즉, 거기서도 피의자의 진술은 각각 문서나 녹취서, 제3자의 진술로 법정에 전달된다. 이를 도표로 그리면 다음과 같다.[29]

쇼와형사소송법	전달경로
제322조 피고인이 작성한 진술서에서 피고인의 서명 또는 날인이 있는 것은 그 진술이 피고인에게 불이익한 사실의 승인을 내용 이를 증거로 할 수 있다. 다만, 피고인에게 불이익한 사실의 승인을 내용으로 하는 서면은 그 승인이 자백이 아닌 경우에도 제319조의 규정에 준하여 임의로 된 것이 아닌 의심이 있다고 인정할 때 는 이것을 증거로 할 수 없다.	피고인 → 문서 → 법정 [시나리오 3]
제322조 피고인의 진술을 녹취한 서면에서 피고인의 서명 또는 날인이 있는 것은 그 진술이 피고인에게 불이익한 사실의 승인을 내용 이를 증거로 할 수 있다. 다만, 피고인에게 불이익한 사실의 승인을 내용으로 하는 서면은 그 승인이 자백이 아닌 경우에도 제319조의 규정에 준하여 임의로 된 것이 아닌 의심이 있다고 인정할 때 는 이것을 증거로 할 수 없다.	피고인 → 녹음테이프(녹취서) → 법정 [시나리오 4]
제324조 피고인 이외의 자의 공판준비 또는 공판기일에 있어서의 진술로 피고인의 진술을 그 내용으로 하는 것에 대해서는 제322조의 규정을 준용한다.	피고인 → 피고인 아닌 자 → 법정 [시나리오 1]

즉, 전달 경로라는 측면에서 볼 때, 미국과 일본 공히 조서와는 확연히 다른 구조를 가지고 있다. 구조적 관점에서 조서([시나리오 5])를 전문법칙이 적용되는 예외로 인정하는 것은 적절치 않다고 보는 이유다.

두 번째로, 이념적 문제가 있다.

앞에서 말한 구조적 문제보다 훨씬 더 중요한 것은 이념적 문제다. 일본을 통해 대륙법을 계수한 우리는 지금도 조서를 증거방법으로 사용하고 있다. 조서를 내서 그 안의 진술을 받아 유무죄 입증에 쓴다. 그런데 그 조서 상 진술에는 전문법칙과 그 예외 이론을 적용해서는 안 된다. 그것은 단순히 위에서 말한 전문진술과 재전문진술의 문제 때문만이 아니다. 전문법칙의 이념 자체가 조서를 쓰지 않는 재판제도에 있기 때문이다. 전문법칙의 예외로 조서의 증거능력을 인정하는 것은 그런 재판제도의 근간을 허무는 일이다. 이 점은 일본도 똑같이 인지하고 있었다. 쇼와형사소송법에서 전문법칙을 선언하면서 증거방법 중 조서를 삭제해 버린 이유가 그것이다.[30] 대신, 피고인 또는 피고인 아닌 자가 작성한 문서나 녹취서만 예외로 인정한다. 전문법칙의 이념이라는 면에서 볼 때 지극히 타당한 태도임은 물론이다.

1961년 우리 개정법이 이런 점들을 충분히 인지하고 있었는지 지금 와서 정확하게 확인할 방법이 없다. 다만 다음 표에서 보는 바와 같이 제312조 제1항 단서의 피의자신문조서, 제313조 제1항 단서의 피의자의 진술기재서류, 그리고 제316조 제1항의 피의자 진술을 기초로 한 전문증언을 전문법칙의 적용 대상으로 하고 있고, 그 각각에 특신성이라는 예외 인정 요건을 규정해 두고 있다.

1961년 형사소송법	전달경로
제312조 제1항 및 단서 ① 검사가 피의자의 진술을 기재한 조서는 공판준비 또는 공판기일에서의 원진술자의 진술에 의하여 그 성립의 진정함이 인정된 때에는 증거로 할 수 있다. 단, 피고인이 된 피의자의 진술을 기재한 조서는 그 진술이 특히 신빙할 수 있는 상태하에서 행하여진 때에 한하여 피의자였던 피고인의 공판준비 또는 공판기일에서의 진술에 불구하고 증거로 할 수 있다.	피의자 → 검사 → 조서 → 법정

제313조 제1항 및 단서 ① 전2조의 규정 이외에 피고인[의] 진술을 기재한 서류로서[...]진술자의[...]서명 또는 날인이 있는 것은 공판준비나 공판기일에서의 그[...]진술자의 진술에 의하여 그 성립의 진정함이 증명된 때에는 증거로 할 수 있다. 단, 피고인의 진술을 기재한 서류는 공판준비 또는 공판기일에서의 그 작성자의 진술에 의하여 그 성립의 진정함이 증명되고 그 진술이 특히 신빙할 수 있는 상태하에서 행하여진 때에 한하여 피고인의 공판준비 또는 공판기일에서의 진술에 불구하고 증거로 할 수 있다.	피고인 → 작성자 → 진술기재서류 → 법정
제316조 제1항 ① 피고인이 아닌 자의 공판준비 또는 공판기일에서의 진술이 피고인의 진술을 그 내용으로 하는 것인 때에는 그 진술이 특히 신빙할 수 있는 상태하에서 행하여진 때에 한하여 이를 증거로 할 수 있다.	피고인 → 피고인 아닌 자 → 법정

위 표의 오른쪽, '전달 경로' 칸에서 보는 바와 같이 앞의 두 가지 서류, 즉, 피신조서와 피의자의 진술기재서류는 마지막 제316조 제1항과 구조가 다르다. 피신조서는 외국의 전문법칙에는 아예 없는 서류이고, 두 번째 피의자의 진술기재서류도 외국에 아예 없다고는 할 수 없지만, 다음 장에서 보는 바와 같이 자주 제출되는 증거가 아니다. 기본적으로 재전문증거이기 때문이다. 그 두 가지 서류에 특신성이 증거능력 인정요건으로 적혀 있다고 해서, 전부 전문법칙과 그 예외 이론이 그대로 적용된다고 볼 수 없다. 특신성이 있어도 2배 이상으로 있어야 하고, 심지어 조서의 경우는 특신성이 백 번 더 있어도 미국이나 일본에서는 증거능력이 인정되지 않는다.

따라서 아래에서는 먼저 전문법칙의 이론에 비교적 부합하는, 제316조 제1항을 중심으로 그 특신성의 의미를 먼저 파악해 보고자 한다. 그 나머지 제312조 제1항 단서와 제313조 제1항 단서에 대해서는 장을 바꾸어서 따로 설명하고, 특신성의 의미에 대해서도 따로 검토하기로 한다.

2. 제316조 제1항의 특신성

1961년을 기준으로 볼 때, 우리 법에도 전문법칙이 규정되어 있고, 피의자의 진술을 예외로 인정하는 규정이 있다. 마찬가지로 쇼와형사소송법에도 전문법칙이 규정되어 있고, 피의자의 진술을 예외로 인정하는 규정이 있다. 다음은 쇼와형사소송법 제324조와 우리 법 제316조 제1항을 비교한 표이다.

쇼와형사소송법	1961년 형사소송법
제324조 피고인 이외의 자의 공판준비 또는 공판기일에 있어서의 진술로 피고인의 진술을 그 내용으로 하는 것에 대해서는 그 진술이 **피고인에게 불이익한 사실의 승인을 내용으로 하는 때에는** 이를 증거로 할 수 있다.	제316조 제1항 피고인이 아닌 자의 공판준비 또는 공판기일에서의 진술이 피고인의 진술을 그 내용으로 하는 것인 때에는 그 진술이 특히 신빙할 수 있는 상태하에서 행하여진 때에 한하여 이를 증거로 할 수 있다.

위 표 왼쪽에는 쇼와형사소송법 제324조가 적혀 있다. 피고인 아닌 자의 진술이 피고인의 진술을 내용으로 하는 때의 증거능력 규정이다. 그리고 오른쪽에는 개정법 제316조 제1항이 있다. 마찬가지로, 피고인 아닌 자의 진술이 피고인의 진술을 내용으로 하는 때의 증거능력 규정이다.

그 둘의 취지가 거의 같음에도 불구하고 증거능력 인정 요건에는 차이가 있다. 쇼와형사소송법 제324조는 그것이 피고인에게 '불리한 내용일 것'을 요구하고 있는데 반해(위 표의 강조표시 참조), 개정법 제316조는 다른 요건 없이 특신성만 요구하고 있다. 전문법칙의 일반이론에 비춰볼 때 어느 쪽이 정확하다고 할 수 있을까?

그에 대해 답을 하기 위해서는 전문법칙에서의 특신성의 의미에 대해서 먼저 생각해 볼 필요가 있다.

전문증거를 증거로 인정하지 않는 이유는 반대신문을 통해서 그 진술의 신빙성을 음미해 볼 기회가 없다는 점 때문이다.[31] 그리고 반대로 전문증거임에도 불구하고 예외적으로 증거능력을 인정하는 이유는 반대신문을 못한 것으로 인한 흠이 제거되었기 때문이다. 즉, 반대신문을 하지 않아도 한 것과 같은 효과를 인정할 정도의 특신성이 있으면 그 증거능력이 인정된다. 결국 특신성은 '반대신문을 안 해도 될 정도'의 신빙성을 그 핵심적인 요소로 한다.[32]

그런데 쇼와형사소송법 제324조와 개정법 제316조 제1항이 문제되는 경우는 그 진술이 피고인의 진술일 때다. 피고인의 진술 역시 법정 외에서 한 진술이고, 유죄 인정을 목적으로 법정에 제출되기는 했다. 그래서 전문법칙이 적용된다. 하지만 다른 전문진술과는 확연히 다른 특징이 있다. 그것은 바로 진술한 사람이 피고인 자신이기 때문에 반대신문을 하지 못했다는 흠을 주장할 상황이 아니라는 것이다. 자신이 말을 한 자인데 '말 한 자를 데려와라!'라고 말할 계제가 아니다. 또, 그런 이유 때문에 반대신문을 못 한 것을 상쇄할 만한 특신성을 요구할 필요도 없다.[33] 애초에 피고인의 반대신문권을 침해한 바가 없기 때문이다.

이것이 바로 피고인 자신의 진술에 대해서 앞에서 본 것처럼 미국에서 견해의 대립이 있었던 이유다. 소위 제외설은 반대신문의 결여가 문제 되지 않는다는 점을 강조한 것이고, 예외설은 피고인의 진술도 법정 외 진술인 점에서는 보통의 전문진술과 다를 바 없다는 점을 강조한 것이다. 그리고 두 견해 모두 피고인 자신의 진술에 대해서는 특신성을 높게 요구하지 않는다는 것은 앞에서 본 바와 같다. 제외설은 반대신문의 결여를 상쇄할 이유가 없기 때문이고, 예외설은 모든 전문진술에 다 똑같은 정도의 특신성을 요구할 이유가 없으며, 피고인의 진술은 본인 스스로 사실임을 인정한 진술이기 때문에 다른 진술에서 요구하는 특신성의 정도에 못 미쳐도 상관없다고 보기 때문이다.[34]

특히 예외설은 피고인 자신의 진술에 대해서는 다음과 같은 이유를 들어 특신성에 대한 별도의 심사 없이 증거로 받아도 된다고 한다.

He is confronting the very person whose statements he is reporting, he is subject to cross-examination by counsel who has at his elbow the person who knows all the facts and circumstances of the alleged statements and who is therefore in the best possible position to conduct a searching inquiry, and, finally, the declarant may himself go upon the stand and deny, qualify or explain the alleged admissions.[35]

(피고인은 지금 자신의 진술을 보고하고 있는 사람을 마주 보고 있고, 피고인

의 변호인은 그 진술을 할 당시의 상황이나 진술 내용에 대해서 너무 잘 알고 있는 피고인을 바로 옆에 둔 채 반대신문을 하고 있다. 제대로 된 신문을 하자고 마음먹으면 변호인은 아주 유리한 위치에 있다. 또, 여차하면 피고인 자신이 증언대에 서서 자신이 한 바 있는 자인진술을 부정할 수도 있고, 보충할 수도 있고, 해명할 수도 있다)

요컨대, 예외설에 의할 때도 다른 전문법칙의 예외와는 달리 피고인의 진술에 대해서는 특신성에 대한 요구가 낮거나, 거의 없다고 할 수 있다. 그것이 바로 미국 전문법칙이 피의자의 진술을 보는 기본 태도이다.

쇼와형사소송법은 그 가운데 제외설에 입각해 있다. 제324조가 조금의 특신성도 필요 없이 증거로 할 수 있다고 하는 이유가 그것이다. 대신 그 진술은 내용 상 진술을 한 피고인에게 '불이익한' 진술이어야 한다. 내용 상 유리한 진술은 원칙대로, 특신성이 있어야 전문법칙의 예외로 인정된다. 자신에게 불리한 진술은 그 신빙성에 의심이 없지만, 유리한 진술은 그렇지 않다. 극단적으로 말해서, 피고인이 여기저기 자신에게 유리한 말을 해 놓고 나중에 그걸 전부 다 증거능력 있는 증거로 끌어모을 위험도 있는 것이다.[36]

이처럼 쇼와형사소송법 제324조는 미국의 전문법칙과 그 예외의 일반이론에 최대한 부합하게 규정해 놓았다. 개념적으로 불이익한 사실에 대한 진술을 증거로 쓸 수 있는 길을 활짝 열어 놓고 있는 것이다.

그렇다면 우리 법 제316조 제1항을 해석할 때도 특신성의 의미를 미국이나 일본의 그것과 같이 읽을 필요가 있을까? 결론적으로, 피고인 자신에게 불이익한 사실에 대한 진술이기만 하면 특신성에 대한 심사를 아예 할 필요가 없다고 말해도 되는 것일까?

굳이 그럴 필요는 없을 것 같다. 우리 나름대로 특신성에 대한 심사를 하더라도 그게 큰 흠이 될 것 같지는 않다는 뜻이다. 그 이유는 다음과 같다.

첫째, 우리의 경우는 당사자주의에 관한 경험이 얕다. 앞에서 본 것처럼 1961년이라는 시점은 이제 막 당사자주의의 실험을 우리 법에서 시작하기로 한 해이다. 영미에서 수백 년 동안 해 오던 제도를 수입해서 바로 쓸 만큼 준비가 되지 않은 시점이기도 했다. 그래도 일본쇼와형사소송법은 제정 당시부터 당사자주의를 선언하고 시작한 법이다. 전문법칙을 들여오고 그 예외 규정을 체계적으로 도입함으로써 새로운 재판을 시작하기로 결단한 바 있다. 하지만 우리에게는 그만한 결단도 없었고, 경험도 없었다. 단순히, 가까운 나라의 법 규정을 참고하면서 자세하게 들여다보지 못하고 번역해 왔을 가능성을 배제할 수 없다. 전문법칙의 예외는 특신성을 요구한다는 막연한 이해를 바탕으로 제316조에도 특신성을 적어 넣었을 가능성이 있다.

원래 당사자주의란 당사자인 검사와 피고인이 소송을 주도해 가는 제도이다.[37] 적극적인 면에서는 증거를 제출하고 입증하는 과정을 헤쳐 갈 것이고, 소극적인 면에서는 자신에게 불리한 진술은 하지 않음으로써 반대 당사자의 공격을 미연에 방지해야 한다. 그것이 당사자주의의 이념이라는 것을 뻔히 알면서도 자신이 나서서 불리한 진술을 했다면 그에 대한 책임을 지는 것이 그곳에서는 너무나 당연한 결론이다. 스스로 불리한 진술을 해 놓고, 상대방에게 그 진술의 특신성에 대해서 입증하라고 하는 것은, 당사자로서 취할 자세가 아니다.[38]

그런데 1961년 우리나라 피의자에게 그와 똑같은 훈계를 하는 것은 조금 앞서 나가는 일일 수 있다. 나중에 법정에서 불리하게 쓰일지 말지 잘 알지도 못한 채 진술을 했는데, 그건 당신이 직접 말한 거니까 법정에서 무조건 증거로 쓰겠다!라고 말하는 것은, 1961년의 피의자에게는 가혹해 보인다. 당사자주의적인 재판을 이제 막 시작해 보려고 하는 마당에 벌써 피의자의 자인진술(불이익한 진술)에 전면적인 증거능력을 부여하는 것은 너무 팍팍한 조치가 아닐까 싶다. 법원이 특신성에 대한 점검을 통해서 피의자가 종전에 했던 진술이 홧김에 한 것이라든지, 진짜로 자신의 형사책임을 인정하는 취지로 한 것은 아니라든지, 하는 다양한 정황(the totality of circumstances)들을 검토하는 계기로 삼아도 나쁘지 않다고 보는 이유다.

다만 한 가지 아쉬운 점은 기왕에 이렇게 해석하고 적용할 거면, 법조문에서 그 점을 조금 길더라도 명확하게 해 주었으면 어떨까 하는 점이다. 가령, 피의자의 진술을 증거로 쓰기 위해서는 그것이 1) 불이익한 사실의 진술이어야 하고, 2) 특신성이 인정되어야 한다고 규정하는 것이다. 1)을 요구하는 이유는 피의자 스스로 유리한 진술을 만들어서 타인의 입을 통해 법정에 들여와서는 안된다는 것을 주지시키기 위함이고, 2)를 요구하는 이유는 혹시라도 생각지도 않은 진술에 자승자박되는 피해를 최대한 줄이기 위함이다.

만약에 이런 내용을 다 담는 조문이었으면 「쇼와형사소송법 규정 + 특신성」이라는 모양이 될 것이고, 그렇게 특신성 요건이 추가되는 것에 큰 문제가 없어 보인다. 미국의 전문법칙에서도 예외설에 의하면, 자인진술에 대해서는 낮은 정도이기는 하지만 어쨌든 특신성을 요구하는 경우가 없지 않기 때문이다. 거기에다가 우리는 미국(의 예외설)과 달리, 조금 더 높은 정도의 특신성을 요구한다고 써 놓아도 그게 그리 큰 흠이 되지는 않을 것이다.

둘째, 아주 현실적인 면에서 보면, 우리 피의자들은 말 실수를 많이 한다. 생각 없이 한 말도 있고, 생각은 있어도 부주의하게 한 말도 있다. 실제로 아동학대나 교통사고 현장에서 보면 그게 어떤 결과를 가져올지도 잘 모른 채, '제 잘못입니다'라고 말하는 사람들을 지금도 자주 본다. 1961년에도 당연히 그랬을 것이다. 그걸 누군가 들었다고 가정해 보자. 당연히 불이익한 진술이다. 그렇다고 해서 그걸 전부 유죄의 증거로 삼아서 바로 증거능력이 있다고 하면 현실적으로 억울한 경우가 적지 않을 것이다. 수백 년 동안 전문법칙을 지켜온 미국법도 이런 현실을 너무나 잘 알고 있다. 그래서 어떤 사람들은 자신에게 불리한 진술은 다 증거능력이 있다고 하는데도 불구하고, 또 어떤 사람들은 자신에게 불리한 진술도 특신상태에 대한 검증이 필요하다는 의견이 지금도 없어지지 않고 있다. 예외설과 제외설의 대립하는 이유다. 쇼와형사소송법은 그중에서 조금 더 위그모어에 경도된 견해(제외설)를 취했을 뿐이다. 위그모어와는 달리 피의자의 진술에도 특신성이 필요하다는 견해 역시 지금까지 만만치 않은 세력을 형성하고 있다. 우리가 피의자의 법정 외 진술도 법정에서 증거로 쓰이기 위해서는 그 진술과 관련해서 특신성이 필요하다고 말한다고 해서, 미국법과 크게 어긋난다고 말할 수 없다. 소송행위로서 한 불이익한 진술도 아니고 일상생활에서 이루어진 불이익한 진술은 전문법칙의 예외로서 특신성이 있을 때만 증거능력이 인정된다는 견해를 받아들이는 것도 나쁘지 않은 선택이라고 보는 이유다.

셋째, 정작 중요한 문제는 피의자의 진술을 다른 누구도 아닌 수사기관이 듣는 경우에 발생한다. 우리의 경우, 피의자 진술의 대부분은 사실 수사기관이 들어서 법정에 가져온다. 일반 사인이 들어서 가져오는 경우도 없지 않겠지만, 그런 경우는 주로 한두 마디에 그친다. 피고인이 술 한 잔 걸친 김에 "하도 때려서 내가 밀었어"라고 고백하는 것과 같이 엉겁결에 한 진술이 대부분이다. 피의자가 자신의 죄에 관해 자세하게 고백을 하고 일반인이 그걸 들어서 꼼꼼하게 기억했다가 법정에 가져오는 경우를 상정하기란 쉽지 않다. 따라서 일반 사인이 듣는, 그런 한두 마디 진술의 증거능력을 인정한다고 해도 피고인이나 변호인이 쉽게 반박할 수 있고, 법원도 그런 진술에 의지해서 유죄판결을 선고하기는 쉽지 않을 것이다. 즉, 그런 진술이란 그 폐해가 그다지 크지 않을 수 있다.

하지만 피의자의 진술을 수사기관이 듣는 경우는 얘기가 많이 다르다. 수사기관은 본질적으로 증거를 찾아다니는 사람이기 때문에 피의자의 자인진술에 대해서는 들을 준비가 되어 있고, 듣고 기억해서 법정에 제출할 의지가 충만해 있다. 그런 위험이 도사린 줄 모르고 섣불리 불리한 진술을 하는 피의자에 대한 또 하나의 보호방안이 필요한 이유다.

1961년 개정 이후 우리 판례 역시 이 점을 인지하고 있었다. 당시 형사소송법에 의하면 피의자의 진술을 들을 때는 미리 진술거부권이 있다고 고지를 하고, 정식으로 피의자신문을 하라고 적혀 있었다. "자, 지금부터 제가 물을 테니까 정확하게 대답하세요. 진술을 거부하셔도 좋습니다"라고 말을 하고 진술을 들어서 피의자신문조서에 그 내용을 적으라는 것이다. 그런데 이렇게 하면 피의자들이 정색을 하고 입을 닫아버릴 위험이 있다. 그래서 당시에도 피의자의 진술은 (피의자신문)조서에 기재하라!고 법이 명하고 있음에도 불구하고 조사자가 별일 아닌 양 조서도 펴놓지 않고, 피의자의 진술을 들은 다음에, 나중에 조사자의 증언이라는 이름으로 법정에서 증언하는 경우가 있었다. 그 때 써 먹는 조항이 바로 제316조 제1항이다. 피의자의 진술을 내용으로 하는 진술이라서 제316조 제1항의 적용 대상이라고 주장하면 피의자신문조서를 작성하지 않고도 피의자의 진술을 증거로 법정에 낼 수 있었던 것이다. 게다가 앞에서 설명한 것처럼 피의자신문조서는 피고인이 법정에서 내용을 부인해 버리면 휴지조각이 된다. 즉, "그것은 사실과 다릅니다"라고 말을 하는 순간 증거목록에서 삭제되어 버리고 만다. 그래서 수사기관은 집요하게 제316조 제1항이라는 우회로를 주장해 왔다. 피의자가 말한 것이고, 조사자가 들은 거니까 증거로 쓸 수 있게 해 달라는 취지다. 우리 법원은 그때마다 그건 안 된다는 점을 분명히 해 왔다.[39] 하지만 수사기관 역시 법원만큼이나 집요했다. 피의자의 자인진술을 들어서 법정에 가져오려는 수사기관의 시도는 그 후에도 그치지 않았다. 피신조서도 휴지가 되었는데, 증언까지 못하게 하면 되느냐, 라고 주장하곤 했다. 급기야 2007년 법 개정으로 제316조 제1항의 예외 안에 '조사자의 증언'이 포함된다는 취지의 법 규정이 정식으로 들어가기에 이르렀다.[40] 공식적으로 수사기관이 피의자의 진술을 들어서 그걸 그대로 법정에 제출함으로써 유죄의 증거로 삼을 길이 열린 것이다.

이런 상황에서 제316조 제1항의 '특신성'이라는 증거능력 인정 요건마저 없어진다면, 피고인의 방어권에 심각한 위협이 될 수 있다. 쇼와형사소송법이 그런 것처럼, 그 내용이 자신에게 불리한 진술이면 무조건 증거능력이 있다, 라고 미국사람들이 가르쳐 준 대로 순진하게 따를 일이 아니다. 수사기관은 피의자의 진술은 조서에 기재하라, 라는 명문 규정이 지금도 존재함에도 불구하고 여전히, 아주 다양한 방법으로, 아주 다양한 상황에서 피의자의 불리한 진술을 들어 법정에 보고하고 있다. 신빙성이 떨어지는 자인진술의 폐해가 줄기는커녕 오히려 더 늘어났다는 보고도 있다. 수사기관의 고문 등 강압적인 수단을 쓸 위험은 현저하게 줄었다고 하더라도, 그 외 교묘한 방법으로 피의자의 자인진술을 받아낼 위험마저 다 없어진 것은 아니다.[41] 진술거부권과 변호인선임권을 실질적으로 무력화하는 수사기법의 발달로 자인진술의 신뢰도에 관한 의문이 끊임없이 제기되고 있다.[42] 게다가 우리 법은 진술거부권 자체를 고지하는 시기가 아주 늦다. 체포 시에도 진술거부권을 고지하지 않는다.[43] 그만큼 피의자의 진술을 들을 수 있는 기회가 수사기관에게 상대적으로 많은 것이 우리의 현실이다.

수사기관이 위증죄 처벌의 위험을 감수하고 피의자의 진술을 전달하는 데 설마 거짓이 있겠느냐? 고 말하는 사람들도 없지는 않다. 하지만 "피의자가 임의로 범죄사실에 부합하는 진술을 하였다는 취지"[44]로 막무가내로 증언하고 나서는 수사기관에게 선서를 했다는 것이 그다지 심각한 위협이 될 것 같지 않다. 들었다고 우기는 데 대해 피고인에게 뾰족한 대응방안이 있을 것 같지도 않다. 대법원이 제316조 제1항의 특신성을 고리로 다음과 같은 검증을 하자고 제안한 것도 아마 그런 취지였을 것이다.

변호인과 자유롭게 접견하였는지 여부, 변호인의 참여가 정당한 이유 없이 배제되었는지 여부, 조사의 내용에 비추어 합리적인 조사기간을 넘어서 조사가 이루어졌는지 여부, 구속상태에서 별다른 조치를 하지도 않은 채 매일 소환하여 같은 질문을 반복하도록 하였는지 여부 등을 고려하여 엄격하게 판단하여야 한다.[45]

피의자가 자기 책임을 인정하는 진술을 했다는 것에만 집중하지 말고, 어떤 상황에서 그런 진술에 이르렀는지를 진지하게 살펴보라는 뜻이다. 그 정도 검증을 위해서 특신성이라는 조건을 걸어두는 것이 전문법칙의 예외 이론에 의할 때도 큰 흠이 되지 않는다는 점은 앞에서 자세히 본 바와 같다.

게다가 우리 법 제316조 제1항에서 특신성이라는 조건을 부과한 것은 전문법칙의 예외 이론과는 상관없이 우리 법이 피의자 진술의 증거능력을 인정하는 데 있어서의 고유한 위험성을 감지한 결과라고 보아 줄 수도 있다. 전문법칙의 관점에서가 아니라 전혀 다른 관점에서 특신성이라는 또 하나의 보호장치를 둘 의도였다고 볼 수도 있지 않을까, 싶은 것이다.

'그 진술이 특히 신빙할 수 있는 상태 하에서 행하여졌음이 증명된 때'라는 문언을 해석함에 있어서도 실질적 직접심리주의 원칙을 존중하는 방향으로 해석하여야 하는 것이고, 이러한 원칙이 몰각되도록 함부로 해석하여서는 안 된다. [특신상태]라고 함은 그 진술이 행해지는 절차의 주재자, 공개, 관계자의 참여, 절차의 진행 등의 면에서 볼 때 공판준비 또는 공판기일에서의 진술과 마찬가지로 진술에 허위, 강요의 개입을 엄격히 차단하는 제반 절차적 규정이 마련되고 또 준수됨으로써 그 진술에 허위, 강요의 개입 여지가 거의 없고, 아울러 이러한 허위, 강요의 개입 여부에 대한 엄밀한 심사가 담보될 수 있는 상태에서 행하여진 때라고 봄이 상당하다.[...]검찰이 제출한 증거만으로는 조사 경찰관이 전하는 피고인의 자백 취지의 진술이 그 진술이 행해지는 절차의 주재자, 공개, 관련자의 참여, 절차의 진행 등의 면에서 볼 때[...]엄밀한 심사가 담보될 수 있는 상태에서 행해졌다고 단정하기 어렵다.[46]

실제로 피의자의 진술을 들었다가 법정에 전달하는 과정에서 생길 수 있는 위험은 한두 가지가 아니다. 그 전부는 아니라고 하더라도 일부라도 잡아낼 수 있는 방법으로 법원이 특신성 심사를 하는 데 찬성하지 않을 수 없다.

넷째, 특신성에 관한 규정을 통해 법원이 "확증편향"[47]을 갖지 않도록 하는 장점도 있다. 피의자의 자인진술, 즉 피의자 자신에게 불리한 진술은 중요한 증거이기는 하지만 아직 증거능력이 충분히 검토된 증거는 아니라는 점을 잊어서는 안 된다. 그 진술의 "증거능력과 증명력에 대하여 법정에서 충분한 공방이 이루어지고, 법정에서의 피고인의 진술과 비교·검토되는 과정에서 법관[...]이 심증을 형성[하도록] 하여야 한다."[48) 그러기 전에 "피의자의 진술을 액면 그대로 받아들여"[49)서는 안 된다. 영미처럼 당사자주의에 대한 훈련이 잘 되어 있는 나라와 우리는 사정이 다르다. 아무리 본인 자신에게 불리한 진술로서 그 진실성에 덜 의심이 간다고 하더라도, 일단 증거로 검토하기 전에 그 진술의 내용이나 진술 정황에 있어서 심각한 문제가 없는지 검토하는 과정이 필요하다.[50)

　　전문법칙과 그 예외 이론에 대한 풍부한 경험이 없는 우리 입장에서는 특신성이라는 지렛대를 이용해서 피고인이 법정 외에서 한 말이 과연 믿을 만한 것인지에 대해 공정한 심사를 할 기회를 가질 수 있다. 그리고 법정에서의 이런 경험이 많이 쌓이고 나면, 자인진술은 법정에서 불리하게 쓰이기 때문에 하지 않는 것이 좋다, 는 상식으로 발전할 수도 있다. 미란다 고지가 그 두 번째 항에서 "당신이 한 진술은 법정에서 불리한 증거가 될 수 있습니다"라고 한 것은 그들의 오랜 경험의 산물이다. 그런 경험이 쌓이기까지 우리 법원이 피의자의 불리한 진술에 대해서는 특신성이라는 이름으로 적절한 검증기회를 보장해 주어야 한다고 본다.

　　다만 문제는, 증명의 정도에 있다. 아무리 위와 같은 사유로 신빙성 검토를 한다고 하더라도 특신성에 대한 증명을 "합리적 의심 없는 정도"로 할 필요는 없다. 물론 우리 판례는, 제316조 제1항에 관한 한, 아직 이 점에 대해서는 명확히 설시한 바 없다.[51) 그래서 더욱 더 강조해 둘 필요가 있다. 같은 특신성에 대한 검토라고 하더라도 제316조 제1항의 특신성은 그 요구 정도가 낮다는 것은 앞에서 외국 입법례를 통해서 충분히 검토한 바와 같다. 제314조와는 달리 여기서는 진술을 한 피고인이 법정에 나와 있다.[52) 혹시 신빙성이나 임의성에 의심 있는 진술이 제출된다고 하더라도 법정에 출석한 피고인이나 변호인이 얼마든지 이의를 제기할 수 있고, 그를 통해서 진술 내용과 진술 상황의 문제점을 드러내서 법관의 심증을 흔들 수 있다. 증거능력 판단 단계부터 특신성이라는 잣대를 너무 높게 설정할 필요는 없다고 보는 이유다.[53)

'특히'라는 글자가 들어가 있다고 해서 제316조 제1항 단서가 요구하는 특신성에 대해서 너무 높은 검증기준을 둘 일도 아니다. 여기서 말하는 '특히'란, 반대신문을 거쳐서 도달할 정도의 신빙성을 의미하는 것이고, 실제로 반대신문을 성공적으로 거친다고 해도 법정 외 진술의 신빙성이 합리적 의심 없는 정도로 증명되는 것도 아니다. 조금 더 신빙성이 높아질 뿐이다. 그리고 성격 상 반대신문을 거칠 수 없는 진술이라도, 여기서 문제가 되는 것은 피고인 자신의 진술이기 때문에 약간의 신빙성만 증명이 되면 증거로 해도 된다.

즉, 특신성이라는 지렛대를 통해 피고인의 법정 외 진술 중 일부를 1차 검토하는 것으로 충분하다. 특신성에 대한 1차 검토가 끝난 진술이라면 그 다음은 "사실인정의 최종 판단 주체"[54]의 증명력 판단에 맡기면 될 것이다.

Ⅳ. 나오며

요즘은 학자들은 물론이고 법조인들도 미국에서 증거법 수업을 들을 기회가 많다. 미국 로스쿨은 주로 미연방증거규칙을 수업교재로 해서 증거법을 가르치고, 미연방증거규칙이 제외설에 입각해 있기 때문에, 피고인의 자인진술은 특신성을 따질 것도 없이 증거능력이 있다는 견해를 배우는 경우가 많다. 그런 분들 입장에서 보면 우리 법 제316조 제1항에 적혀 있는 특신성에 관한 규정이 낯설어 보일 수 있다.

하지만 미국에는 제외설만 있는 게 아니라, 예외설도 있다. 특히 연방법원이 아니라 대부분의 형사사건을 재판하는 주법원 가운데는 예외설에 따라 피고인 자신의 진술에도 특신성이 요구된다고 하는 경우가 적지 않다. 제외설을 취할지, 예외설을 취할지의 문제는 입법정책의 문제라고 보는 이유다.

우리 법 제316조 제1항의 위험성은 특히 조사자의 증언에 적용될 때 도드라진다. 수사기관이 피의자의 진술을 듣고 그 내용을 증언하는 경우, 특신성이라는 점검장치를 통해 피고인이 된 피의자의 진술에 신빙성이 있는지 검토할 필요가 있다.

제 3 장

피고인의 '말'도 증거가 될 수 있을까?
― 제312조 및 제313조 ―

1961			특신상태
311			
312	①	본문	
		단서	추가+
	②		
313	①	본문	
		단서	추가+
	②		
314		본문	
		단서	
315(iii)			(신용)
316	①		추가+
	②		

I. 들어가며

1961년 개정법에서 우리 입법자들은 피의자의 진술의 증거능력을 다루는 규정 가운데 세 군데에 '특별히 신빙할 수 있는 상태'라는 요건을 추가하였다. 제316조 제1항과 제312조 제1항, 제313조 제1항이 그것이다.

그런데 제316조에 증거능력 인정 요건으로 특신성이 들어간 것과 제312조 내지 제313조에 특신성이라는 문구가 들어간 것은 의미가 다르다. 앞의 것은 들어갈 만한 데 들어간 것인데 반해, 뒤의 것은 전혀 어울리지 않는 데 들어간 거라고 정리할 수 있다.

상식적으로 한 번 생각해 보자. 미국 사람들한테 우리 법 제312조 제1항이 적용되는, '검사 작성 피의자신문조서'도 특신상태가 있으면 증거로 할 수 있지 않느냐, 라고 물으면 어떤 대답이 돌아올까? 아마도 특신성이 몇 배 더 있어도 자기들은 그런 조서는 증거로 쓸 생각이 없다고 말할 것이다. 쇼와형사소송법을 제정한 일본사람들도 마찬가지다. 일본에서는 이미 폐기한 조서를 되살려 쓰면서도 그와는 전혀 어울리지 않는 전문법칙의 특신성을 얘기하는 우리 법의 태도를 일본 사람들은 선뜻 이해할 수 없을 것이다.

하지만 그럼에도 불구하고, 일본에는 없는 문서, 즉 조서가 우리에게 남아 있다고 해서 그것 자체가 큰 문제가 된다고 보지는 않는다. 독일이나 프랑스도 아직 조서를 증거로 쓰고 있지만 그렇다고 해서 그곳의 재판이 잘못됐다고 말할 사람은 없을 것이기 때문이다.

문제는, 조서를 재판에서 증거로 쓸 때 그로 인하여 불이익을 받을 우려가 있는 피고인을 어떻게 보호할 것이냐, 하는 점이다. 조서를 쓰되 충분한 보호장치가 있다면 큰 문제가 없을 것이고, 그렇지 않다면 심각하게 그 개정을 고민해 보아야 할 것이다. 아래에서는 1961년에 개정된 두 조항에서, 두 가지 증거서류에 관한 증거능력 인정 요건을 적고 있는데, 이를 비교·검토하면서 과연 피고인 보호를 위한 장치가 제대로 들어 있는지 확인해 보고자 한다.

II. 검사 작성 피의자신문조서의 증거능력

1. 문제의 소재

물어보고 들은 바를 적은 서류를 조서라고 한다. 재판을 하면 법원이 공판조서를 작성하고, 피의자신문을 하면 경찰이나 검사가 피신조서를 작성한다. 공판에서 증인이 한 말이나, 피의자신문에서 피의자가 한 말을 기록했다가 증거로 쓰기 위함이다.

우리 형사소송법은 그 조서 가운데 대표격으로 법원이 작성하는 조서에 대해서 적고 있다. 1961년 법률 제48조에서 그 작성방법을 자세하게 규정하면서, 공판에서 조서를 작성하는 경우는 이렇게 써라, 라고 보여주고 있다. 그 규정을 지켜 작성된 조서는 나중에 당해 사건과 관련해서 증거로 쓰는 데 부족함이 없다. 피고인 보호를 철저히 하는 가운데 여러 참여자의 진술을 듣고 기록한 것이기 때문이다. 그렇다면, 법원의 조서 외에 다른 조서, 가령, 검찰청 검사가 작성한 피신조서는 어떤 방식으로 만들어지고, 또, 어떻게 증거능력을 인정받게 되는지 다음 표에서 법원의 조서와 비교해 보기로 한다.

(법원의) 조서	피의자신문조서
제48조 ① 피고인, 피의자, 증인, 감정인, 통역인 또는 번역인을 신문하는 때에는 **참여한 서기관 또는 서기가 조서를 작성하여야 한다.** ② 조서에는 다음 사항을 기재하여야 한다. 1. 피고인, 피의자, 증인, 감정인, 통역인 또는 번역인의 진술 2. 증인, 감정인, 통역인 또는 번역인이 선서를 하지 아니한 때에는 그 사유 ③ 조서는 진술자에게 읽어주거나 열람하게 하여 기재내용의 정확 여부를 물어야 한다. ④ 진술자가 증감변경의 청구를 한 때에는 그 진술을 조서에 기재하여야 한다. ⑤ **신문에 참여한 검사, 피고인, 피의자 또는 변호인이** 조서의 기재의 정확성에 대하여 이의를 진술한 때에는 그 진술의 요지를 조서에 기재하여야 한다. ⑥ 전항의 경우에는 재판장 또는 신문한 법관은 그 진술에 대한 의견을 기재하게 할 수 있다. ⑦ 조서에는 진술자로 하여금 간인한 후 서명날인하게 하여야 한다. 단, 진술자가 서명날인을 거부한 때에는 그 사유를 기재하여야 한다.	제244조 ① 피의자의 진술은 조서에 기재하여야 한다. ② 전항의 조서는 피의자에게 열람하게 하거나 읽어 들려야 하며 오기가 있고 없음을 물어 피의자가 증감, 변경의 청구를 하였을 때에는 그 진술을 조서에 기재하여야 한다. ③ 피의자가 조서에 오기가 없음을 진술한 때에는 피의자로 하여금 그 조서에 간인한 후 서명 또는 기명날인하게 한다. +(성립의 진정)(§312①)

표 왼쪽에서 보는 바와 같이 법원이 조서를 작성할 때에는 총 7개 항에 이르는 요건을 갖추어야 한다. 반면에 표 오른쪽에서 검사가 피신조서를 작성할 때에는, 1954년 제정법 기준으로, 총 3개 항에 정한 요건만 갖추면 된다. 이 가운데 공통적인 것에만 밑줄을 그어 보면 대략 위와 같은 비교표가 만들어진다.

진술을 조서에 기재하되, 기재 내용의 정확 여부를 확인하고, 증감 변경의 청구를 반영하며, 진술 후 서명·날인하는 것을 기본적인 요건으로 하고 있다. 이 점은 표 오른쪽 피신조서에도 거의 동일하게 규정되어 있다.

그렇다면 이 정도 유사한 방식이면 피고인 보호에 문제가 없다고 할 수 있을까? 법에 정한 요건만 갖추면 법정 외에서 검사가 피의자를 신문한 결과를 적은 조서도 본 재판에서 증거로 쓸 수 있는 것일까?

그건 아니다. 무엇보다, 위 표 왼쪽에 있는 굵은 글씨로 된 부분이 오른쪽 표에서는 흠결되어 있기 때문이다. 공판정에서 조서를 작성할 때는 제48조 제3항과 같이 양 당사자, 즉, 검사와 피고인 또는 변호인의 참여 하에 증인 등의 진술을 듣고, 그 진술을 조서에 기재한다. 반면에 표 오른쪽 피신조서를 작성할 때는 양 당사자의 참여가 없다. 수사기관에 지나지 않는 검사가 나중에 공판에서 상대방이 될 피의자의 진술을 들어 조서를 작성하는 것이다. 바로 이 점이 피신조서에 대한 증거능력 판단에서 결정적으로 불리하게 작용하는 지점이다.

게다가 피신조서는 신문의 주재자가 동시에 조서의 작성자가 된다는 맹점이 있다. 표 왼쪽 법원의 조서에서는 제1항에서 보는 바와 같이 신문의 주재자는 판사이고, 조서의 작성자는 서기이다. 절차를 주재하는 자와 진술을 기재하는 자의 분업이 보장되어 있다. 신문을 하는 자에게 조서 작성권까지 줄 경우에는 진술에 관한 조작이 있을 수 있다는 점을 반영한 결과이다. 하지만 표 오른쪽에서는 신문을 주재하는 검사가 조서까지 작성한다. 그 과정에서 확증편향이나 사실 왜곡이 발생할 여지가 없지 않다.

이처럼 위 표의 왼쪽과 오른쪽은 공정성의 관점에서 큰 차이가 있다. 피신조서를 법원의 조서와 같이 취급할 수 없는 이유다.

2. 성립의 진정 체제

(1) 의의

그럼에도 불구하고, 우리 입법자들은 제정법에서 검사 작성 피신조서의 증거능력을 인정하기로 했고, 그 결과 제312조 제1항이라는 피신조서 규정이 탄생하게 되었다. 그 조항에서 검사가 피의자의 진술을 기재한 조서를 증거로 할 수 있다고 선언하고 있는 것이다. 대신 우리 입법자들은 조서를 증거방법으로 사용하면서도 피고인 보호를 위한 일종의 안전장치를 마련해 두고 있는데, 그것이 바로 '성립의 진정'이다.

피신조서가 최종적으로 법정에서 증거로 쓰이기 위해서는, 다시 말해서 채택된 증거서류 중 하나로서 그 진술 내용을 법정에서 낭독하기 위해서는, 남아있는 관문 하나를 통과해야 한다. 피신조서 상 진술자이기도 한 피고인이 직접 법정에 나와서 "자신이 진술한 것과 같이 조서가 작성되어 있다"는 사실, 즉 '성립의 진정'을 진술로 인정해야 하는 것이다.

진술자가 성립의 진정을 인정하는 것을 조건으로 조서의 증거능력을 인정하는 것은 우리 입법자의 창작물이고, 당시 독일이나 미국, 일본에도 없던 규정이다. 일제강점기부터 민사재판에서 사용되던 방식이라고 주장하는 견해도 있지만,[1] 그것과 정확하게 같지도 않다. 민사에서는 서류의 작성과정에서 문제가 없다는 점에 주목했다면, 형사에서는 '진술한 내용과 기재한 내용이 같다'는 점에 주목하고 있기 때문이다.[2]

이와 관련해서 또 하나 강조할 점은 앞에서 본 법원의 조서에는 아예 '성립의 진정'이라는 요건 자체가 필요 없다는 사실이다.[3] 조서 작성에 관한 법 제48조[4]를 준수해서 작성하기 때문에 굳이 추가적인 요건을 둘 이유가 없다. 반면에 수사기관의 서류는 제48조를 준수할 의무가 없고,[5] 진술과 그 기재가 차이가 있을 수 있다는 점에 주목해서 우리 입법자는 성립의 진정 인정이라는 요건을 두었다. 실무 상 수사기관의 조서 작성 필요를 인정하면서도, 다른 한편으로는 공판중심주의의 취지를 반영하기 위한 일종의 타협안이고, 고육책이었을 것이다.[6] 성립의 진정을 입증하기 위해서는 원진술자의 공판정 출석이 반드시 필요하므로, 그 한도 내에서는 직접심리주의(법관이 직접 신문을 해야 한다는 원칙)의 취지

를 최대한 살리는 효과도 노릴 수 있었다.[7]

다시, 위 표로 돌아가 보자. 앞에 설명한 법원의 조서와 피신조서의 신뢰도 차이는 그런 의미에서, 성립의 진정이라는 요건을 통해서 조금이라도 균형을 회복하고 있는 모양새다. 표 오른쪽 아래 "+(성립의 진정)"이라는 문구를 둔 이유가 그것이다. 비록 법원의 조서까지는 아니지만 그에 버금가는 정도의 공정성을 확보하기 위해, 법정에 진술자 자신이 나와 성립의 진정을 인정하도록 한 것이고, 이런 장치를 우리는 '성립의 진정 체제'라고 부른다. 피신조서에 내재하는 결함을 성립의 진정이라는 요건으로 메우는 체제, 라고 이해하면 될 것이다.

(2) 증거물인 서면과 증거서류

우리 증거법 상 증거는 둘로 나뉜다. 하나는 인증이고, 다른 하나는 물증이다. 인증이라고 하면 사람의 진술이 증거로 된다는 뜻이다. 사람은 법정에 직접 나와서 증언함으로써 인증을 제출할 수도 있고, 법정에는 나오지 않고 글에다가 자신의 진술을 적음으로써 인증을 제출할 수도 있다.

글에다가 적은 진술 중에 어떤 것은 법정에서 낭독하는 방법으로 증거조사를 한다. 즉, 어떤 사람이 "이런 말을 했다"라고 법정에서 적힌 대로 읽고, 그것을 그대로 기록으로 남겨 증거로 삼는다. 그러면 사람이 법정에 나와서 직접 증언을 하는 것과 효과에 있어서 차이가 없다. 법정 외에서 적은 것임에도 불구하고 그 내용을 법정에서 '낭독'해 주기 때문이다.

다만 그렇게 하기 위해서는 그 '글로 적은 것'이 공신력이 있어야 한다. 아무 글이나 형사법정에서 증언의 대체재로, 읽어주는 것이 아니다. 공신력이 있어서 그 안의 진술을 법정에서 읽어주는 서류를 우리는 '증거서류'라고 한다.

예전에는 증거서류로는 법관이 작성한 서류만 인정했다. 법관이 서기를 두고 양 당사자를 참여시킨 가운데 작성한 서류라면 충분한 공신력이 있고, 그 안에 적힌 진술은 나중에 읽어서 증거로 해도 문제가 없다고 생각한 것이다. 우리가 앞에서 본 제48조의 조서가 바로 그런 서류이다. 또, 예심법관이 있던 시대에는 예심법관이 작성한 서류도 증거서류라고 해서 낭독의 대상이 되었다. 예심법관이나 공판하는 법관이나 법관이라는 점에서는 차이가 없다고 봤기 때문이다.[8] 이처럼 예심법관이든 공판 법관이든 법관이 작성한 서류만 법정에서 그 진술을 낭독하는, 증거서류로 취급하는 견해를 '절차기준설'이라고 이다.

그러다가 내용기준설이라는 견해가 대두되었다. 예심이나 소송절차에서 작성된 것이 아니라고 하더라도 그 내용을 낭독해서 증거로 현출할 기회를 열어주어야 한다는 견해이다. 수사기관이 작성한 조서와 감정서 등도 증거서류로 포함하자는 것으로서, 절차기준설을 제치고 구형사소송법 당시에 다수설의 지위를 차지하기도 했다. 내용기준설에 의하면 수사기관의 조서와 감정서 등도 법정에서 낭독할 수 있기 때문에 직접주의의 예외가 넓어지는 효과가 있다.

우리 제정법은 이 가운데 내용기준설에 가까웠다. 즉, 수사기관의 조서와 감정서 등도 증거서류로서 법정에서 낭독할 길을 열어 준 것이다. 하지만 내용기준설을 그대로 채택하게 되면 검찰 측에만 너무 유리한 결과가 된다. 주로 조서를 작성해서 증거로 내는 것은 검찰이기 때문이다. 따라서 우리 제정법은 다음과 같이 두 가지 원칙을 천명함으로써 피고인을 보호하는 데 만전을 기하도록 했다.

첫째, 내용기준설에 따라 증거서류의 범위를 넓히면서도, 다른 한편으로는 진술자가 법정에 나와서 '성립의 진정'을 인정할 것을 요구했다. 절차기준설에 따라 당연히 증거서류로 인정되는 법관의 조서를 제외하고, 그 나머지 수사기관의 조서와 감정서 등은 그 진술자가 법정에 나와서 "제가 진술한 대로 조서에 적혀 있습니다"라고 확인하도록 한 것이다.

둘째, 조서와 감정서라는 이름이 붙지 않은 보통의 서류, 가령, 일반 사인이 작성한 서류도 법정에서 낭독할 길을 열어 주었다. 그렇지 않고 수사기관이 작성한 서류만 낭독하게 해 주면 형평에 어긋나기 때문이다. 다만, 사인이 작성한 서류에 대해서는 추가적인 요건을 두었다. 즉, '자필' 또는 '서명날인'이라는 형식적인 요건을 갖추도록 한 것이다.

이처럼 나름대로 공평의 원칙에 입각해서, 법정에서 낭독할 증거서류의 범위를 넓히고, 결과적으로 공판정에서 법관이 직접 신문한 내용만 증거로 삼는다는 직접주의 원칙의 예외를 확대하는 취지의 제정법이 탄생했다. 그 내용을 확인할 수 있는 규정이 바로 제311조 내지 제313조이다.

제311조	제312조	제313조
절차기준설	내용기준설	
직접주의의 예외	→ 직접주의의 예외의 확대 →	
요건 없음	성립의 진정	
		+ 자필, 서명날인

위 표의 왼쪽에서 보는 바와 같이, 종래 절차기준설에 의할 때는 제311조의 법원 또는 법관의 조서만 증거서류라고 했다. 그것만 법정에서 읽어서 증거로 할 수 있는 예외가 될 수 있었다. 그리고 그런 서류에 대해서는 별다른 증거능력 인정 요건이 없다.

반면에 위 표의 오른쪽에서 보는 바와 같이, 우리 제정법은 제312조와 제313조에서 내용기준설에 따라 직접주의의 예외를 확대했다. 독일의 경우도 직접주의의 예외가 되는 것은 법원의 조서와 예심판사의 조서에 국한된다. 하지만 우리 제정법은 수사기관의 조서와 사인 작성 서류에까지 직접주의의 예외를 확대하는 조치를 감행했다. 대신 성립의 진정이라는 요건을 두어 그 검증을 거치도록 했다. 또, 제313조의 서류에 대해서는 추가로 자필, 서명날인이라는 요건도 추가했다. 일반 사인이 작성한 서류에 대해서는 그 정도 검증은 더 거쳐야 한다고 생각한 것이다. 바로 위 표의 오른쪽 부분에서 확인할 수 있는 바다.

다시 이 중에서 본 장의 관심사인 제312조와 제313조만을 따로 떼서 또 하나의 표를 그려 보면 다음과 같다.

검사 피신조서 사경 피신조서 검사 진술조서 사경 진술조서 검사 피의자진술서 사경 피의자진술서 검사 참고인진술서 사경 참고인진술서 검사 검증조서 사경 검증조서 감정서 사인 작성 서류	제312조	제313조
	검사 피신조서 **사경 피신조서(내용 인정)** 검사 진술조서 사경 진술조서 검사 검증조서 사경 검증조서 감정서	검사 피의자진술서 사경 피의자진술서 검사 참고인진술서 사경 참고인진술서 사인 작성 서류
	(진술자에 의한) 성립의 진정	(진술자에 의한) 성립의 진정 + 자필, 서명날인

절차기준설을 넘어 내용기준설에 따라 증거서류에 넣을지 여부가 문제되는 서류는 위 표의 제일 왼쪽 칸에서 보는 바와 같이 총 12종류가 있다. 그중 11개는 수사기관의 참여 하에 작성된 서류이거나 또는 수사과정에서 작성된 서류이고, 나머지 1개(사인 작성 서류)는 수사기관과 관계없이 작성된 서류이다.

이 중 검사 피신조서를 포함해서 총 7개는 제정법에서, 제312조의 적용을 받는다. 즉, 진술자가 법정에 나와 성립의 진정을 인정하는 것을 조건으로 증거능력이 인정되고, 법정에서 그 안에 든 진술을 낭독할 자격을 얻는다. 단, 사경 피신조서만은 피의자였던 피고인이 내용을 인정해야 된다.(강조표시 참조) 입법자들은 경찰 작성 피신조서에 대해서만은 특별취급을 해야 한다고 생각한 것이다.

그 외 사인 작성 서류를 포함한 나머지 5개 서류는 제313조의 적용을 받는다. 즉, 작성자 또는 진술자가 법정에 나와서 성립의 진정을 인정하는 것을 조건으로 증거능력이 인정되고, 증거서류로서 법정에서 그 안에 든 진술을 낭독할 수 있다. 단, 제312조의 서류와는 달리 진술서(진술자가 직접 적은 서류)인 경우 작성자의 자필이어야 하고, 진술기재서류(타인의 진술을 받아 적은 서류)인 경우 진술자의 서명 또는 날인이 있어야 한다.

이처럼 기본적으로 성립의 인정이라는 장치를 기준으로 증거서류의 범위를 확대하는 체제를 성립의 인정 체제라고 한다. 우리 제정법이 제312조 내지 제313조의 규정을 통해 보여주고 있는 바다.[9]

3. 미세한 균열

그 후 7년 세월이 흘러 1961년에 이르렀다. 우리 법이 전문법칙의 원칙 규정을 도입하고 그 예외에 관한 규정을 정비한 해였다. 이때 위에서 본 제312조와 제313조 규정에도 약간의 변화가 생겼다. 이를 도표로 그리면 다음과 같다.

	제312조		제313조
검사 피신조서 사경 피신조서 검사 진술조서 사경 진술조서 검사 피의자진술서 사경 피의자진술서	**검사 피신조서(+특신상태)** 사경 피신조서 검사 진술조서 검사 검증조서 사경 검증조서	①	검사 피의자진술서 사경 피의자진술서 검사 참고인진술서 사경 참고인진술서 사경 진술조서

		사인 작성 서류 (1. 피고인 진술서 **2. 피고인 진술기재서류(+특신상태)** 3. 피고인 아닌 자 진술서 4. 피고인 아닌 자 진술기재서류)
검사 참고인진술서 사경 참고인진술서 검사 검증조서 사경 검증조서 감정서 사인 작성 서류	②	감정서
	(진술자에 의한) 성립의 진정	(진술자에 의한) 성립의 진정 + 자필, 서명날인

위 표는 바로 앞에서 작성했던 표와 몇 가지 점에서 차이가 있다.

그중 먼저 위 표에서 밑줄 친 부분 위주로 살펴보기로 하자.

가장 먼저 눈에 띄는 변화는 제313조가 제1항과 제2항으로 나누어졌다는 점이다. 그러면서 종전에 제312조에 적혀 있던 '감정서' 규정이 제313조 제2항의 적용 대상으로 바뀌었다. 또, 종전에 제312조에 규정되어 있던 사경 작성 참고인 진술조서가 이제는 제313조 제1항으로 자리를 옮겼다. 그 결과 예전에는 총 7개의 서류가 제312조의 적용을 받던 것이 지금은 5개로 줄었다. 그것 외에는 특별한 변화가 없다. 위 표 제일 왼쪽 칸에 정리한 총 12가지 종류의 서류가 지금도 여전히 제312조와 제313조 규정 속에 골고루 분포되어 있는 것이다.

다만 한 가지 위 표에서 추가적으로 달라진 점은, 그 이전 표에서 '사인 작성 서류'라고 통칭한 서류를 총 4가지로 나누어 정리하고 있다는 점이다. 수사기관의 관여 없이 사인 간에 작성한 서류를 우리 제정법은 4가지로 나누고 있었다. 즉, ① 피고인이 작성한 진술서와 ② 피고인 아닌 자가 작성한 진술서, ③ 피고인의 진술을 기재한 서류와 ④ 피고인 아닌 자의 진술을 기재한 서류로 나눈 것이다. 그걸 위 표에서는 구체적으로 나열한 다음 밑줄로 표시해 두었다. 표 제일 오른쪽 칸에서 확인할 수 있는 바다.

이 정도 변화는 사실 변화라고 말할 수도 없는 수준이다. 종전에는 제312조의 적용을 받던 사경 작성 참고인진술조서가 제313조 제1항으로 와서 이제는 진술자인 참고인의 서명·날인이 필요하게 되었다는 점이 차이라면 차이라고 할 수 있겠지만, 그것마저도 근본적으로 우리 법의 '성립의 인정 체제'에 균열을 일으키는 것이라고 볼 수는 없을 것이다.

보다 근본적인 변화는 위 표에서 굵은 글씨로 표시한 부분에서 나타나고 있다. 위에서 '미세한 균열'이라는 제목을 단 이유가 그것이다.

1961년은 우리 법이 처음으로 전문법칙의 원칙 규정을 도입한 해이다. 바로 제310조의2를 추가한 것이다. 그리고 동시에 그 뒤에 오는 조항들 전부를 전문법칙의 예외 조항이라고 분류하기 시작했다. 따라서 우리가 분류한 제312조와 제313조도 전부 전문법칙의 예외가 되었다. 그런데 거기 추가해서 위 표에서 굵은 줄로 표시한 제312조 검사 작성 피신조서 규정과 제313조 사인 간에 작성된 피의자의 진술을 기재한 서류에 '특신성'이라는 새로운 요건이 추가되었다. 종전에는 성립의 진정에 의해서 증거능력을 인정받아 법정에서 낭독할 수 있었던 증거서류가, 이제는 전문법칙의 예외로 규정되어 그 안에 규정된 진술이 '특별히 신빙할 수 있는 상태 하에서 행하여진 것으로 증명'되어야만 법정에서 낭독할 수 있게 된 것이다. 위 표에서 굵은 글자로 적은 칸에서 괄호 안에 (+특신상태)라는 문구를 추가한 이유가 그것이다.

그렇다면, 성립의 진정 체제에서 문제되는 서류, 즉 총 12가지 증거서류 가운데 유독 검사 작성 피신조서와 사인 간에 작성된 피고인의 진술을 기재한 서류에 특신성 요건이 추가된 것을 과연 우리 증거법의 큰 변화라고 보아야 할 것인가, 아니면 미세한 변화라고 보아야 할 것인가? 이것부터가 지금에 와서 생각해 보면 대답하기 쉽지 않다. 총 12가지 가운데 2가지에서 특신성 요건이 추가되었는데, 그걸 크다고 봐야 할지, 아니면 별 거 아니라고 보아야 할지, 감이 잘 오지 않는다. 다음 장에서는 이런 의문을 해소하기 위해, 구체적인 문언을 비교·검토하면서 1961년 개정법 상 새로 추가된 특신성의 의미에 대해서 탐구해 보고자 한다.

4. 피신조서 규정의 해석

(1) 특신성의 의미

두 가지 가운데 먼저 제312조 제1항 단서에 추가된 특신성의 의미에 대해서 생각해 보기로 한다.

1961년 이전에는 검사가 작성한 피신조서의 증거능력을 인정받기 위해서는 피의자였던 피고인이 공판기일 또는 공판준비기일에서 그 조서의 성립의 진정을 인정하면 됐다.[10] 그러다가 1961년 제312조 제1항을 개정하면서 다음과 같이 단서가 추가되고, 그 인정요건이 강화되었다.

제312조 제1항	
개정 전	개정 후
검사[가] 피의자의 진술을 기재한 조서는 공판준비 또는 공판기일에 피고인의 진술에 의하여 그 성립의 진정함이 인정된 때에는 증거로 할 수 있다.	검사가 피의자의 진술을 기재한 조서는 공판준비 또는 공판기일에서의 원진술자의 진술에 의하여 그 성립의 진정함이 인정된 때에는 증거로 할 수 있다. 단, 피고인이 된 피의자의 진술을 기재한 조서는 그 진술이 특히 신빙할 수 있는 상태하에서 행하여진 때에 한하여 피의자였던 피고인의 공판준비 또는 공판기일에서의 진술에 불구하고 증거로 할 수 있다.

1961년은 미국과 일본의 영향을 받아 새로 전문법칙의 원칙 규정이 추가되고, 당사자주의적인 요소가 강화된 시기였다.[11] 수사기관이 작성한 조서에 대해 보다 엄격한 요건 하에 증거능력을 인정하는 방향으로 개정이 이루어졌을 거라고 짐작할 수 있다.[12] 위 제312조 제1항도 마찬가지다. 왼쪽에서는 피고인이 성립의 진정을 인정하기만 하면 증거능력이 있다고 하다가 오른쪽에서는 밑줄 친 부분을 추가했다. 이제 그 추가 부분이 무슨 뜻인지 해석할 필요가 있다.

먼저, "그 진술이 특히 신빙할 수 있는 상태하에서 행하여진 때에 한하여"의 해석은 별 문제가 없다. 다수 학자들이 얘기하는 '특신상태'의 요건, 또는 '특신성'의 요건을 추가로 요구하게 되었다는 점에 특별한 이론이 없다.[13] 사실 1961년 1차 형사소송법 개정 목표 중 하나가 그것이었다. 공판정 외에서 피고인 또는 피의자였던 피고인이 행한 진술을 증거로 하기 위해서는 무엇보다 '특신성이 있어야 한다'는 말을 하고 싶었던 것이다.[14]

남은 문제는 그 다음에 나오는 "피고인의 공판준비 또는 공판기일에서의 진술에 불구하고"의 해석에 있다. 특히 이 문구 안에 '진술'이라는 글자가 무슨 뜻일까, 궁금하지 않을 수 없다. 그 진술은 얼핏 보기에 본문에 나오는 '진술'과 관련이 있을 것으로 보인다. 이 점과 관련해서 여기서 말하는 진술이란 조서의 '성립의 진정을 부인하는 진술'로 보는 견해와 '성립의 진정은 인정하지만 내용은 인정하지 않는 진술'로 보는 견해의 대립이 있다.[15] 이에 대해서 자세히 살펴보기로 한다.

(2) 가중요건설과 완화요건설[16]

원래 본문에서는 피고인이 진술로 성립의 진정을 인정하면 증거가 될 수 있었다. 그런데 단서를 추가해서 그 요건을 강화하고자 했다는 점은 앞에서 본 바와 같다.[17] 그렇다면 본문에 따라 '성립의 진정'을 인정하는 진술이 있는 것은 물론이고, 단서에 따라 이것 외에 특신성도 증명되어야 한다는 뜻으로 읽을 수도 있다. 말 그대로, 단서는 요건 하나를 추가하는 취지라는 것이다. 이런 견해를 우리는 가중요건설이라고 한다.[18]

반대로 본문에 따라 피고인이 성립의 진정을 인정하지 않은 경우에도 특신성이 있으면 증거가 될 수 있다고 보는 견해가 있다. 즉, 단서 중간에 적혀 있는 '진술에도 불구하고'는 '성립의 진정을 인정하지 않는 피고인의 진술에도 불구하고'로 보는 것이다. 이렇게 되면 피고인이 법정에서 피신조서의 성립의 진정을 부인하는 경우에도 특신성만으로 증거능력이 인정되기 때문에 그 요건이 완화되는 셈이다. 완화요건설이라고 부르는 이유다.

(3) 검토

결론적으로, 완화요건설이 아니라 가중요건설에 따라 제312조 제1항 및 단서를 읽는 게 맞다고 본다. 그 이유는 다음과 같다.

첫째, 특신성을 수단으로 요건을 강화하는 내용으로 적는 방법은 두 가지가 있다. 하나는 그냥 본문에 단서를 보태는 것이다. "단, 피고인의 진술을 기재한 서류는 그 진술이 특히 신빙할 수 있는 상태 하에서 행하여진 때에 한한다"라고 하면, 본문 요건에 특신성을 추가하는 내용이 된다. 하지만 그보다 더 강조하는 의미에서 단서를 이렇게 연결할 수도 있다. "단, 피고인의 진술을 기재한 서류는 그 진술이 특히 신빙할 수 있는 상태 하에서 행하여진 때에 한하여 공판기일의 피고인의 진술에도 불구하고 증거로 할 수 있다"라고 하는 것이다. 그렇게 하면

'피고인의 진술'이 전부가 아니라는 취지가 강조되는 효과가 있다. 피고인의 진술이 있었음에도 불구하고, 즉 피고인이 성립의 진정을 인정했어도 그것만으로는 안 되고 특신상태가 필요하다, 는 점을 확실하게 할 수 있는 것이다.

둘째, 이렇게 읽는 것이 무엇보다, 상식에 부합한다. 종래 검사 작성 피신조서는 피고인이 법정에서 성립의 진정을 인정하는 것만으로 증거로 쓸 수 있었다. 그런 상황에서 새롭게 전문법칙의 원칙 규정까지 들여오면서 공판중심주의를 강화하는 마당에, 종전에 요구하던 '진술에 의한 성립의 진정' 인정마저도 이제는 할 필요가 없다고 법을 바꾸었을 리가 없다. 만약 그런 법률을 제정했다면 그것은 기껏 만들어 놓은 성립의 진정 체제에 대한 미세한 균열로 그치지 않을 것이다. 진술로 성립의 진정을 인정하는 것을 최소한의 요건으로 해 놓은 체제 하에서 검사 작성 피신조서는 이제 성립의 진정도 필요 없다고 말하는 것은 제정법의 의도를 정면으로 부정하는 입법이기 때문이다. 또, 그런 혁명적인 변화를 이렇게 단서에 애매하게 적어 놓았을 것 같지도 않다. 굳이 이론적인 관점에서가 아니라 상식적인 관점에서 볼 때, 제312조 제1항 단서는 증거능력을 완화하는 취지가 아니다. 마침 같은 시기에, 같은 문구가 추가된 제316조 제1항도 법정 외 피고인의 진술이 법정 안으로 들어와 증거로 될 수 있는 길을 좁혀 놓고 있고, 그것 역시 특신성을 고리로 하고 있다. 특신성을 추가한 취지는 결국, 증거능력 규정의 강화에 있다고 보아야 한다.

게다가 그 이후의 피신조서의 운명을 보면, 우리의 이와 같은 해석이 틀리지 않았음을 알 수 있다. 우리 법은 제정법부터 증거서류의 신뢰도를 높은 것부터 낮은 것 순으로 4가지로 나누고 있다. 첫째는 아무런 요건이 필요 없는 서류이고, 둘째는 진술자에 의한 성립의 진정 확인이 필요한 서류이고, 셋째는 진술자에 의한 성립의 진정 확인이 필요할 뿐만 아니라 특신성이 있어야 하는 서류이고, 넷째는 피고인이 내용을 인정해야 하는 서류이다. 이 가운데 제정법은 검사 작성 피신조서를 두 번째 서류로 보았고, 1961년 개정법은 세 번째 서류로 보았으며, 2020년 개정법은 급기야 네 번째 서류로 보게 되었다는 점은 역사가 증명하는 바다. 즉, 점점 더 그 증거능력 인정을 어렵게 하는 방향으로 변화해 왔다. 이런 증거능력 '제한'의 방향에서 공판중심주의와 당사자주의를 강화하던 1961년에 잠깐 동안만 증거능력 '완화'의 방향으로 틀었다고 보는 것은 추세분석에도 맞지 않다. 다른 대부분의 서류가 진술자에 의한 성립의 진정을 요구하는 마당에 다른 것도 아니고 피의자 본인의 진술을 기재한 서류는 그럴 필요가 없다고 뜬금없는 입법을 했을 리도 없다. 완화요건설보다는 가중요건설이 맞다고 보는 이유다.

셋째, 판례 역시 가중요건설을 따르고 있다.

> 법문의 문언상 성립의 진정은 '원진술자의 진술에 의하여' 인정되는 방법 외에 다른 방법을 규정하고 있지 아니하므로, 실질적 진정성립도 원진술자의 진술에 의하여서만 인정될 수 있는 것이라고 보아야 하며, 이는 검사 작성의 피고인이 된 피의자신문조서의 경우에도 다르지 않다고 할 것이다. 또한 검사 작성의 피고인이 된 피의자신문조서에 대하여 실질적 진정성립이 인정되지 아니하는 이상 그 조서에 기재된 피고인의 진술이 특히 신빙할 수 있는 상태 하에서 행하여진 경우라고 하여도 이를 증거로 사용할 수 없다고 보아야 한다.[19]

우리 판례는 1961년 법률 제312조 제1항에 관하여 설명하면서 1. 성립의 진정은 원진술자의 진술에 의하여만 인정된다는 것과, 2. 피고인이 성립의 진정을 인정하지 않는 문서는 특신상태가 있어도 증거로 할 수 없다는 점을 분명히 하고 있다. 자신의 진술이 정확하게 기재되어 있지 않다고 하는데도 불구하고, 그런 서류를 특신성이 있다는 이유로 증거로 하는 것은 피고인에게 너무 가혹한 일이라고 본 것이다. 너무도 타당한 결론임은 물론이다.

완화요건설처럼 피고인이 진술로 성립의 진정을 인정하지 않더라도 특신성이 증명되면 증거로 할 수 있다고 한다면, 검사 작성 피신조서의 증거능력 인정 요건은 오로지 '특신성'이 좌우하게 된다. 그런데 여기서 말하는 특신성이라는 것은 사실 대단한 게 아니고, 증명력 판단에 앞서 증거로 받을지 말지를 결정하는 증거능력 인정 요건으로, 진술 정황이나 내용이 조금 더 믿을 만하다는 의미에 지나지 않는다. 그 정도 요건을 갖추었다고 해서, 피고인 자신이 진술로 "거기는 제가 한 말이 제대로 적혀 있지 않습니다, 너무 억울합니다"라는 항변을 묵살할 근거가 될 것 같지 않다.

완화요건설처럼 특신성 하나로 모든 증거능력 판단을 대체하게 되면 증거제출 계획에 차질이 빚어질 수도 있다. 실제 재판에서 특신성 판단의 기회를 제대로 주는 것도 아니고, 판사가 어느 쪽으로 결론을 내릴지 그 예측이 가능하지도 않다. 재판이 끝나고 판결문에서 "어떤 서류는 특신성에 대한 증명이 없어서 증거로 할 수 없다"고 뒤늦게 설시하고 마는 경우도 없지 않다. 이런 현실에서 다른 서류들은 성립의 진정을 중심으로 판단하면서 피신조서만 특신성이라는 법원의 재량판단에 전적으로 의지하게 하는 것은 방어권에 대한 심각한 침해가 될 수 있다. 피고인이 법정에서 진술로 성립의 진정을 부인했는데도 불구하고, 법원이 기록 검토 과정에서 특신성이 있다는 이유로 증거 채택함으로써 좋은 결과(?)를 기다리고 있던 피고인에게 불의의 타격을 입힐 수도 있는 것이다.

유명한 크로포드 판결에서 미국 연방대법원은 특신성의 핵심적 개념요소인 '신빙성(reliability)'이라는 것이 본질적으로 애매한 개념이고, 법원의 재량판단에 좌우되는 개념이라는 점에서 증거능력 인정 요건으로 적절하지 않다고 지적한 바도 있다. 특히 우리처럼 특신성의 의미가 오랜 재판경험을 통해서 검증된 바 없는 체제에서는 특신성 판단에 증거의 운명을 전적으로 맡기는 것은 재판결과의 불확실성을 증폭시키는 일이 된다. 완화요건설에 문제가 있다고 볼 수밖에 없는 이유다.

넷째, 1961년 이후의 법률 변화도 간접적으로나마 완화요건설이 아니라 가중요건설이 옳았음을 보여주고 있다. 아래 표는 1961년 제312조 제1항 및 단서와 2007년 개정된 같은 조 제1항 및 제2항을 비교한 표이다.

1961년		2007년	
①	검사가 피의자의 진술을 기재한 조서는 공판준비 또는 공판기일에서의 원진술자의 진술에 의하여 그 성립의 진정함이 인정된 때에는 증거로 할 수 있다. 단, 피고인이 된 피의자의 진술을 기재한 조서는 그 진술이 특히 신빙할 수 있는 상태하에서 행하여진 때에 한하여 피의자였던 피고인의 공판준비 또는 공판기일에서의 진술에 불구하고 증거로 할 수 있다.	①	검사가 피고인이 된 피의자의 진술을 기재한 조서는 적법한 절차와 방식에 따라 작성된 것으로서 피고인이 진술한 내용과 동일하게 기재되어 있음이 공판준비 또는 공판기일에서의 피고인의 진술에 의하여 인정되고, 그 조서에 기재된 진술이 특히 신빙할 수 있는 상태하에서 행하여졌음이 증명된 때에 한하여 증거로 할 수 있다.

	②	제1항에도 불구하고 피고인이 그 조서의 성립의 진정을 부인하는 경우에는 그 조서에 기재된 진술이 피고인이 진술한 내용과 동일하게 기재되어 있음이 영상녹화물이나 그 밖의 객관적인 방법에 의하여 증명되고, 그 조서에 기재된 진술이 특히 신빙할 수 있는 상태 하에서 행하여졌음이 증명된 때에 한하여 증거로 할 수 있다.

위 표의 왼쪽에서 보는 바와 같이 1961년 법에 의하면 검사 피신조서는 제312조 제1항 본문에 진술에 의한 성립의 진정이 규정되어 있고, 단서에 특신성이 추가되었다. 그러던 것이 2007년에 이르러 제312조 제1항이 제2항으로 분화되고, 제1항에서는 진술에 의한 성립의 진정 인정과 특신성, 제2항에서는 객관적 방법에 의한 성립의 진정 인정과 특신성이 증거능력 인정 요건이라고 규정하게 되었다. 즉, 같은 피신조서에 대해서 피고인이 진술로 성립의 진정을 인정하면 제1항으로 가서 특신성이 인정되면 증거로 한다고 하고, 만약 진술로 성립의 진정을 부정하면 제2항으로 가서 객관적 방법으로 성립의 진정이 증명되고 특신성이 있으면 증거로 한다고 하고 있다. 이들 각 조항을 먼저 완화요건설에 따라서 해석해 보면 다음과 같은 표를 얻을 수 있다.

완화요건설			
1961년		2007년	
①本	성립의 진정 인정(진술) or	①	성립의 진정(진술) + 특신성
①但	성립의 진정 부인 + 특신성	②	성립의 진정(객관) + 특신성

완화요건설은 앞에서 본 것처럼, 피고인이 성립의 진정을 인정하면 제1항 본문에 따라 증거능력이 있고, 만약 부인하더라도 제1항 단서에 따라 특신성을 조건으로 증거능력이 있다고 하는 견해다. 위 표 왼쪽에서 보는 것처럼 제1항 본문에는 '성립의 진정 인정'이라는 요건이 있고, 단서에는 '성립의 진정 부인 + 특신성'이라는 요건이 있다.

그런데 2007년에 오면 먼저 종래 제1항 본문의 적용을 받는 피신조서, 즉 피의자가 성립의 진정을 인정한 피신조서는 신법 제1항으로 옮겨서 특신성이라는 요건이 추가되고(밑줄 참조), 종래 제1항 단서의 적용을 받던 피신조서, 즉 피의자가 진술로 성립의 진정을 부정한 피신조서는 신법 제2항으로 옮겨서 기존에 있던 특신성 요건 외에 객관적 방법에 의한 성립의 진정이 요구되도록(밑줄 참조) 바뀌었다.

왼쪽에 있는 요건이 오른쪽으로 오면서 하나씩 추가되는 모양새다. 성립의 진정을 인정한 피신조서도 특신상태가 추가로 요구되고(1항), 성립의 진정을 부정한 피신조서도 객관적 방법에 의한 성립의 진정이 요구된다(2항)는 점에서 나름 일관성 있는 입법이라고 봐줄 수도 있다. 피신조서의 증거능력을 강화하기 위한 개혁이라고 좋게 평가해 줄 수도 있다는 말이다.

그런데 위와 같은 설명에는 아주 결정적인 결함이 하나 있다. '왜 이렇게 복잡한 개정을 했을까?' 하는 점이다. 완화요건설의 시각에서 보면 2007년 개정은 그 의도가 분명하지 않다. 도대체 특신성을 추가하는 게 목적인지, 아니면, 이제라도 성립의 진정을 증명하는 게 목적인지, 알 수가 없다. 한쪽에서는 특신성을 추가하고, 다른 쪽에서는 성립의 진정을 추가함으로써 우왕좌왕하는 모습을 보이고 있는 것이다. 특히 제2항의 변신은 기이하기까지 하다. 종전 같으면 피고인이 성립의 진정을 부인해도 특신성만 증명하면 됐기 때문에(완화요건설) 특신성에 대한 입증만 준비하던 검찰은 이제 제2항에 따라 객관적 방법으로 성립의 진정을 증명하기 위한 장치까지 마련해야 한다. 부랴부랴 영상녹화를 해서 피고인이 신문 당시 했던 말과 조서가 차이가 없다는 점을 '객관적으로' 증명해야 하는 업무가 추가된 것이다. 왜 한동안 신경도 쓰지 않던 성립의 진정을 이제 와서 강조하게 된 것일까? 성립의 진정이 그렇게 중요하다고 생각했으면 왜 종전에는 성립의 진정을 부인해도 특신성이 있으면 증거능력이 있다고 말했던 것일까? 완화요건설은 이런 질문에 대해서 속 시원한 대답을 주지 못하고 있다.

그런데 가중요건설로 오면 다른 사실이 보인다.

아래 표는 가중요건설에 따라 검사 피신조서에 대한 1961년 법과 2007년 법을 비교한 것이다.

가중요건설			
1961년		2007년	
①	성립의 진정(진술)(本) + 특신성(但)	①	성립의 진정(진술) + 특신성
	(신설)	②	성립의 진정(객관) + 특신성

가중요건설에 따르면 종전 제312조 제1항 규정은 본문에서 진술에 의한 성립의 진정을 요구하고, 단서에서 특신성을 요구하고 있다. 성립의 진정이 인정돼도 특신성이 있어야 증거능력이 인정된다는 뜻이다. 성립의 진정(진술)(本) + 특신성(但)이 피신조서의 증거능력 인정요건이었다. 표 왼쪽 위로부터 세 번째 칸에 정리한 내용이다. 그런데 그것과 바로 오른쪽 2007년 제1항과 비교하면 전혀 차이가 없다. 거기서도 '성립의 진정(진술) + 특신성'이 요건이다. 즉, 진술로 성립의 진정을 인정한 피신조서에 대해서는 종전과 마찬가지로 추가적으로 특신성을 조건으로 증거능력이 인정된다.

문제는 진술로 성립의 진정을 인정하지 않는 경우다. 그런 경우는 가중요건설에 따르면, 종전 제1항이 생각하지 못한 상황이다. 즉, 제1항의 적용이 없다. 가중요건설에서 피신조서는 성립의 진정을 인정하고도 특신성이 있어야 증거가 되는 것이지, 성립의 진정을 부인해도 특신성이 있으면 증거가 된다는 건 불가능하다. 즉, 가중요건설에 의할 때는 입법적 불비 상황이다. 그래서 2007년에 새로운 규정, 즉 제2항을 두게 되었다. 진술로 성립의 진정을 인정하지 않는 경우라도, 객관적 방법으로 성립의 진정을 증명할 수 있고, 그런 다음 특신성을 조건으로 증거능력이 인정된다고 새로운 규정을 만들게 된 것이다.

앞에서 본 완화요건설의 설명에 비해서 아주 단순하고 간편하다. 그리고 또 하나, 중요한 장점이 있다. 왜 법을 개정했는지가 설명이 된다는 점이다. 다른 이유로 개정한 게 아니다. 성립의 진정이 충분히 증명되는 상황임에도 불구하고 진술로 성립의 진정을 인정하지 않는 피고인에 대한 대처 방법 마련이 목적이다.

피고인이나 그 변호인이 검사 면전의 피고인에 대한 피의자신문조서에 대해 성립의 진정을 인정하였다가 그 뒤 이를 부인하는 진술을 하거나 서면을 제출하는 경우가 있다.[20]

1961년 법은 피신조서에 대해 진술로만 성립의 진정을 인정하도록 했다. 그리고 특신성이 있으면 증거로 할 수 있도록 했다. 그랬더니 세상이 바뀌어서 이상한 피고인들이 생겨났다. 본인의 서명날인도 맞고, 진술 후 진술 내용을 확인까지 했음에도 불구하고 공판정에서 막무가내로 성립의 진정을 부인하는 피고인들이 생긴 것이다. 특히 피고인이 자기 권리를 십분 행사해서 일체의 진술을 거부하게 되면 진술 자체를 할 수 없고, 진술로 성립의 진정을 인정하게 할 수도 없다. 적법하게 작성한 피신조서를 증거로 제출할 길이 근본적으로 막혀 버리는 것이다. 가중요건설에 의하면 진술로만 성립의 진정을 인정받아서 조서 상 진술을 낭독할 수 있기 때문이다. 일단 성립의 진정을 인정해야 추가로 특신성을 입증해서 증거로 할 수 있다. 진술로 성립의 진정을 인정하는 것이 피신조서에서는 기본 중에 기본이다. 그런데 피의자들이 피고인이 되고 나서 생각을 바꿔 성립의 진정을 인정하지 않거나, 아예 모든 진술 자체를 거부해 버리면 다른 방법이 없다. 애써 만들어 놓은 피신조서를 증거로 쓸 수 없는 상황에 직면하게 된다. 수사기관의 업무 전체에 큰 타격이 아닐 수 없다. 피신조서는 사실 증거 중에 향도 같은 역할을 한다. 피신조서 상 진술을 확보했기 때문에 검찰은 과감하게 기소를 할 수 있다. 그리고 피의자 본인에게 제대로 작성되었는지 검증할 기회를 주고 서명까지 받은 바 있다. 그 진술을 법정에서 낭독할 만반의 준비를 이미 갖춘 것이다. 나머지 증거물들과 맞춰 보고 입증계획도 세웠다. 그런데 그 모든 노력이 피고인의 단 한 마디 진술로 수포로 돌아갈 수 있다. 피고인이 갑자기 성립의 진정을 부인해 버리는 것이다. 따라서 그런 경우를 대비해서 피고인의 진술이 아닌 다른 방법으로 피신조서의 성립의 진정을 증명할 방법을 마련하라는 것이 개정법 입법자의 생각이다. 미리 영상녹화물을 찍어 두어 대비하라는 뜻이다. 그것이 신설된 제2항의 취지이다. 성립의 진정을 법정에서 진술로 부인해도 객관적 방법으로 증명할 수단이 있으면 특신성을 조건으로 증거능력을 인정받을 수 있다. 법이 그 길을 알려주고 있는 셈이다.

위 표에서 왼쪽 아래 칸에 (신설)이라는 글자를 둔 이유가 그것이다. 진술에 의한 성립의 진정 체제에서 미처 생각하지 못한 문제를 해결하기 위해 2007년의 법 개정이 필요했다는 뜻이다.

이처럼 우리는 후속 입법과정을 통해 거꾸로 중요한 사실 하나를 확인할 수 있다. 1961년 개정된 법 제312조 제1항은 가중요건설에 의할 때만 해석이 가능하다는 점이다. 1961년 이전까지 성립의 진정 하나로 피고인 보호가 가능하다고 봤는데 그게 아니었다. 그래서 1961년 법에서 특신성이라는 요건을 추가했다. 가중요건설을 취했다는 뜻이다. 상식의 눈으로 보면 1961년에 개정된 제312조 제1항 단서는 그렇게 읽힌다.

Ⅲ. 피고인 진술기재서류의 증거능력

1. 문제의 소재

제정법 이후 1961년 이전의 세계와 1961년 이후, 그리고 2007년 이후의 세계는 많이 바뀌어 있다. 1961년 이전에는 성립의 진정을 대충 만들어 놓고 피신조서를 증거로 내는 검찰의 권한남용이 문제였다. 그래서 1961년에 추가적으로 특신성을 요구하게 된 것이다. 그런데 그 이후에는 진술로만 성립의 진정을 인정해야 한다는 점을 악용해서 성립의 진정이 있음에도 불구하고 없다고 우기는 피고인들이 문제가 되었다. 그래서 40년 후의 입법자는 진술로 성립의 진정을 인정하지 않는 경우에 대한 대책을 마련했다.

그런데 거기서 세상은 또 바뀌었다. 이제는 검찰 피신조서도 사경 피신조서처럼 피고인이 내용을 인정해야 증거로 쓰이는 세상이 되었다. 검사 피신조서가 우리가 앞에서 신뢰도에 따라 분류한 소위 네 번째 서류로 강등된 것이다. 그 결과, 우리가 열심히 들여다보면서 새로운 해석을 시도해 본 제312조 제1항 규정은 역사 속으로 사라지고 말았다.

그런데 그 사라진 규정이 요긴할 때도 있다. 제312조 제1항이 정확하게 그런 경우다. 마치 완전히 물에 잠기지 않은 징검다리처럼 다른 조항으로 건너가기 위해서는 반드시 거쳐야 하는 이음새 역할이 아직 남아 있다. 다음 표에서 보듯이 세 가지 조항, 즉 1961년 제312조 제1항 단서와 1961년 제313조 제1항 단서, 그리고 현재 제313조 제1항 단서를 연결해 놓으면 그 점이 조금 더 선명하게 보일 것이다.

2. 제313조 제1항 단서: 피고인의 진술을 기재한 서류

§312①但(1961)	§313①但(1961)	§313①但(현재)
단, 피고인이 된 피의자의 진술을 기재한 조서는 그 진술이 특히 신빙할 수 있는 상태 하에서 행하여진 때에 한하여 [...]피고인의 공판준비 또는 공판기일에서의 진술에 불구하고 증거로 할 수 있다.	단, 피고인의 진술을 기재한 서류는 공판준비 또는 공판기일에서의 그 작성자의 진술에 의하여 그 성립의 진정함이 증명되고 그 진술이 특히 신빙할 수 있는 상태 하에서 행하여진 때에 한하여 피고인의 공판준비 또는 공판기일에서의 진술에 불구하고 증거로 할 수 있다.	단, 피고인의 진술을 기재한 서류는 공판준비 또는 공판기일에서의 그 작성자의 진술에 의하여 그 성립의 진정함이 증명되고 그 진술이 특히 신빙할 수 있는 상태 하에서 행하여 진 때에 한하여 피고인의 공판준비 또는 공판기일에서의 진술에 불구하고 증거로 할 수 있다.

먼저 왼쪽 두 칸을 보자. 1961년 입법자는 두 가지 조항에 단서를 붙이면서 정확히 같은 글자를 적어 넣었다.[21] 밑줄 친 부분을 기준으로 놓고 보면 글자의 위치나 글자 수 모두 차이가 없다. 그렇다면 당연히 같은 취지가 반영되었을 것으로 추정해 볼 수 있다. 즉, 제313조 제1항 단서에 나오는 "피고인의 진술에도 불구하고"는 앞에서 본 가중요건설에 따라, 피고인이 본문에서 '성립의 진정을 인정한 경우에도' 라고 읽을 수 있을 것이다.

그런데 위 표 오른쪽에서 보는 것처럼 1961년 당시 제313조 제1항 단서는 현행법 규정과 또, 전혀 차이가 없다. 결국, 현재 제313조 제1항 단서의 적용을 받는 피고인의 진술기재서류는 피고인이 성립의 진정을 인정한 경우에도 단서에 따라, 특신성이 있어야 한다고 요구할 수 있다. 또, 거기 더해서, 제313조 제1항 단서에만 고유하게 적혀 있는 문언에 따르면, 작성자가 진술로 성립의 진정을 인정해야 한다('작성자의 진술에 의하여 성립의 진정함이 증명되고' 참조). 즉, 이중으로 성립의 진정을 인정할 뿐만 아니라, 특신성까지 있어야 증거서류로 법정에서 낭독할 자격을 갖추게 되는 것이다.

그런데 문제는, 이와 같은 해석이 현재 우리 판례의 해석과는 반대된다[22]는 사실이다. 우리 판례는 그렇게 읽지 않는다. 제313조 제1항 단서의 적용을 받는 피고인의 진술기재서류에 대해서는 '피고인의 성립의 진정 인정'이 필요 없다는

태도를 취하고 있다. 이런 해석은 우리가 벌써 여러 페이지에 걸쳐 본 제312조
제1항의 해석을 무위로 돌리는 일이다. 뿐만 아니라 실무상으로도 여러 가지 문
제를 야기하고 있다.

구체적으로 다음과 같은 이유로 판례의 견해에 반대하기로 한다. 제313조
제1항 단서의 적용을 받는 서류 역시 피고인이 진술로 성립의 진정을 인정하고,
특신성이 증명되어야 하며, 추가로 작성자도 성립의 진정을 인정해야 증거능력
이 있다고 주장하고자 한다.

첫째, 제312조 제1항 피신조서 규정과는 달리 제313조 제1항의 적용을 받는
서류는 작성과정에 대한 기본적인 검증이 없다. 앞에서 본 바와 같이 검사 작성
피신조서는 증거능력을 인정받기 위해서 여러 가지 관문을 거쳐야 한다. 특히
법원의 조서에 준하는 까다로운 작성절차가 법률에 규정되어 있다. 반면에 제
313조 제1항 및 단서의 적용을 받는 서류는 그런 검증과정 자체가 비교가 되지
않을 정도로 약하다. 1961년 당시를 기준으로 두 가지 서류에 기본적으로 요구
되는 조건을 비교하면 다음과 같다.

피의자신문조서	피고인의 진술을 기재한 서류
제244조 ① 피의자의 진술은 조서에 기재하여야 한다. ② 전항의 조서는 피의자에게 열람하게 하거나 읽어 들려야 하며 오기가 있고 없음을 물어 피의자가 증감, 변경의 청구를 하였을 때에는 그 진술을 조서에 기재하여야 한다. ③ 피의자가 조서에 오기가 없음을 진술한 때에는 피의자로 하여금 그 조서에 간인한 후 서명 또는 기명날인하게 한다.	제313조(진술서등) ① 전2조의 규정 이외에 피고인 또는 피고인이 아닌 자가 작성한 진술서나 그 진술을 기재한 서류로서 그 작성자 또는 진술자의 자필이거나 그 서명 또는 날인이 있는 것은 공판준비나 공판기일에서의 그 작성자 또는 진술자의 진술에 의하여 그 성립의 진정함이 증명된 때에는 증거로 할 수 있다.

위 표에서 밑줄로 표시한 것처럼 왼쪽과 오른쪽에서 요구하는 내용이 너무
다르다. 서명 날인이 있는 것을 제외하고, 제313조 제1항 및 단서의 적용을 받는
서류는 까다로운 요건이 거의 없다. 그 안에 들어 있는 진술이 '피고인의 진술'이

라는 점에서 왼쪽과 차이가 없음에도 불구하고 제313조 제1항 단서의 서류는 너무 허술한 서류일 가능성이 높다고 볼 수밖에 없다.

게다가 1961년 이후로는 그 격차가 더 커졌다. 제312조 제1항 단서의 서류로서 증거능력을 인정받기 위해서는 위에 적은 것 외에도 피의자 진술의 영상녹화,[23] 진술거부권 등의 고지,[24] 수사과정의 기록,[25] 장애인 등 특별히 보호를 요하는 자에 대한 특칙[26] 등이 추가되어 증거서류로 인정받는 길 자체가 많이 험난해졌다.

그것과 비교하면 제313조 제1항 단서의 서류는 본문만 적용하는 경우 서명 또는 날인에 전적으로 의존하고 있다. 단서에서라도 가중요건설에 따라 피고인 자신에 의한 성립의 진정을 요구하는 식으로, 엄격한 요건을 설정할 필요가 있다고 보는 이유다.

둘째, 제313조 제1항 및 단서를 가중요건설에 따라 읽어야 하는 또 다른 이유는 그 적용 대상 때문이다. 1961년 법에서 예정한 것과 달리 오늘날 제313조 제1항 단서는 우리가 앞에서 본 대부분의 증거서류 후보자들을 제312조로 넘겨주고, 그야말로 '그 외의 서류'들에 적용하는 규정으로 바뀌었다. 아래 표는 현행법에 따라 제312조와 제313조의 적용 범위를 정리한 것이다.

	제312조		제313조	
검사 피신조서 사경 피신조서 검사 진술조서 사경 진술조서 검사 피의자진술서 사경 피의자진술서 검사 참고인진술서 사경 참고인진술서 검사 검증조서 사경 검증조서 감정서 사인 작성 서류	검사 피신조서 사경 피신조서 검사 진술조서 사경 진술조서 검사 검증조서 사경 검증조서 검사 피의자진술서 사경 피의자진술서 검사 참고인진술서 사경 참고인진술서	①	本	사인 작성 서류 (피고인 진술서 피고인 아닌 자 진술서 피고인 아닌 자 진술기재서류)
			但	사인 작성 서류 (피고인 진술 기재서류)
		③		감정서
	(진술자에 의한) 성립의 진정			(진술자에 의한) 성립의 진정 + 자필, 서명날인

위 표 오른쪽에서 보는 것처럼 사인작성서류는 전부 제313조 적용 대상이

다. 특히 피고인이 진술하고 그걸 사인이 받아 적은 서류는 제313조 제1항 단서
가 적용된다. 피고인의 진술을 피해자가 받아 적은 서류나 의사의 진단서처럼
법으로 그 성립과 작성과정에 대한 검증이 없는 서류가 전부 제313조 제1항 단
서를 통해서 법정으로 들어오게 된 것이다. 따라서 그 안에 피고인의 진술이 들
어 있다면 피고인 자신이 진술로 성립의 진정을 인정할 때에만 증거로 해야 피
고인을 두텁게 보호할 수 있다. 물론 그런 서류에 1차적으로(진술자로서) 피고인
이 서명 또는 날인이 요구되기 때문에 피고인 보호의 효과가 발휘될 수도 있다.
하지만 그렇지 않은 경우도 충분히 상정해 볼 수 있다. 가령, 나중에 소송에 쓰
일 것을 전혀 생각하지 못한 채 제대로 읽어보지도 않고 서명한 서류가 들어 있
을 수도 있다. 심지어 겁먹은 상태이거나 기망을 당한 상태에서 서명을 한 경우
도 있을 것이다. 이런 경우들을 전부 제317조 진술의 임의성이라는 필터로 걸러
낼 수 있다는 보장도 없다. 가령, 잘 몰라서 생각 없이 서명한 경우는 제317조에
걸리지 않을 수도 있는 것이다. 결국, 제313조 제1항 단서를 엄격하게 해석할 현
실적인 필요가 있다. 피고인 스스로 성립의 진정을 인정할 때에만 증거로 할 수
있다고 해야 피고인에 대한 보호장치로서 의미가 있는 것이다.

　셋째, 제313조 제1항 단서의 적용을 받게 될 서류로 '수사보고서'가 있다는
점도 간과해서는 안 된다.

> 　검사나 사법경찰관이 '피고인의 진술을 기재한 서류'를 작성하고 제313조 제1
> 항 단서를 통하여 이를 증거로 제출하려는 시도는 충분히 예상할 수 있다. 제
> 313조 제1항 단서에 의하면 피고인이 당해 서류에 기재된 자신의 진술(원진술)
> 에 대해 진정 성립을 부인하여도 서류 작성자인 수사관이 작성자로서 법정에 나
> 가 성립의 진정을 인정하면 된다. 수사보고서에 피고인의 진술을 기재하는 상황
> 은 그 구체적인 예의 하나이다.[27)]

　오늘날 수사보고서에 피고인의 진술이 적혀서 증거로 들어오는 사례가 적지
않다. 그때마다 검찰 측은 위 인용문에서 보는 것처럼 피고인의 성립의 진정 인
정에 기대지 않고, 서류 작성자인 수사관에게 성립의 진정을 인정하게 하는 방
법을 택할 가능성이 높다. 그 결과 수사보고서 안에 적힌 글이 법정에서 피고인

을 옥죄는 효과를 발휘할 수 있다.

물론, 여기서도 마찬가지로 피고인의 서명 또는 날인이 있어야 한다는 점이 피고인에게는 다행이고, 검찰 측에게는 걸림돌이 될 것이다. 하지만 피고인의 서명만으로 피고인 보호에 충분하지 않은 경우도 얼마든지 있다. 피고인의 진술을 왜곡해서 적는 경우가 그것이다. 수사기관 앞에서 서명을 했다고 해서 자신의 진술이 조금의 왜곡 없이 보고서에 기재되었다고 확신할 수도 없다. 게다가 피신조서와 달리 수사보고서는 작성 후 피고인에게 검토할 기회도 주지 않는다. 제대로 적은 것처럼 얼버무린 다음에 서명을 받고, 실제로는 하지도 않은 말을 적거나, 그 진의를 왜곡해서 적을 가능성도 배제할 수 없다. 보다 확실한 보호장치가 되기 위해서는, 법정에서 피고인이 수사보고서 내용을 검토한 후에 진술로 그 성립의 진정을 인정해야 증거능력이 있다고 해석해야 한다.

넷째, 최근 들어 또 하나 중요하게 고려해야 할 사정변경이 있다. 바로 녹음 진술에 관한 문제다. 우리 판례나 학설 모두 녹음된 진술도 증거서류의 하나로 취급한다. 가령, 피고인의 진술을 다른 사람이 녹음한 경우 그것을 피고인의 진술을 기재한 서류라고 이해하는 것이다. 그런데 이런 경우에는 피고인이 따로 서명 또는 날인을 할 필요가 없다. 목소리가 바로 서명·날인의 역할을 하기 때문이다. 서명·날인이 있다는 게 여기서는 증거서류를 검증하는 효과가 전혀 없다. 심지어 피고인 몰래 진술녹음을 하고 그것을 증거로 제출하면 피고인으로서는 거기 대응할 방법이 더욱 궁색해질 수밖에 없다.[28]

그때 설상가상으로, 특신성을 고리로 한 증거능력 검증도 큰 효과를 발휘하지 못할 수 있다. 피고인이 은밀히 자기 죄를 고백했고, 그것을 누군가 녹음 했다면, 그 진술의 신빙성이 오히려 높다고 볼 재판부도 없지는 않을 것이기 때문이다. 특히 우리 법은 이런 결정적인 진술의 증거능력을 제한하는 다른 증거법칙을 규정해 놓고 있지 않고 있다. 미국의 경우는, 어떤 증거를 증거로 받는 경우의 이익보다 불이익이 더 큰 경우에는 증거능력을 제한하는 법칙이 있다. 피고인이 합의 등 목적으로 자신의 죄를 인정한 진술은 증거로 받지 않는 게 그 예다.[29] 그런데 우리는 그런 규정을 알지 못한다. 피고인의 말이 녹음되어 있으면 바로 증거로 내고, 위법수집증거만 아니면 법원이 증거로 받는다. 결과적으로 몰래 녹음한 피고인의 진술을 작성자에 의한 성립의 진정만으로 증거능력을 인정하는 셈이다. 피고인 입장에서 아주 불리한 증거법칙이 아닐 수 없다.

이런 진술녹음에 대해서는 특히, 진술자인 피고인이 성립의 진정을 인정할 것을 증거능력 인정 요건으로 추가해야 한다. 판례의 견해와는 달리 제313조 제1항 단서의 해석에 관해 가중요건설을 지지하는 이유가 그것이다.

3. 소결

우리 형사재판은 오늘날, 증거서류와 동의로 대체된다고 비판하는 학자들이 있다. 우리 법 상 증거서류는 그 안의 진술을 낭독하는 방법으로 증거조사를 하기 때문에 그 실질은 법정 외 진술을 조서에 적었다가 그대로 법정에서 재연하는 것과 큰 차이가 없다. 즉, 무엇을 증거서류로 할지, 그 안에 어떤 진술을 담을지는 피고인의 공정한 재판을 받을 권리를 좌지우지하는 중요한 문제가 된다. 피고인의 증거동의권이 충분히 보장되지 않는 현실에서 증거서류에 대한 검증을 까다롭게 할 수밖에 없는 이유다.

제313조 제1항 단서에 정한 서류처럼 그 작성방법에 대한 검증이 부실한 서류는 증거능력 인정 요건을 까다롭게 해야 한다. 특히 녹음테이프도 서류로 취급하는 현실에서는 더욱더 까다로운 검증이 필요하다. 그런 검증 후에 법정에서 재생하도록 해야 한다.

이런 이유로 가중요건설을 지지하기로 한다.

Ⅳ. 나오며

우리 법은 곳곳에 공판중심주의를 지향하는 장치들을 규정해 놓고 있다. 법정에서의 진술을 최우선으로 하는 증거법 체계를 갖추고 있는 것이다. 그 얘기는 거꾸로 말하면, 증거서류 상 진술을 낭독의 방법으로 법정에 현출하는 방안은 가급적 제한하고 있다는 의미다. 종래 증거서류와 증거물인 서면의 구별에 관하여 절차기준설이 득세했던 이유도 그것이다. 증거서류의 범위를 엄격하게 제한하기 위함이었다.

하지만 그런 태도를 지금까지 고집하는 것은 그다지 바람직해 보이지 않는다. 일반 사인이 작성한 서류 가운데도 낭독의 방식으로 증거 현출하는 것을 막을 이유가 별로 없어 보이는 믿을 만한 서류들이 있다. 가령, 의사의 진단서 같은 것이 그런 예다. 정확한 진술을 하지 않으면 형사책임까지 질 의사가 직접 서명·날인을 한 진단서를 제출하고, 법정에 나와서 그 성립의 진정을 인정하는데도 불구하고 그것이 국가기관의 서류가 아니라는 이유로 배척하는 것은 옳은 태도가 아닐 것이다. 일본에서 절차기준설 대신 내용기준설이 나오고, 그것이 많은 사람들의 지지를 얻은 이유가 그것이다.

하지만 내용기준설에도 치명적인 약점이 하나 있다. '증거의 문'을 여는 것과 같아서 그 문을 통해서 검증이 제대로 되지 않은 문서들이 대거 법정으로 몰려들 위험성이 있다. 소송을 목적으로 급조한 서류들을 어떻게 구별해 낼 것인가 하는 것이 중요한 과제가 되었다. 우리 입법자들은 그래서, 자필과 서명날인, 진술에 의한 성립의 진정 인정이라는 장치를 만들었다. 여기까지가 1961년 개정 전까지의 일이다. 그런데 그것만으로 충분하지 않다는 사실이 실무를 통해 드러났다. 특히 피고인 자신의 진술을 기재한 서류에 대해서는 법정에서 반대신문을 통해 다툼으로써 그 낭독을 저지할 방법도 없기 때문에 보다 신중한 검토가 필요하다는 점이 밝혀졌다. 1961년 입법자들이 검사 피신조서와 함께 제313조 제1항 단서의 적용을 받는 피고인의 진술을 기재한 서류에 대해서도 이중의 안전장치를 둔 이유가 그것이다. 즉, 그 서류 상 진술을 낭독하기 위해서는 진술자인 피고인 자신이 성립의 진정을 인정함은 물론이고, 작성자도 성립의 진정을 인정하여야 하고, 추가로 특신성도 증명되어야 한다고 바꾸었다. 특히 피고인에게 일방적으로 유리한 진술이 현출될 가능성도 있기 때문에 작성자도 같이 성립의 진정을 인정해 주어야 한다고 증거능력 인정 요건을 전반적으로 강화한 것이다.

1961년으로부터 60년 이상이 흐른 지금, 제313조 제1항 단서는 당시 입법자가 전혀 생각해 보지 못한 곳에서 그 진가를 발휘하고 있다. 바로 피고인의 진술녹음 분야이다. 각종 전자기기를 통해 피고인의 진술이 대거 법정에서 재생될 위험과 관련해서 제313조 제1항 단서가 의미 있는 구제책이 될 수 있다. 특히 미국처럼, 일정한 녹음 진술에 대해서는 그 증거가치보다 그것을 증거로 함으로써 발생할 수 있는 다른 폐해가 클 경우 증거로 쓸 수 없도록 하는, 그런 안전장치도 우리에게는 없다. 쉽게 말해서, 피고인의 자백진술을 녹음한 것도 어떤 경

우에는 틀 수 없도록 하는 그런 배려도 우리 법에는 없다는 뜻이다. 이런 상황에
서 피고인의 녹음이 법정에 들어오는 관문을 조금이라도 좁힐 필요가 있다. 가
중요건설에 따를 때, 그 역할을 우리 법 제313조 제1항 단서가 할 수 있다. 즉,
피고인의 진술을 녹음한 서류는 피고인과 작성자가 모두 진술로 성립의 진정을
인정하고, 특신성이 증명되어야 증거로 할 수 있도록 하는 것이다.

의도한 바는 아닐지 몰라도, 제313조 제1항 단서는 오늘날 무분별한 녹음에
대항하는 피고인 보호장치로서 중요한 역할을 할 수 있다. 즉, 녹음된 피고인의 진
술은 피고인 스스로 성립의 진정을 인정할 때에만 증거능력을 얻게 되는 것이다.

제 4 장

크로포드 판결에서 우리가 배울 게 있다면

2007			특신상태
311			
312	①	본문	
		단서	
	②	본문	
		단서	추가+
	③		
	④	본문	
		단서	추가+
	⑤		
	⑥		
313	①	본문	
		단서	
	②		
314	본문		
	단서		
315(iii)			(신용)
316	①		
	②		

Ⅰ. 들어가며

  마이클 크로포드(Michael Crawford)는 케네스 리(Kenneth Lee)라는 자가 자기
부인인 실비아 크로포드(Sylvia Crawford)를 강간하려 했다는 얘기를 듣고 화가

치밀어 올랐다. 부인 실비아를 앞세우고 리의 아파트로 찾아갔고, 크로포드와 리는 말다툼 끝에 흉기를 든 싸움에 휘말렸다. 크로포드가 리의 가슴을 흉기로 찌르게 된 것이다. 결국 리에 대한 살인미수 및 상해 혐의로 기소된 크로포드는 정당방위를 주장했다. 크로포드에 대한 재판에서 쟁점은 리가 먼저 칼을 꺼내 들었고 그에 대한 크로포드의 반격이 정당방위였느냐 하는 점이었다.

경찰은 크로포드와 그 부인 실비아에 대해서 각각 심문을 하고 그 진술을 녹음해서 증거로 제출했다. 리의 아파트에 가게 된 과정, 싸움이 벌어지게 된 상황 등 대부분의 내용에 대해서는 두 사람의 진술이 비슷했다. 다만 한 가지, 리가 먼저 손에 칼을 들었는지, 아니면 칼도 들지 않은 리를 크로포드가 먼저 찔렀는지에 대해 두 사람의 진술이 갈렸다. 그 가운데 부인 실비아의 진술을 녹음된 그대로 확인해 보기로 한다.

Q. Did Kenny do anything to fight back from this assault?

A. (pausing) I know he reached into his pocket ... or somethin'... I don't know what.

Q. After he was stabbed?

A. He saw Michael coming up. He lifted his hand...his chest open, he might [have] went to go strike his hand out or something and then (inaudible).

Q. Okay, you, you gotta speak up.

A. Okay, he lifted his hand over his head maybe to strike Michael's hand down or something and then he put his hands in his ... put his right hand in his right pocket ... took a step back ... Michael proceeded to stab him ... then his hands were like ... how do you explain this ... open arms... with his hands open and he fell down ... and we ran (describing subject holding hands open, palms toward assailant).

Q. Okay, when he's standing there with his open hands, you're talking about Kenny, correct?

A. Yeah, after, after the fact, yes.

Q. Did you see anything in his hands at that point?

A. (pausing) um um (no).[1]

(문: 리가 공격을 받은 다음에 반격을 했나요?

답: (잠시 쉬었다가) 주머니로 손을 가져갔던 것 같아요. 아니면 여기...잘 모르겠어요.

문: 칼에 찔린 다음에요?

답: 리가 남편이 다가오는 것을 봤어요. 그래서 손을 들었고...가슴을 편 상태에서 남편 손을 뭔가로 쳐내려고 했던 것 같은데(잘 들리지 않는다).

문: 잘 안 들리거든요?

답: 알았어요. 리가 손을 머리 위로 들어서 남편 손인지 무슨 물건인지를 떨어뜨리려고 했고, 그 다음에 손을...그러니까 오른손을 오른쪽 주머니에 넣고...한 걸음 뒤로 물러나니까...남편이 그를 찌르려고 다가섰고...그때 리의 손은 이렇게...어떻게 설명해야 할까요...팔을 벌린 채로 손을 편 다음에 쓰러졌어요...그래서 우리는 막 도망갔죠(손을 펴서 손바닥을 가해자에게 보여주는 자세를 취하면서)

문: 그러니까, 서서 손을 펼친 건, 리를 말하는 건가요?

답: 예. 맞아요. 리요.

문: 그 시점에 리의 손에 뭔가 들려 있었나요?

답: (잠시 쉬었다가) 아니오.

결국, 실비아는 칼도 들지 않은 리를 크로포드가 칼로 찔렀다고 진술한 셈이다. 그럼으로써 자기 남편인 크로포드의 범죄사실에 대한 유력한 증인이 되었고, 남편을 리의 집으로 데리고 간 살인미수 및 상해죄의 '방조'범으로서 자신의 죄책까지 자백하게 되었다.

실비아의 진술녹음이 유력한 증거가 되어 제1심에서는 배심원들이 유죄로 평결했다. 하지만 제2심은 실비아의 진술이 신빙성이 떨어진다는 이유로 제1심 판결을 뒤집었고, 다시 워싱턴주 대법원은 실비아의 진술이 전문법칙의 예외로서 특신성이 있다는 이유로 유죄를 선고했다.[2]

크로포드는 형사피고인에게 보장된, 자신에게 불리한 증인을 대면할 권리인 수정헌법 제6조 위반으로 연방대법원에 헌법소원을 제기했다. 그 다음에 벌어진 일은 이미 우리나라에서도 많은 문헌을 통해서 소개된 바와 같다.[3] 실비아의 진술녹음을 증거로 채택한 것은 수정헌법 제6조 형사피고인의 대면권을 침해한 것으로서 헌법 위반이고, 따라서 크로포드에 대한 유죄판결을 연방대법원이 파기하게 된 것이다.

2004년에 나온 크로포드 판결은 비슷한 시기에 진행되었던 우리나라 사법개혁 논의에서도 중요한 참고자료가 되었다. 특히 피고인의 반대신문권(right of cross-examination) 또는 대면권(right of confrontation)을 강조하는 판결로 알려졌고, 우리 법 제312조 제4항의 개정에도 영향을 주었다. 참고인진술조서의 증거능력 인정요건으로 반대신문의 기회가 보장되어야 한다는 점, 조서 상 진술에 특신상태(특별히 신빙할 수 있는 상태 하에서 진술이 행하여졌어야 한다는 내용)가 있어야 한다는 점을 추가하는 계기가 된 것이다.[4]

그런데 이 과정에서 두 가지 이상한 점이 발견된다. 첫째는 크로포드 판결 자체가 이상하다는 것이고, 둘째는 그걸 우리 법에 도입 또는 계수하는 과정이 이상하다는 것이다. 아래에서는 '이상한 판결의 이상한 계수'라는 제목 하에 제312조 제4항 개정 과정의 문제점을 지적하면서 우리 증거법 규정의 개정 방안을 제시하고자 한다.

Ⅱ. 이상한 판결과 이상한 계수

1. 이상한 판결

'미국판 공판중심주의'의 재정립에 기여한 판결임에도 불구하고 크로포드 판결에는 여러 가지 이상한 면이 있다.

첫째, 등장인물 가운데 공범자로 지목된 실비아 크로포드가 이상하다. 실비아는 남편인 크로포드를 피해자의 집으로 안내한 사람이다. 남편이 피해자를 만나면 어떤 일이 벌어질지 뻔히 알면서도 그를 데리고 범행현장으로 갔다. 당연히 자신의 경솔함에 책임을 느껴야 함에도 불구하고, 정작 경찰 진술에서는 남편 편을 들지 않았다. 칼도 들지 않은 피해자를 남편이 찔렀다는 취지로 진술하고 있는 것이다. 그 진술의 증거능력이 이 사건에서 가장 중요한 쟁점이 되었다.

그렇다고 실비아가 경찰에게 사실대로 정확하게 진술했다고 보기도 어렵다.

사건이 일어나고 나서 곧장 체포된 두 사람은 두 번에 걸쳐 경찰 심문을 받는다. 그런데 첫 번째 심문에서는 앞에서 본 시나리오와 전혀 다른 이야기를 한다. 즉, 마이클 크로포드와 실비아, 케네스 리 세 사람이 리의 집에 모여 있었고, 마이클이 술을 사러 갔다가 와 보니 리가 실비아를 겁탈하려 했으며, 그걸 보고 크로포드가 리를 칼로 찌르게 되었다고 진술했다. 그런데 그 진술이 두 사람 마음에 들지 않았던 모양이다. 두 사람은 바로 몇 시간 후에 같은 경찰관에게 다른 버전의 진술을 내놓는다. 리의 성폭행 미수 사건이 발발한 것은 몇 주 전의 일이고, 사건 당일은 그 일로 화가 나서 리의 집에 찾아갔으며, 그 기회에 싸움이 일어났다는 것이다. 크로포드 판결문에 정리된 사실관계로 말을 바꾼 것이다.[5)]

이처럼 실비아라는 인물의 진술번복과 상식에 맞지 않는 진술로 인해서 이 사건 전체가 많이 꼬이게 되었다. 그것이 우선 이상한 대목이다.

둘째, 그것만큼이나 이상한 것은 피고인이 부부 간 증언거부특권(marital privilege against testimony)을 주장했다는 사실이다. 이 사건이 연방대법원으로 가게 된 결정적인 계기는 수정헌법 제6조 위반 때문이다. 즉, 피고인에게 불리한 증인을 대면할 기회를 주지 않았다는 것인데, 그 불리한 증인이란 다름 아니라 부인 실비아다. 실비아가 경찰에게 '정당방위가 아니다'라고 진술을 하는 바람에 불리한 증인으로 분류된 것이다. 피고인은 '불리한 증인인 내 부인을 대면하게 해 달라'고 요구하고 있다. 수정헌법 제6조를 들먹인 이유가 그것이다. 그런데 그 부인을 법정에 나오지 못하게 한 것은 국가도 아니고, 검찰 측도 아니다. 바로 피고인 자신이다. 워싱턴 주법에 의하면 혼인관계에 있는 일방은 타방이 법정에서 증언하는 것을 못하게 막는 특권, 즉 부부 간 증언배제특권이 있다.[6)] 이걸 어떤 주에서는 증언을 하게 될 자가 주장할 수도 있고, 또 어떤 주에서는 그 증언으로 인해 불리한 지위에 놓일 자가 주장할 수도 있는데, 워싱턴 주는 후자였다. 그래서 실비아가 법정에 못 나오게 된 것이다.

그런데 여기 또 하나 문제가 있다. 실비아가 법정에 나와서 증언을 못하게 하는 데는 성공했지만, 그녀의 법정 외 진술(out-of-court statement)이 증거로 들어오는 것을 막을 수는 없었다는 점이다. 앞에서 본 '정당방위가 아니다'라는 진술은 경찰 앞에서 한 것이고, 증거로 제출된 것은 그 진술녹음(recorded statement)이었다. 워싱턴 주법에 따르면 부부 간 증언배제특권은 법정 외 진술인

진술녹음에는 적용되지 않는다. 실비아가 나와서 불리한 증언을 하는 것을 막을
수는 있어도, 법정 외 진술이 들어와 법정에서 불리한 증언이 되는 것은 막을 수
없었다.[7] 그러자 이번에는 크로포드가 전략을 바꾼다. 수정헌법 제6조를 걸고넘
어진 것이다. 법정 외 진술의 주체인 실비아를 자신이 법정에서 대면해서 반대
신문을 하지 못했기 때문에, 결과적으로 불리한 증인을 대면할 권리가 침해된
것이고, 헌법 위반이라는 것이다.

　　바로 이 점이 이 판결 전체를 우스꽝스럽게 보이게 하는 대목이다. 국가가
유력한 증인을 숨긴 것도 아니고, 본인이 스스로 못 나오게 해 놓고, 그 증인을
대면하지 못했다고 위헌이라고 주장하는 것이 선뜻 이해가 되지 않는다. 이 이
상한 부분 때문에 미국사회는 뜻하지 않게, 형사재판과 형사절차에 관한 본질적
인 질문 하나와 마주치게 된다. 즉, "법정 외 진술을 전문법칙의 예외로서 증거
로 받는 것이 헌법 상 대면권 조항에 위반되는 것은 아닌가?"라는 까다로운 질문
에 대답해야 할 처지에 놓인 것이다.

　　셋째, 그 대답을 한 사람은 오래전 에드워드 코크 경(Sir Edward Coke)이 앓
았던 것과 같은 지독한 '스페인 혐오증'을 앓고 있는 스칼리아 대법관(Justice
Scalia)이었다. 다수의견을 쓴 스칼리아는 대륙법의 직권주의, 그중에서도 스페인
직권주의에 대한 엄청난 반감을 가진 사람이다. 판결문에서 여러 군데에 걸쳐
직권주의와 스페인을 비아냥거리는 다음과 같은 말을 쏟아낸 바 있다.

　　The judges refused and, despite Raleigh's protestations that he was being
tried "by the Spanish Inquisition," the jury convicted, and Raleigh was
sentenced to death.[8]
　　(판사들이 거부했고, 롤리가 "이렇게 하면 스페인 규문주의와 뭐가 다르냐?"
라고 항변했음에도 불구하고 배심원들은 사형을 선고했다)

　　Congress possessed of powers enabling them to institute judicatories little
less inauspicious than a certain tribunal in Spain,... the Inquisition.[9]
　　(의회는 스페인의 규문주의와 크게 다르지 않은 불길한 사법제도를 도입할
힘을 가지고 있다.)

이런 글들에서 엿볼 수 있는 스칼리아의 생각은, 실비아의 증언을 받아서 증거로 하는 것은 스페인의 직권주의 또는 규문주의에서나 하는 짓이지, 영미법은 그렇게 하면 안 된다는 것이었다.

그런데 그의 이러한 결론은 상당히 위험한 요소를 가지고 있다.

전세계의 형사사법 제도를 크게 둘로 나누면 대륙법 상 직권주의가 있고, 영미법 상 당사자주의가 있다. 대륙법에서는 재판 전에 예심판사를 포함한 사법관이 법정 외에서 받아낸 진술을 법정에서 증거로 쓰는 반면에, 영미법에서는 법정에 증인이 직접 나와서 한 진술을 기초로 유무죄를 판단한다. 영국에서 "재판은 배심원과 증인이다"라고 강조하는 이유가 그것이다.

하지만 2003년의 재판에서 그 같은 주장을 하는 것은 그다지 현실적인 태도는 아니다. 모든 증인을 법정에 불러서 진술을 듣는다는 것 자체가 비현실적인 세상이 되어 버렸기 때문이다. 증인 중에는 이미 죽은 사람도 있고, 멀리 떠난 사람도 있고, 기억이 온전치 못한 사람도 있고, 심지어 진술을 거부하는 사람도 있다. 증인이 법정에서 진실을 말할 상황 자체가 되지 않는 경우도 얼마든지 있다. 그때마다 증인을 피고인이 대면하지 못했기 때문에 위헌이다, 라고 말하면 그 뒷감당을 어떻게 할지, 심히 걱정스럽지 않을 수 없다. 요즘은 어떤 나라도 "재판은 증인과 배심원이다"라고 과감하게 선언할 상황이 아니다.

특히 미국의 경우는 수백 년 동안 법정 외 진술을 받아서 재판을 해 온 역사가 있다. 법정 외 진술이라도 증거로 받을 필요가 있고, 특신성이 증명되면 증거로 할 수 있다는 전문법칙과 그 예외 이론에 따라서 이미 수백 만 건의 재판을 해 왔고, 그것이 판례법으로 쌓여 있으며, 연방과 각주의 증거법칙으로 성문화되기까지 했다. 연방증거규칙(Federal Rules of Evidence)이라는 베스트셀러 법률에서 인정하는 전문법칙의 예외가 항목으로만 31개에 이르고, 덧붙여 포괄적 예외까지 두고 있다. 웬만한 법정 외 진술은 전문법칙의 예외를 타고 법정에 들어오는 게 현실이고, 연방재판의 현실도 그것과 다르지 않다.

그런 상황에서, 이 이상한 크로포드 부부를 위해, 종전 재판이 전부 전통적인 영미법 재판, 그리고 미국헌법의 창시자들이 생각한 재판과 다르다고 선언하는 것이 과연 최선의 선택이었을까?

스칼리아 대법관은 400년 이상의 역사를 거슬러 올라가서 1603년에 벌어진

Walter Raleigh의 재판에 초점을 맞추고 있다. 그러면서 불리한 증인의 법정 외 진술을 증거로 받을 게 아니라, 증인 자신을 직접 법정에 세우는 것이 영미 보통법이 생각하는 올바른 재판이었다고 결론을 내린다. 그렇게 함으로써, 연방은 물론이고 미국 대부분의 주에서 전문법칙의 예외로 인정하는 것들을 근본적으로 부정하는 판결을 내놓은 것이다. 크로포드 판결의 특이한 점이 바로 그것이다.

우리처럼 조서를 증거로 내는 것도 아니고, 경찰 앞에서 녹음된 진술을 내놓는 것은 미국 어느 주에서나 매일 하는 일이다. 과연 그와 같은 지난 수백 년간의 실무를 근본적으로 부정할 만큼, 실비아 크로포드의 진술이 문제가 있었는지, 되묻지 않을 수 없다.

넷째, 스칼리아 대법관의 흠은 여기서 그치지 않는다. 그런 과격한(?) 결론을 내리면서도 그는 또 단서를 달고 있다. "특신성이 있다는 이유로 법정 외 진술을 증거로 받는 것은 피고인의 대면권을 침해하는 것으로 위헌이다"라고 선언한 다음에, "단, 그 진술이 증언적 가치가 있을 경우는 이런 원칙이 그대로 적용되지만, 증언적 가치가 없는 진술의 경우에는 종래대로 전문법칙의 예외 이론을 적용해도 된다"라고 한 발 물러선 것이다.

911로 긴급 신고전화가 온다고 치자. 낸시라는 여성이 전화기에 대고 "폴이 저를 막 때려요!"라고 신고하는 상황이다. 경찰이 도착해 보니 낸시는 이미 폴에게 맞아 죽었고, 폴은 자신이 때린 게 아니라고 부인한다면? 크로포드 판결에서 스칼리아 대법관의 결론에 따르면 "폴이 저를 막 때려요!"라는 진술은 폴의 살인죄를 입증하는 증거로 쓸 수 없다. 헌법 상 낸시를 대면할 기회를 주지 않은 진술이기 때문이다. 그런데 이 부분에서 스칼리아는 진술을 둘로 나눈다. 하나는 증언하듯이 자세를 잡고 하는 진술이고, 다른 하나는 법정 증언과는 전혀 분위기가 다른 상황에서 별 생각 없이 튀어나온 진술이다. 앞의 것을 증언적 진술(testimonial statement)이라고 하고, 뒤의 것을 비증언적 진술(non‒testimonial statement)이라고 한다. 앞에서 본 낸시의 진술은 증언적 진술이 아니라 비증언적 진술이다. 폴의 형사책임을 주장하면서 증언하듯이 하는 진술이 아니라, 위급한 상황에서 구조를 청할 목적으로 한 진술이기 때문이다. 스칼리아 대법관은 이런 비증언적 진술에 대해서는 종전의 이론이 그대로 적용된다고 한다. 그 진술이 동시에 전문법칙의 예외에 해당한다면 증거로 써도 헌법 위반이 되지 않는다는 것이다.

앞의 사례에서 상황을 조금 바꿔서 911 신고를 받고 경찰이 도착했고, 낸시가 맞기는 했지만 죽지는 않았다고 치자. 경찰은 낸시를 거실로 따로 불러서 무슨 일이 있었는지 묻는다. 이때 낸시가 경찰에게 "폴이 저를 마구 때렸어요"라고 대답하고, 경찰이 이를 녹음해서 제출한다면 어떻게 될까? 그런 진술을 증거로 받는 것은 피고인 폴의 대면권을 침해하는 것으로 위헌이 된다. 낸시가 경찰에게 한 진술은 증언적 진술이고, 증언적 진술에 대해서는 헌법 상 대면권을 보장해 주어야 하기 때문이다.

사실, 스칼리아 대법관이 크로포드 판결에서 피고인의 대면권 조항에 관해 내린 결론은 피고인에게 엄청나게 유리한 것이었다. 불리한 진술을 할 증인을 전부 법정에 데려오라는 것이니까 이것 이상으로 피고인을 보호하는 조치는 생각하기 어려울 정도다. 하지만 그로 인해서 국가가 지게 될 부담 역시 상상 이상이다. 모든 불리한 증인을 잘 보호해서 법정에 데려오는 일은 복잡한 현대사회에서 당연히, 비용이 많이 드는 일이다. 또, 경우에 따라서는 비용을 아무리 들여도 가능하지 않은 일일 수 있다. 모든 상해 사건에서 진찰한 의사를 다 데려와야 되고, 모든 음주운전 사건에서 혈중알코올농도를 잰 사람을 다 데려와야 된다고 생각해 보라. 그게 얼마나 힘든 일인지 금세 이해가 될 것이다.

그런 현실을 감안해서 스칼리아 대법관은 마지막에 작은 길 하나를 터 주었다. 그것이 바로 앞에서 설명한, '비증언적 진술의 예외'이다. 나중에 증언으로 쓰일 것을 예정하면서 국가기관에게 자세를 잡고 한 진술이 아니라, 일상생활에서 한 진술은 대면 없이 법정에 들여와서 증거로 할 수 있다는 뜻이다. 예를 들면, 같은 의사의 진단서라도 간호사나 다른 의사에게 지시할 목적으로 "전치 4주, OOO 투여"라고 적은 거라면 비증언적 진술이고, 법정에서 증언으로 쓰일 걸 알면서 "피해자 전치 4주"라고 적은 거라면 증언적 진술이 된다. 증언적 진술은 진술자가 법정에 나와서 반대신문을 받으면서 다시 진술하지 않으면 증거로 쓸 수 없다.

결국, 스칼리아 대법관은 대면권 조항 자체는 엄격하게 해석하면서, 그 적용 대상에는 제한을 두었다. 이제부터, 법정 외 진술을 증거로 내고 싶은 사람은 대면권을 해석하려고 애쓸 것이 아니라, 그 진술이 비증언적 진술이라는 점을 입증하는 편이 훨씬 나은 전략이라고 할 수 있다. 그 경우는 종전처럼 전문법칙의 예외를 주장해서 증거로 낼 수 있기 때문이다. 그런데 스칼리아 대법관은 무엇이 증언적 진술인지, 비증언적 진술인지에 대해서는 다시, 뚜렷한 결론을 내리지 않고 있다. 실비아 크로포드의 진술이 증언적 진술이라는 점은 의문이 없다고 하면서, 구체적으로 무엇이 증언적 진술인지에 대해서는 앞으로 재판을 할 사람들이 알아서 정하라고 한 발 물러섰다. 마치 라드부르흐(G. Radbruch)가 그랬던 것처럼, "여기 내가 해결하지 못하는 극명한 모순관계가 있으니 조심하여 잘 판단하라"라고 주문하고 만 꼴이다."10)

판결문에서도 언급한 것처럼 2004년 크로포드 판결은 그보다 400년 전인 1603년 월터 롤리 판결과 많은 면에서 비슷하다. 제임스 5세 시해 음모로 재판을 받은 롤리에게 불리한 증거는 공범자 코브햄(Cobham)이 적어 낸 자술서가 전부나 다름없었다. 그 자술서에서 코브햄은 롤리와 같이 왕을 죽일 음모를 꾸몄다고 자백하고 있다. 에드워드 코크 경이 검사로 나선 그 재판에서 롤리는 "코브햄을 데려와라. 그러면 내가 죽겠다"라고 강변했음에도 불구하고 재판부는 코크 경의 손을 들어주었고, 코브햄을 데려오지 않았으며, 그 상태로 사형판결이 내려졌다.

스칼리아 대법관은 다시 그 지점으로 돌아가 롤리 판결의 결론을 바꾸고 싶어한다. "우리 법에서 재판은 배심원과 증인이다. 증인을 대면해서 반대신문할 기회를 주지 않았기 때문에 위헌이다"라고 결론을 내리는 이유가 그것이다. 죽은 롤리는 별 수 없지만, 살아 있는 크로포드라도 구할 심산인 것이다.

그런데 문제는, 롤리와 크로포드는 상황이 너무 다르다는 데 있다. 롤리는 국가가 나서서 증인과 피고인의 대면을 막았지만, 크로포드는 본인 스스로 대면을 거부한 사람이다. 데려오지 못하게 하면서 데려오지 않았다고 위헌이라는 그의 주장을 받아들여주어서는 안 되는 이유다. 크로포드는 그렇게 막대한 비용을 들여서 꼭 구해야 할 억울한 피고인이 아니다.

아니, 심지어 국가가 막았다고 해도, 이제는 세상이 바뀌었다는 점을 무시해서는 안 된다. 불리한 증인을 매번 피고인과 대면시키는 것은 냉정하게 말해서 지금의 미국사회가 할 수 있는 일이 아니다. 그로 인한 이익보다 피해와 혼란이 더 클 수도 있다고 여러 사람들이 경고한 바 있다. 규문주의를 취하던 스페인과는 다른 재판을 해야 한다는 스칼리아 대법관의 충정을 모르는 바 아니지만, 그 충정을 드러내는 지점으로 크로포드는 적절한 사례가 아닌 것 같다.

2. 이상한 계수

(1) 문제의 소재

2006년 사법개혁의 와중에 200개 조나 되는 형사소송법이 개정 또는 제정된 바 있다. 그 변동 폭이 너무 커서 우리 법원행정처가 『개정법률해설』이라는 해설서를 따로 내서 설명을 시도할 정도였다. 그 해설서에 보면 제312조 제4항 참고인진술조서의 개정과 관련해서 다음과 같은 설명이 나온다.

> 2004년 3월 미국 연방대법원은 크로포드 사건에서 피고인의 반대신문권이 보장되지 않는 한 원진술자가 공판기일에서 그 실질적 진정성립을 인정하더라도 증거능력이 없다고 판시함으로써 참고인진술조서의 경우 피고인의 반대신문권의 보장이 얼마나 중요한지 역설하였다.[11]

2004년 크로포드 판결이 우리 법 상 참고인진술조서 규정의 개정에 영향을 미쳤다는 취지의 언급이다. 그런데 이 가운데 다음 두 가지는 명백히 잘못된 설명이기 때문에 여기서 일단 바로잡고자 한다.

첫째, "원진술자가 공판기일에서 그 실질적 진정성립을 인정하더라도 증거능력이 없다?"

원진술자가 공판기일에서 그 실질적 진정성립을 인정하더라도 증거능력이 없다고 크로포드 판결이 판시했다는 설명이다. 크로포드 판결에서 문제된 진술의 진술자는 실비아 크로포드인데, 그녀는 법정에 출석한 바가 없다. 따라서 그녀가 공판기일에서 실질적 진정 성립을 인정했다는 것은 사실과 다르다. 그리고 소위 말하는 '실질적 진정 성립'은 증거서류인 각종 '조서'에 관하여 우리 법이 고유하게 요구하고 있는 증거능력 인정 요건이다. 미국 재판에서는 조서가 증거로 쓰이지 않기 때문에 그 조서에 관하여 실질적 진정 성립을 인정했다는 취지의 설명도 사실이 아니다. 크로포드 판결에서 원진술자인 실비아 크로포드는 법정에 나오지 않았고, 그녀의 진술을 담은 녹음테이프만 증거로 제출되었으며, 그 녹음테이프가 전문법칙의 예외에 해당함에도 불구하고 크로포드의 헌법 상 대면권 조항을 침해했으므로 증거능력이 없다고 한 것이 크로포드의 결론이다.

둘째, "참고인진술조서의 경우 피고인의 반대신문권의 보장이 얼마나 중요한지 역설[했다]?"

바로 앞에서 본 것처럼 미국에는 참고인진술조서라는 서류 자체가 없다. 따라서 참고인진술조서로 인해서 피고인의 반대신문권이 침해된다는 설명 자체가 맞지 않다. 다만, 피고인의 반대신문권의 보장이 중요하다는 지적은 맞다. 크로포드 판결은 시종 피고인의 반대신문권 보장의 중요성을 설파하고 있다. 하지만 이것도 간단하게 결론을 내릴 문제가 아니다. 이 점에 대해서는 아래에서 다시 자세히 설명하기로 한다.

우리 『개정법률해설』에서 짤막하게나마 크로포드 판결에 대한 이야기가 나오는데, 위 두 가지 지적에서 보는 바와 같이 크로포드 판결의 취지를 깊이 검토한 후에 첨부한 설명은 아닌 것 같다.

결론적으로 말해서, 크로포드 판결의 취지를 우리 법에서 구현하는 것은 근본적으로 불가능하다. 굳이 판결문을 인용하지 않고, 깊은 이론적 설명 없이, 가장 상식적인 수준에서 한 번 질문을 해 보자. 우리 형사재판에서 피고인에게 불리한 증언을 할 자를 전부 법정에 데려올 수 있을까? 당연히 그럴 수 없다. 법정증언(live testimony)을 그렇게 강조하는 미국도 잘 할지 말지 모르는 것을 대륙법 국가인 우리가 잘 해 낼 리가 없다. 우리는 크로포드 판결 이후에도 법정 외 진술을 받아서 증거로 쓸 수밖에 없다. 형사재판을 하지 않는다면 모를까, 계속 한다면 우리는 법정 외 진술을 전문법칙의 예외로든, 직접주의의 예외로든, 받아서 쓰지 않을 수 없다.[12] 그런데 크로포드 판결은 그것 자체를, 안 된다고 하는 판결이다. 우리가 최소한 그 본령을 계수하기에 적절한 판결이 아니라고 보는 이유다.

아래에서는 구체적으로 크로포드 판결이 목표로 삼는 재판 및 증거법과 우리가 계속 유지할 수밖에 없는 재판 및 증거법이 어떤 면에서 다른지, 그리고 우리 법이 크로포드 판결을 참고로 하는 것이 왜 잘못된 것인지 설명하기로 한다.

(2) 쟁점과 검토

첫째, 우리는 크로포드 판결이 형사재판에서 피고인의 반대신문권을 보장하는 판결로 알고 있다. 그래서 2007년에 크로포드를 참고해서 제312조 제4항을 개정할 때 "원진술자를 신문할 수 있었을 때에는"이라는 문구를 추가한 바 있다. 아래 표에서 보는 바와 같다.

종전 조항		개정 조항(§312④)
검사 (§312①)	① 검사가 피의자 아닌 자의 진술을 기재한 조서는 공판준비 또는 공판기일에서의 원진술자의 진술에 의하여 그 성립의 진정함이 인정된 때에는 증거로 할 수 있다.	검사 또는 사법경찰관이 피고인이 아닌 자의 진술을 기재한 조서는 적법한 절차와 방식에 따라 작성된 것으로서 그 조서가 검사 또는 사법경찰관 앞에서 진술한 내용과 동일하게 기재되어 있음이 원진술자의 공판준비 또는 공판기일에서의 진술이나 영상녹화물 또는 그 밖의 객관적인 방법에 의하여 증명되고, 피고인 또는 변호인이 <u>공판준비 또는 공판기일에 그 기재 내용에 관하여 원진술자를 신문할 수 있었던 때</u>에는 증거로 할 수 있다. 다만, <u>그 조서에 기재된 진술이 특히 신빙할 수 있는 상태 하에서 행하여졌음이 증명된 때</u>에 한한다.
사경 (§313①)	① 전2조의 규정 이외에 피고인이 아닌 자[의] 진술을 기재한 서류는[...]그 서명 또는 날인이 있는 것은 공판준비나 공판기일에서의 그[...]진술자의 진술에 의하여 그 성립의 진정함이 증명된 때에는 증거로 할 수 있다.	

표 왼쪽은 2006년 당시 검사 작성 참고인진술조서 규정과 사경 작성 참고인진술조서 규정이었다. 그에 따르면 진술자가 법정에 나와서 성립의 진정을 인정하면 그 조서들을 증거로 쓸 수 있었다. 그런데 그 조항이 개정되어 표 오른쪽 제312조 제4항으로 통합되었다. 그러면서 밑줄 친 부분과 같이 첫째, 원진술자인 참고인을 법정에서 신문할 기회를 주어야 하고, 둘째, 특신성이 있어야 한다는 단서를 달았다.

그 가운데 '신문할 기회를 준다'는 것은 당연히, 참고인진술조서 상 진술로 불이익을 입을지 모르는 피고인을 보호하기 위한 조치다. 그런데 내막을 자세히 따져 보면, 크로포드가 말하는 반대신문권과 우리가 위 조항에 추가한 신문의 개념 자체가 다르다. 실비아처럼 법정에 나와서 진술하지 않고 법정 밖에서 진술하는 참고인의 진술에 대해서 미국 판결들은 다음과 같이 그 위험성을 지적하곤 한다.

Traditionally, there are four risks associated with hearsay evidence, and thus four reasons why hearsay evidence is excluded: (1) faulty perception (the risk that the declarant may have inaccurately perceived the events at issue in her statement); (2) faulty memory (the risk that the declarant does not accurately recall the details of the events at issue in her statement); (3) faulty narration (the risk that the declarant may misspeak or be misunderstood); and (4) insincerity (the risk that the declarant is not being truthful when she speaks). It is believed, for three reasons, that requiring the declarant to appear at trial and testify first—hand to what she observed will reduce these risks as compared with having a third party testify to what the declarant said: (1) the declarant is under oath (and thus to some extent more likely to speak truthfully); (2) the trier of fact is able to observe her demeanor; and (3) she is subject to cross—examination.13)

(전문증거에 어떤 위험이 있는지, 왜 증거로 할 수 없는지에 대해서 전통적으로 다음과 같은 네 가지 점이 지적되고 있다. (1) 인지의 오류 (진술자가 쟁점이 된 사건에 관하여 부정확하게 인지하고 진술할 위험); (2) 기억의 오류 (진술자가 쟁점이 된 사건에 세부에 관하여 부정확하게 기억해서 진술할 위험); (3) 진술의 오류 (진술자가 잘못 진술할 위험); (4) 진실성의 결여 (진술자가 진술을 하는 데 있어서 솔직하지 못할 위험). 이런 위험들 때문에 진술자가 법정에 나와서 경험한 바를 직접 진술하게 하고, (1) 진술자에게 선서를 시키며 (이를 통해 어느 정도는 진실을 말하도록 하는 효과가 있다); (2) 사실판단자가 진술자의 태도를 지켜보고; (3) 진술자에 대한 반대신문을 함으로써 제3자가 대신 진술할 때와 비교해서 위험성을 낮출 수 있다고 본다.)

실비아의 경우도 마찬가지다. 그녀가 사건 현장에서 인지하고, 기억하고, 진술하는 과정에서 오류가 있을 수 있다. 또, 일부러 거짓말을 했을 수도 있다. 이것이 바로 법정 외 진술에 도사린 위험이다. 따라서 법정에서의 반대신문을 통해서 그 진술의 진위를 검증한 다음에라야 그녀의 진술을 증거로 쓸 수 있다는 것이 전문법칙의 취지다.

그런데 이와 같은 '정통적인' 반대신문을 모든 경우에 구현하기란 쉽지 않다. 일일이 불러와서 실시간 반대신문을 하면서 증언을 듣는 것이 쉽지 않다는 말이다. 그래서 그와 엇비슷한 반대신문으로 만족해야 하는 경우도 있다. 그런 대표적인 경우가 바로 증인의 종전 진술을 듣는 상황이다. 가령, 어떤 증인이 법정 외에서 진술을 하고, 이어서 다시 본 법정에 와서 증언을 하는 상황을 가정해 보자. 그리고 편의 상 법정 외에서의 진술을 진술1이라고 하고, 법정에서의 진술을 진술2라고 하자. 진술2를 증거로 하는 데는 아무런 문제가 없다. 현재 법정에 나온 그 증인을 대상으로 반대신문을 하면 되기 때문이다. 문제는 진술1이다. 진술1에 대해서는 반대신문을 할 기회가 없었다. 그 점을 강조한다면 그런 진술은 증거능력을 인정해서는 안 된다. 하지만 진술1을 한 당사자가 현재 법정에 나와 있기 때문에 지금이라도 '뒤늦게' 반대신문을 할 수는 있다. 법정에 나와서 진술2를 말하는 증인에게 그렇다면 왜 그 전에는 진술1과 같은 진술을 법정 외에서 했는지 추궁할 수는 있다. 그렇다면 이런 것도 반대신문의 일종으로 볼 수 있을까?

크로포드 판결은 이 점에 있어서 어떤 학설이나 판례보다 단호하다. 수정헌법 제6조는 대질을 통해 반대신문할 권리를 보장하는 조항이라고 해석하면서, 가장 중요한 것은 사실판단자 앞에서 이루어지는 '실시간' 반대신문이라고 한다.

"Nothing can be more essential than the cross examining [of] witnesses, and generally before the triers of the facts in question."14)
(쟁점이 된 사실을 직접 판단하는 자 앞에서 증인을 반대신문하는 것 이상으로 중요한 것은 없다.)

현재 쟁점이 된 사실("크로포드의 공격이 정당방위였는지 여부")의 판단자 앞에서 실시간으로 행하는 것만 진정한 의미의 반대신문이다. 뒤늦게 실비아 크로포드를 불러 와서 왜 경찰 앞에서 그런 진술을 했는지를 추궁하는 것은 크로포드 판결이 생각하는 반대신문이 아니다. 실비아 크로포드를 이제 와서 법정에 불러 온다고 해도 그녀가 경찰 앞에서 한 진술을 증거로 쓸 수 없다는 데는 변함이 없다.

이런 얘기를 장황하게 꺼내놓는 이유는 우리 법과 비교를 하기 위해서이다. 우리 법 제312조 제4항은 진술자인 참고인이 법정에 나온다. 자신의 진술이 적힌 참고인진술조서의 성립의 진정을 인정 또는 부인하는 진술을 해야 하기 때문이다. 2007년 개정법은 그 기회에 그 진술자를 (반대)신문할 기회를 주어야 그 참고인진술조서가 증거능력이 있다고 개정한 바 있다. 그러면서 크로포드 판결의 취지를 반영한 것이라고 해설서에서 강조하고 있다. 하지만 이것은 정확하게 맞는 얘기가 아니다. 크로포드 판결에서 말하는 반대신문은 그런 '뒤늦은' 반대신문이 아니다. 사실판단자 앞에서 '실시간' 반대신문을 거칠 경우에만 증거로 할 수 있다고 선언하고 있다. 따라서 제312조 제4항처럼 고쳐도 그건 크로포드 판결 위반이다. 직접 실시간으로 실비아를 신문한 게 아니기 때문이다.

둘째, 앞에서 본 문제보다 훨씬 더 중요한 문제가 있다. 크로포드 판결이 반대신문권 보장을 강화할 것을 주장하고 있다는 데는 아무 이견이 없다. 문제는, 크로포드 판결에서 얘기하는 반대신문이라는 개념이 그렇게 단순하지 않다는 데 있다.

먼저 다음과 같은 표로 반대신문권의 두 가지 버전에 대해서 생각해 보기로 한다.

반대신문권		
헌법 상 반대신문권	**분류**	**증거법 상 반대신문권**
Walter Raleigh 판결	유래	Walter Raleigh 판결
미국 수정헌법 제6조	법제화	판례법 → 미연방증거법 → 각주 증거법
절차적 권리: 대면 중시	성격	내용적 권리: 신빙성 검증
거의 없음	예외	아주 많음
선서 하에 피고인의 반대신문을 거친 적이 있을 것	예외 인정 요건	필요성 및(또는) 특신성
크로포드 판결(2004)	대표판례	로버츠 판결(1980)
철저한 공판중심주의	이념	완화된 공판중심주의

원래 영미에서 반대신문권은 두 군데에 그 취지가 들어간다. 하나는 미국 헌법에 들어가서 대질을 통한 반대신문권의 보장으로 가고, 다른 하나는 전문법칙으로 들어가서 반대신문의 기회가 없는 증언은 증거능력이 없다는 원칙, 즉 전문법칙으로 들어간다.

롤리 판결의 결론은 '코브햄을 법정에 데려오라'는 것이었고, 그 판결을 통해서 두 가지 다른 결론이 도출된다. 첫 번째는 재판의 구조에 관한 문제다. 즉, 불리한 증인 코브햄을 법정에 데려와서 피고인 롤리를 대면하지 못하게 하는 재판은 옳은 재판이 아니라고 한다. 이런 취지가 위 표의 왼쪽에서 보는 것처럼 버지니아 권리장전을 거쳐 미국 수정헌법 제6조에 들어가 있다.

이것은 그야말로 '절차적' 권리를 중시하는 조항이다. 피고인과 증인이 대면하는 구조 자체를 만들라는 뜻이다. 미국은 이제 막 신생국으로서 독립할 때다. 모든 것이 뜻대로 될 것 같은 그런 분위기 때문이었을까? 실제로 미국 헌법의 창시자들은 불리한 증인을 일일이 법정에 데려오는 재판을 꿈꾸었던 것처럼 보인다. 그래서 그런 절차적 권리를 헌법에 못 박았다.

한편, 롤리 판결의 두 번째 결론은 "법정에 나오지 않은 코브햄의 진술은 증거로 쓸 수 없다"는 것이었다. 즉, 반대신문을 할 기회가 없었기 때문에 그런 진술은 증거능력이 없다고 한다. 바로 이것이 전문법칙이며, 전문법칙은 영국 판례법에 들어갔고, 미국까지 건너와 판례법의 일부가 되었다.

이처럼 같은 반대신문권이라고 하더라도 그것이 반영되는 방법은 두 가지가 있다. 위 표에서 보는 것처럼 하나는 헌법으로 들어가서 대면권 조항이 되었고, 다른 하나는 증거법으로 들어가서 전문법칙이 되었다.

그 다음에 일어난 일은 우리가 충분히 상상하는 바와 같다. 왼쪽에 있는 대면권 조항은 사실, 지키기가 쉽지 않은 조항이다. 앞에서 말한 것처럼 모든 불리한 증인을 법정에 데려오는 것이 실제로 재판을 해 보면, 가능하지 않다. 게다가 위 표에서 보는 것처럼 대면권 조항에는 예외도 없다. 증인이 죽으면, 그를 당연히 법정에 데려올 수 없기 때문에, 최소한 그 정도는 예외로 해 주어야 하는데, 대면권 조항에는 그런 '상식적인' 예외도 없다. 불리한 증인은 무조건 법정에 데려와야 한다는 것이 헌법 상 원칙이라고 한다.

반대로 위 표의 오른쪽에서 보는 바와 같이 증거법 상 반대신문권 조항은 예외가 아주 많다. 특히, 원칙이 선언될 때부터도 예외가 있었다. 즉, 이러이러한 게 원칙이지만, 예외도 있을 수 있다, 라고 말해 놓고 시작한 법칙이다. 바로 앞에서 본 것처럼 증인이 죽었는데, 죽기 전에 한 진술이라면 예외라고 처음부터 길을 터준 게 그 예다.

그런데 이렇게 길을 터주고 나니까 그 길로 가는 사람들이 많아졌다. 예외가 많아질 수밖에 없었다는 뜻이다. 19세기를 지나면서 예외가 10개 이상으로 늘어났고, 20세기로 오면서 30개를 넘겼다. 예외가 있는 것은 당연하고, 그 예외를 어떻게 정리할지를 두고, 미국의 유명한 법학자 위그모어와 모건이 20세기 초 논쟁을 벌인 바도 있다. 그 결과 대강의 타협안으로 나온 것이, 바로 특신성을 조건으로 하는 예외다. 증인이 법정에 나와서 반대신문을 하지는 못했지만, 증인의 법정 외 진술이 '특별히 신빙할 수 있는 상태 하에서 행하여진' 거라면 증거로 해도 되지 않겠느냐는 게 그 취지다. 그런 취지대로 20세기 미국에서는 여러 번의 입법 시도가 있었다. 통일증거규칙(Uniform Rules of Evidence), 모범증거규칙(Model Rules of Evidence) 등에서 전문법칙의 예외가 법으로 정해졌고, 급기야 미국 연방대법원이 나서서 미연방증거규칙을 만들었다. 그 안에 총 31개의 예외가 있으며, 그중에는 '포괄적 예외'도 있다. 여기 다 못 적은 거라고 해도 특신성이 있으면 예외가 된다는 조항까지 적어 두고 있다.

즉, 위 표의 오른쪽 길을 타면 반대신문권은 그다지 어렵지 않게 보장할 수 있다. 예외를 통해서 특신성을 입증하면 반대신문을 못 했어도 한 것과 다를 바 없다고 봐 주는 것이다.

자, 이제 문제는 위 표의 왼쪽에 적힌 반대신문권과 오른쪽에 적힌 반대신문권의 관계를 어떻게 이해할 것인가 하는 점이다. 과연 피고인의 반대신문권을 보장한다는 것의 의미는 무엇일까?

헌법 상 대질을 통한 반대신문권도 보장하고, 그와 동시에 전문법칙에서 말하는 반대신문권도 보장하는 것이 가장 이상적일 것이다. 하지만 실무의 요구도 무시할 수가 없다. 헌법 상 대질권의 보장은 현실적으로 불가능한 경우가 많다. 반면에 전문법칙(과 그 예외 이론)을 지키는 것은 그다지 어렵지 않다. 전문법칙에서 말하는 반대신문은 못했지만, 그 예외 이론이라도 지켜서 궁극적으로 반대신문권을 침해하지 않은 것과 같은 결과를 낼 수는 있다는 뜻이다.

이제 문제는, 헌법의 요구와 증거법의 요구 사이에 서열을 정하는 것이다. 헌법만 지키면 되는 것인지, 아니면 헌법과 증거법을 다 지켜야 하는 것인지, 그도 아니면 증거법만 지키면 되는 것인지, 결정을 해 주어야 한다. 당연히 헌법을 지키는 것이 가장 까다로운 일에 속한다. 그래서 1980년 연방대법원은 Roberts

v. Illinois 판결에서 증거법을 지키면 헌법도 지킨 것으로 본다는 결론을 내리게 되었다. 즉, 특신성을 증명해서 전문법칙의 예외로 인정되고, 전문법칙 상 반대신문권을 침해하지 않은 것으로 인정을 받으면, 헌법 상 대질을 통한 반대신문권 조항도 지킨 것으로 봐 주기로 한 것이다.

로버츠 판결에 따르면 실비아 크로포드의 진술은 자기 이익에 반하는 진술로 특신성에 문제가 없어서 전문법칙의 예외로 인정된다. 즉, 증거법에 위반되지 않고, 피고인의 반대신문권을 보장한 것이 되며, 따라서 헌법 상 대질을 통한 반대신문권 보장 조항도 침해하지 않는 것으로 인정된다. 크로포드 판결에서 검찰 측이 주장한 것이 바로 이것이다. 지난 20여 년간 실무가 다 로버츠 판결에 따라서 특별한 문제없이 계속되어 왔다. 그래서 검사도 실비아의 녹음진술을 보고 배심원들 앞에서, "이것보다 더 한 증거가 어디 있습니까?"라고 호언한 것이다.

그런데 크로포드 판결은 로버츠 판결을 정면으로 뒤집는다. 헌법은 헌법이고, 증거법은 증거법이라는 결론을 내린 것이다. 증거법에 따라서 증거로 할 수 있을지 없을지는 나는 잘 모르겠고, 헌법 상 대질을 통한 반대신문의 기회가 없다면 증거로 할 수 없다고 못을 박는다. 사람들이 크로포드 판결을 헌법과 증거법의 '이혼판결'이라고 부른 이유가 그것이다. 미국 헌법의 창시자들은 헌법 상 반대신문권 보장을 요구했고, 그 요구는 오늘날에도 그대로 유효하다고 선언한 것이, 바로 크로포드 판결이다.

이제 특신성과 전문법칙의 예외를 강조하는 것은 크로포드 판결의 입장에서 보면 아무 의미가 없다. 그것이 증거법 상 반대신문권에 대한 대체재가 될 수는 있어도, 헌법 상 반대신문권에 대한 대체재는 될 수 없기 때문이다. 즉, 법정 외 진술의 특신성을 보장한다고 하더라도 그것만으로 헌법 상 반대신문권을 보장한 것이 될 수 없다. 실비아의 법정 외 진술이 아무리 믿을 만한 것이라고 하더라도, 즉, 특신성이 있더라도, 크로포드의 '헌법 상' 반대신문권을 침해했기 때문에 그 판결은 위헌이라는 판단을 면할 수 없다.

그런 면에서 보면, 우리 법이 제312조 제4항을 개정하면서 특신성을 강조하기로 한 것은 사실 크로포드 판결의 견해와는 정면으로 배치되는 것이다. 크로포드 판결은 다음과 같은 문장으로 특신성이라는 기준에 따라 법정 외 진술을 증거로 받는 것이 얼마나 말이 안 되는 일인지 길게 설시하고 있다.

Reliability is an amorphous, if not entirely subjective, concept[...]Some courts wind up attaching the same significance to opposite facts. For example, the Colorado Supreme Court held a statement more reliable because its inculpation of the defendant was "detailed," while the Fourth Circuit found a statement more reliable because the portion implicating another was "fleeting." The Virginia Court of Appeals found a statement more reliable because the witness was in custody and charged with a crime (thus making the statement more obviously against her penal interest), while the Wisconsin Court of Appeals found a statement more reliable because the witness was not in custody and not a suspect. Finally, the Colorado Supreme Court in one case found a statement more reliable because it was given "immediately after" the events at issue, while that same court, in another case, found a statement more reliable because two years had elapsed.[15]

(특신성이라고 하는 개념은, 아주 주관적이라고 말하지는 못하겠지만, 어쨌든 모호한 개념인 것만큼은 틀림없다[...] 특히, 법원들이 같은 사실을 놓고 다른 의미를 부여하는 경우도 없지 않다. 가령, 콜로라도 대법원은 피고인의 자백에 "디테일이 살아 있다"는 이유로 믿을 만하다고 하는 데 반해, 제4 항소법원은 다른 사람의 잘못을 지적하는 진술이 "즉흥적"이라는 이유로 믿을 만하다고 한다. 또, 버지니아 주 항소법원은 구속 기소된 증인이 자기 이익에 반하는 진술을 한 것은 특히 믿을 만하다고 평가하는데 반해, 위스콘신 주 항소법원은 증인이 구금된 것도 아니고, 피의자도 아니어서 증인 말이 더 믿을 만하다고 한다. 마지막으로, 콜로라도 주 대법원은 쟁점이 된 사건 "바로 직후"에 이루어진 진술이라서 믿을 만하다고 하는데, 다른 사건에서 같은 법원은 시간이 2년이나 지난 다음의 진술이라고 더 믿을 만하다고 한 사례도 있다.)

한 마디로 말하면, 특신성 판단이라는 것이 사안마다, 판사마다 제각각이어서 믿을 게 못 된다는 얘기다. 누구는 방금 전에 한 말이니까 믿을 만하다고 하고, 누구든 시간이 좀 지났으니까 믿을 만하다고 한다면 그런 기준은 제대로 된 기준이라고 할 수 없다. 그런데 그런 기준을 지켰으니까 증거법 상 반대신문권도 보장한 걸로 봐 주고, 심지어 헌법 상 반대신문권도 보장한 걸로 봐 달라는 얘기는 말이 안 된다고 한다. 만약 판사가 피고인에게 이렇게 얘기한다고 치자. "피고인, 제가 증인이 경찰에서 한 말 들어 봤거든요. 근데 상당히 믿을 만하더라고요. 특신성이 있어요. 그러니까 반대신문권을 보장한 것과 같이 봐도 될 것 같아요. 아시겠지요? 그리고 대질 이런 얘기도 하지 마세요. 직접 얼굴 본 효과가 나올 만큼 그 증인의 진술이 믿을 만하더라고요. 아시겠어요?" 여러분들이 피고인이라면 이런 판사의 말을 듣고 '아 그런가요?'라고 수긍할 수 있을까?

크로포드 판결은 이처럼 진술의 특신성을 이유로 법정 외 진술을 증거로 받는 재판은 재판도 아니라고 혹평하고 있다.

> Dispensing with confrontation because testimony is obviously reliable is akin to dispensing with jury trial because a defendant is obviously guilty.[16]
> (증언이 특히 신빙할 만하다고 해서 대질을 생략하는 것은, 피고인의 유죄가 확실하다고 해서 배심원에 의한 재판 자체가 필요 없다고 말하는 것과 다를 게 없다.)

이처럼 특신성은 더 이상 전가의 보도가 아니라는 게 크로포드 판결의 결론이다. 오히려 공정한 재판을 막는 핑계거리이고, 배척의 대상이다. 그럼에도 우리 입법자들은 크로포드 판결을 참조해서 개정법 제312조 제4항에 특신성 요건을 추가한 바 있다. 특신성이 있으면 문제가 해결될 거라고 잘못 생각한 것이고, 크로포드 판결의 취지를 제대로 이해하지 못한 것이다.

크로포드에서 강조한 것은 실시간 반대신문이었음에도 불구하고 우리 법은 사후 반대신문으로 받아들였고, 크로포드는 특신성이 있는지 여부는 중요하지 않다고 보았는데도 불구하고, 특신성으로 반대신문권 보장을 대체할 수 있는 것 같은 태도를 취하고 있다. 이상한 판결의 이상한 계수라고 결론을 내릴 수밖에 없다.

셋째, 이상 두 가지 지적이면 충분할 것으로 보는데, 그래도 혹시 이런 반론을 제기하는 사람들도 있을 것 같기는 하다. 즉, 그건 미국 얘기고, 우리는 우리 식대로 피고인의 반대신문권을 보장하면 되는 게 아닌가, 라고 말이다. 스칼리아 대법관도 결국 모든 경우에 헌법 상 대질권 보장이 필요하다고 본 게 아니며, 우리는 헌법에 그런 권리조차 적혀 있지 않기 때문에, 우리 형사소송법 규정을 제대로 지켜 피고인의 반대신문권을 보장하면 될 것 아닌가, 라고 반박할 수 있다.

이런 의문에 답하기 위해서 앞에서 그렸던 표를 아래 훨씬 단순하게 축약해 보기로 한다.

반대신문권	
헌법 상 반대신문권	증거법 상 반대신문권
반대신문 = 대질	반대신문 or 특신성

위 표의 왼쪽은 헌법 상 반대신문권 조항이다. 앞에서 자세하게 본 것처럼 헌법 상 반대신문권을 보장하는 것이 가장 이상적이지만, 그것은 대질을 기초로 한다. 그래서 미국법조차도 모든 경우에, 곧이곧대로 보장하기가 쉽지 않다. 그 대안으로 표 오른쪽에 있는 증거법 상 반대신문권을 보장해 준다. 다행히 이쪽은 그나마 융통성이 있다. 반대신문을 하게 하는 것이 원칙이지만, 예외적으로 특신성을 갖춘 진술에 대해서는 반대신문 없이도 증거로 할 수 있다. 검사 측이든, 피고인 측이든 그런 진술을 제출해서 자신에게 유리한 주장의 근거로 삼으면 되는 것이다.

특신성을 갖춘 전문법칙의 예외는 그 예가 아주 많다. 여기서 일일이 다 설명할 수는 없지만, 뒤져 보면 그 통로가 생각보다 아주 광범위하다. 전문법칙 때문에 내야 할 증거를 못 냈다는 것은 로펌에서 해고사유가 된다는 우스갯소리가 있을 정도다. 심지어 전문증거뿐만 아니라 재전문증거도 특신성을 두 번 갖추면 증거로 할 수 있고, 재재전문증거도 특신성을 세 번 갖추면 증거로 할 수 있다. 이론적으로는 네 다리, 다섯 다리 건너온 진술도 증거로 할 수 있다.

하지만 그럼에도 불구하고 표 오른쪽에서 보는 전문법칙의 예외에도 일종의 마지노선 같은 게 있다. 즉, 아무리 예외가 늘어나도 미국의 재판에서 도저히 증거로 써서는 안 되는 게 하나 있다. 바로 '대륙법을 따라가서는 안 된다'는 것이다.

크로포드 판결에서 스칼리아 대법관은 총 4번에 걸쳐 대륙법에 대한 얘기를
한다.

First, the principal evil at which the Confrontation Clause was directed
was the civil—law mode of criminal procedure, and particularly its use of
ex parte examinations as evidence against the accused.[17]
(대질심문권 조항이 노리고 있는 가장 중요한 해악은 형사절차를 대륙법처럼
하는 것이다. 특히 당사자 참여 없이 신문한 내용을 법정에서 피고인에게 불리
한 증거로 쓰는 것이다.)

The common—law tradition is one of live testimony in court subject to
adversarial testing, while the civil law condones examination in private by
judicial officers.[18]
(대륙법은 사법관이 혼자 신문하는 것을 용인하는데 반해, 보통법 전통은 당
사자주의라는 구조 안에서 현출된 법정증언을 기초로 한다.)

The most notorious instances of civil—law examination occurred in the
great political trials of the 16th and 17th centuries.[19]
(가장 악명 높은 대륙법 상 신문이 16세기와 17세기의 유명한 정치재판에서
자행되었다.)

John Adams, defending a merchant in a high—profile admiralty case,
argued: "Examinations of witnesses upon Interrogatories, are only by the
Civil Law"[20]
(존 아담스는 유명한 해사재판소 재판에서 변호를 하면서 "조서로 증인을 신
문하는 것은 대륙법에서나 하는 일이다"라고 주장한 바 있다.)

미국법이 아무리 후퇴해도 절대로 가서는 안 될 지점을 정해 놓고 있는데,
그것이 바로 대륙법처럼 하는 것이다. 보다 정확하게 말하면, 존 아담스의 지적
처럼 "조서"로 진술을 받아 그걸 증거로 쓰는 재판이다.
스칼리아 대법관의 입장에서 볼 때 대륙법과 조서는 절대로 접근해서는 안

될 마지노선에 있다. 그 지점까지 가면 지금까지 했던 모든 얘기는 아무 의미가 없는 얘기가 된다. 미국 헌법은 물론이고, 미국 증거법도 의미가 없어진다. 애초에 증거법을 만든 이유가 대륙법이 하고 있는 조서재판을 피하기 위한 것이었는데, 조서가 특신성이 있다고 해서 증거로 받아들이는 것은 (헌법은 물론이고) 미국 증거법 스스로의 존재 이유를 부정하는 것이나 다름없다.

그런데 그의 기대와 달리 미국의 재판이 점점 대륙법 비슷한 것으로 가고 있다. 아니 정확히 말하면, 가고 있다는 느낌을 준다. 그래서 스칼리아 대법관은 초심으로 돌아갈 것을 주문하게 된 것이다. 특신성을 핑계로 자꾸 말도 안 되는 재판을 하는 것에 기겁하면서, 가장 초창기 순수한 형사재판으로 돌아가자고 주장한다. 그게 바로 크로포드 판결의 결론이다.

그런데 대륙법 상 조서를 증거로 쓰면서 '이 정도 특신성이 있으면 되지 않겠느냐?', '특신성이 있으면 조서도 예외가 될 수 있지 않겠느냐?'라고 우리가 얘기하는 것은 대륙법과 영미법의 그런 차이를 전혀 모르고 하는 얘기다. 특신성 맹신주의에 빠져 이거나 그거나 큰 차이 없는 거 아니냐, 라고 장님 코끼리 다리 만지기를 하는 꼴이다.

특신성과 조서는 한 공간에 있을 개념이 아니다. 조서의 정반대편에 전문법칙이 있고, 특신성은 전문법칙을 지탱하고 있는 부목과 같다. 전문법칙이 몸통, 특신성이 부목이다. 크로포드 판결은, 부목이 몸통을, 다시 말해서, 특신성이 전문법칙의 본래 취지를 잡아먹지 않을까 걱정하고 있는 판결이지, 특신성을 더 강화하라는 판결이 아니다. 특신성을 더 엄격하게 심사해서 특신성 있는 것은 받아들여도 좋다, 라는 말을 하는 게 전혀 아니다. 특신성 같은 애매한 개념으로 전문법칙의 본래 취지를 훼손하지 말라고 경고하고 있다. 그리고 그것은 단순한 경고도 아니다. 그런 식의 특신성 위주 재판을 할 거면 이제부터는 특신성이니 증거법 상 전문법칙이니 이런 얘기를 하지 말고, 순수한 당사자주의적 재판으로 돌아가서 피고인과 증인을 대질시켜라, 즉, 헌법 상 반대신문권을 보장하라, 고 명령하고 있다. 기본에 충실해라, 증인의 법정 외 진술을 대질도 없이 들여오는 것은 안 된다, 그런 말을 하고 싶은 것이다.

그런 마당에 증인의 진술을 적은 조서를 증거로 쓰는 우리가, 그 조서 상 진술에 특신성이 있으면 그걸 증거로 써도 괜찮지 않겠어요?라고 말하면 크로포드 판결은 어떤 반응을 보일까? 특신성이 있으면 반대신문권도 지킨 게 된다고 말씀하셨으니까, 특신성 있는 '조서'를 써도 되는 거 아닐까?라고 말하면 크로포드 판결은 어떤 대답을 할까? 그런 말 자체가 문제의 지점을 완전히 잘못 짚은 것이다. 크로포드 판결에는 조서가 등장조차 하지 않는다. 조서의 특신성을 얘기하는 것은 영미법이 아예 상상조차 해 본 적이 없는 얘기다. 크로포드 판결을 읽고 나서 우리가, '좋아, 우리도 앞으로는 조서 상 진술에도 특신성을 요구해야지!'라는 결론을 내리는 것은, 크로포드 판결을 잘못 읽은 거라고 볼 수밖에 없다. 특신성이라는 부목을 조서에 댄다고 해서 우리가 크로포드의 증거법 상, 헌법 상 권리를 보장해 주는 나라가 되는 게 아니다. 오히려 "아니, 그걸 왜 거기에다 대?"라는 의아스러운 반응만 불러일으킬 것이다. 조서를 증거로 쓰는 나라에서 왜 우리 판결을 읽고 있느냐, 라는 핀잔만 들을 게 틀림없다.

크로포드 판결은 무게 중심을 특신성에서 대질로 옮긴 판결이다. 특신성에 의존하는 재판에 경종을 울린 판결이다. 그러면서 자꾸 특신성 얘기를 하면 이제 전문법칙도 필요 없다! 라고 선언한다. 중요한 것은 헌법 상 대질이다, 라고 초강경 메시지를 내놓고 있는 것이다. 그 속내는 다른 게 아니다. '대륙법은 안 된다,' '조서도 안 된다'는 데 있다. 그 쪽 방향으로 가는 것조차 안 된다, 다시 이리로 와라, 라는 게 스칼리아 대법관의 목소리다.

요컨대, 대륙법과 조서를 쓰는 우리는 크로포드 판결에서 배울 게 없다. 크로포드 판결은 특신성이 중요하다고 말하는 판결이 아니다. 특신성은 아무것도 아니다, 특신성 안으로 숨지 마라, 라고 말하는 판결이다. 그런 마당에 우리 입법자가 크로포드 판결의 핵심 어휘를 특신성이라고 이해한 것은 명백한 오해다. 조서도 특신성 있으면 되지 않나?라고 말해서는 안 된다. 크로포드 판결은 우리 법 상 참고인진술조서 규정 개정의 모범이 되어서는 안 되는 판결이다.

(3) 소결

2007년 개정법 제312조 제4항은 참고인진술조서의 증거능력 인정 요건을 강화하던 중에 미국의 크로포드 판결에 대해서 알게 되었다. 그리고 그 판결의 취지를 중시해서 제312조 제4항에 반대신문권과 특신성을 증거능력 인정 요건으로 추가하기에 이르렀다.

이 가운데 반대신문에 관해서는 크로포드 판결이 실시간 반대신문을 강조한 데 반해 우리 법은 사후적인 반대신문을 얘기한 거라서 적절한 비교가 되지 않는다고 보았다. 따라서 굳이 참고인진술조서 조항에서 강조할 일은 아니라고 본다. 그런 규정이 없더라도 성립의 진정에 대한 의견을 진술하기 위해 나오는 증인에 대한 반대신문의 기회는 보장되기 때문이다.

특신성은 조서 상 진술을 검증하는 도구로서 너무 이질적인 것이라는 점은 앞에서 설명한 바와 같다. 일본이 녹취서에 특신성을 요구하는 것과 결정적으로 차이가 나는 대목이 이것이다. 일본의 녹취서는 조서가 아니라 진술서이기 때문에 전문법칙의 규율을 받는 증거서류가 되고, 특신성 유무에 따라 증거능력이 달라져도 이상하지 않다. 물론 일본의 전문법칙마저도 크로포드 판결의 취지와 결을 같이 하지는 않는다. 크로포드 판결은 전문법칙을 넘어 헌법 상 대질신문권을 강조하는 판결이기 때문이다.

우리 법제는 크로포드 판결의 시각에서 보면 너무 먼 곳에 있다. 정반대편에 가까운 곳에 있다. 우리가 크로포드 판결을 보고 뭘 배운다는 것 자체가 쉽지 않다고 말하는 이유다. 거기서 말하는 특신성과 우리가 말하는 특신성이 근본적으로, 너무 다르다. 특신성에서 '특별히 신빙할 수 있는 상태'라는 뜻 자체는 같을지 모른다. 실제로 심사를 할 때도 특별히 신빙성이 있는지 검토할 것이다. 하지만 그 속내는 너무 다르다. 그쪽에서는 특신성은 피고인의 방어권 보호에 도움이 안 된다고 생각한다. 반면에 우리는 이 정도면 피고인의 방어권 보호에 충분하지 않을까, 라고 생각한다. 같은 특신성이라는 글자를 놓고, 너무 다른 생각을 하고 있는 것이다.

Ⅲ. 나오며: 개정 방향

전문법칙과 그 예외에 관한 제310조의2 이하의 규정은 우리 학생들이 여전히 가장 어렵게 생각하는 곳 중 하나다. 그 이유는 무엇보다 이질적인 것을 엉켜놓았기 때문이다.

일본은 1948년 쇼와형사소송법에서 전문법칙과 그 예외를 도입했다. 그런데 우리 제정법의 입법자는 엉뚱하게 원칙 규정은 빼고 예외만 몇 가지 수입했다. 그러다가 뒤늦게 7년이 지난 1961년에 원칙 규정을 가져왔다. 그러면서 왜 그렇게 두 번에 걸쳐 일을 했는지에 대한 아무 설명도 내놓지 않고 있다. 전문법칙과 그 예외가 심각한 고민 끝에 도입된 것이 아니라 우연히 우리 법에 들어오게 되었다는 점을 부인하기 쉽지 않은 이유다.

그런데 더 큰 문제는 뒤늦게 가져오는 그 원칙 규정의 위치를 잘못 잡았다는 데 있다. 원칙 규정을 제310조의2에 위치시킴으로써 그 뒤로 오는 조서 규정을 전부 전문법칙의 예외로 만들어 버렸다. 이것이 우리 법 상 '뒤엉킴' 현상의 근본적인 원인이다. 서로 만나지 말았어야 할 전문법칙과 조서를 억지로 붙여 놓은 것이다. 일본 사람들은 이 점을 잘 알고 있었다. 그래서 조서가 아닌 녹취서와 전문법칙을 만나게 한 것인데, 우리는 미처 그런 차이를 읽어내지 못했다.

이대로 그냥 두어도 되는지, 가 여전히 중요한 고민거리 가운데 하나다. 그동안 쌓여 온 판례도 이렇게 많은데, 누가 무슨 자격으로 다시 바로잡을 수 있을지, 막막하기만 하다. 하지만 잘못 들어간 나사는 빼내고 다시 끼우기 시작하는 게 낫다. 이런 채로는 들어가기도 어렵고, 용케 다 들어간다고 해도 제대로 된 모양을 잡기가 쉽지 않다.

중요한 것은, 조서를 전문법칙과 떼어내는 일이다. 조서가 전문법칙의 예외가 될 수 없는 이유는 앞에서 충분히 설명한 바와 같다. 무엇보다 공부하는 학생들이 힘들어 한다. 잘 맞지 않는 것을 맞게 하려니까 학생들은 자꾸 외울 수밖에 없다. 한 번은 법을 개정하고 가야 한다.

조서는 구조적으로 전문증거가 아니다. 재전문증거다. 그리고 이념적으로 전문법칙과 같은 평면에 둘 수 없다. 그 기원도, 그 이념도 전혀 다른 두 방향의, 두 가지 표지판과 같다. 두 개의 불빛을 보고, 심지어 서로 방향이 다른 두 개의 불빛을 보고 배가 가게 할 수는 없다.

그래서 이번 기회에 조서와 전문법칙을 떼어내는 개정을 할 것을 제안한다. 가령, 현행법 제310조의2를 제314조의2로 바꾸는 것도 한 방법이다. 그렇게 되면 조서는 조서대로 제311조 내지 제314조에 따라 증거능력을 판단하고, 전문증거는 전문증거대로 제314조의2 이하에서 그 증거능력을 판단하면 된다. 그것이 지금으로서는 우리 입법자들이 초래한 혼동을 줄이는 가장 적절한 방법이라고 본다. 그럼으로써 우리는 한편으로는 직접심리주의 및 그 예외를 인정하고, 다른 한편으로는 전문법칙과 그 예외를 인정하는 증거법제가 된다. 피고인 보호를 위해 두 가지 증거법칙을 다 인정하는 법제가 되는 것이다.

　도입 과정의 실수를 인정하고 지금이라도 다음과 같이 조문의 순서를 바꾸어야 한다. 그런 다음 다 풀지 못한 엉킨 실타래를 마저 차근차근 풀어나가야 할 것이다.

증거법 개정방향	
조문	내 용
311	법원 또는 법관의 조서
312	검사 또는 사법경찰관의 조서 등
313	진술서 등
314	증거능력에 대한 예외
314의2	전문법칙
315	당연히 증거능력이 있는 서류
316	전문의 진술

제 2 부

그림으로 풀어보는
전문법칙

제 1 장

성추행 피해자: "저 사람이에요!"
─ 대법원 2021. 2. 25. 선고 2020도17109 판결 ─

[대상판결]

1. 원심은, 피해자가 제1심에 이어 원심에서도 증인으로 출석하여 범행 전후의 상황 및 범행 당시 피고인의 언행 등에 관하여 진술하였는데, 피해자의 진술이 수사기관부터 제1심, 원심에까지 주요 부분에 있어 비교적 일관되고 이 사건 공소사실에 부합하며, 피해자의 일부 진술이 변경되거나 일부 진술이 사실과 다르다는 사정들만으로는 피해자 진술의 신빙성을 탄핵하기 어렵다고 보아, 이 사건 공소사실을 유죄로 판단한 제1심을 유지하였다. 관련 법리와 원심판결 이유에 비추어 살펴보면, 위와 같은 원심판단에 상고이유 주장과 같이 논리와 경험의 법칙을 위반하여 자유심증주의의 한계를 벗어나거나 심리미진의 잘못이 없다.

2. 원심은, 증인 공소외인의 제1심 법정진술 중 "피해자로부터 '피고인이 추행했다.'는 취지의 말을 들었다"는 부분은 '피고인이 피해자를 추행한 사실의 존부'에 대한 증거로 사용되는 경우에는 전문증거에 해당하나 피해자가 공소외인에게 위와 같은 진술을 하였다는 것 자체에 대한 증거로 사용되는 경우에는 공소외인이 경험한 사실에 관한 진술에 해당하여 전문법칙이 적용되지 않고, 나아가 위 공소외인의 진술도 피해자의 진술에 부합한다고 판단하였다.

다른 사람의 진술을 내용으로 하는 진술이 전문증거인지는 요증사실이 무엇인지에 따라 정해진다. 다른 사람의 진술, 즉 원진술의 내용인 사실이 요증사실인 경우에는 전문증거이지만, 원진술의 존재 자체가 요증사실인 경우에는 본래 증거이지 전문증거가 아니다. 어떤 진술 내용의 진실성이 범죄사실에 대한 직접 증거로 사용될 때는 전문증거가 되지만, 그와 같은 진술을 하였다는 것 자체 또는 진술의 진실성과 관계없는 간접사실에 대한 정황증거로 사용될 때는 반드시 전문증거가 되는 것이 아니다. 그러나 어떠한 내용의 진술을 하였다는 사실 자체에 대한 정황증거로 사용될 것이라는 이유로 진술의 증거능력을 인정한 다음 그 사실을 다시 진술 내용이나 그 진실성을 증명하는 간접사실로 사용하는 경우에 그 진술은 전문증거에 해당한다. 그 진술에 포함된 원진술의 내용인 사실을 증명하는 데 사용되어 원진술의 내용인 사실이 요증사실이 되기 때문이다. 이러한 경우 형사소송법 제311조부터 제316조까지 정한 요건을 충족하지 못한다면 증거능력이 없다(대법원 2019. 8. 29. 선고 2018도13792 전원합의체 판결 등 참조). 원심의 이 부분 판단은, 피해자가 공소외인에게 '피고인이 추행했다.'는 진술을 하였다는 것 자체에 대한 증거로 사용된다는 이유로 증거능력을 인정한 것이나, 원심은 위와 같이 판단한 다음 공소외인의 위 진술이 피해자의 진술에 부합한다고 보아 공소외인의 위 진술을 피해자의 진술 내용의 진실성을 증명하는 간접사실로 사용하였다. 따라서 위 공소외인의 진술은 전문증거에 해당하고, 형사소송법 제310조의2, 제316조 제2항의 요건을 갖추지 못하므로 증거능력이 없다. 이 부분 원심판단에는 전문증거에 관한 법리를 오해한 잘못이 있으나 피해자 진술의 신빙성을 인정한 앞서 본 원심판단에 잘못이 없으므로 판결결과에 영향이 없다.

3. 그러므로 상고를 기각하기로 하여, 관여 대법관의 일치된 의견으로 주문과 같이 판결한다.

Ⅰ. 증거재판주의의 여러 개념들

1. 증거와 사실

형사재판의 대원칙은 '증거재판주의'이다. 우리 법 제307조는 "사실의 인정은 증거에 의하여야 한다"라고 규정해 놓고 있다. 위 그림은 증거와 사실과의 관계를 보여주고 있다. 그림에서 증거는 음영으로 표시해 두었고, 증거가 사실을 입증하는 관계는 화살표, 사실은 음영 없는 네모로 표시해 두었다.

2. 직접증거와 간접증거

증거를 분류하는 방법은 여러 가지가 있다. 그 가운데 입증 효과 면에서 직접증거와 간접증거로 나눌 수 있다.[1] 직접증거는 사실을 증명하는 데 있어서 직접적인 효과가 있는 증거를 말한다. 어떤 증거가 진실에 부합한다는 점만 확인이 되면 요증사실이 바로 증명되는 증거다. 즉, 별도의 추론이나 추가적인 사실도 필요 없이 증거가 사실을 증명하는 경우다. 가령, 요증사실에 관하여 피고인이 "내가 피해자를 성폭행했다"고 자백했다고 치자. 그 자백은 요증사실에 대한 직접증거가 된다. 그것만으로 증명이 되기 때문이다. 이런 직접증거의 예로는 피고인의 자백 외에 목격자의 증언("피고인이 피해자를 성폭행하는 것을 보았다"), 범행현장이 찍힌 CCTV 등이 있다.

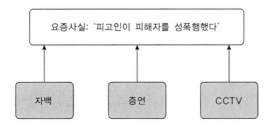

반면에 간접증거는 그 증거만으로는 요증사실을 증명할 수 없다. 다른 사실이 추가로 증명되거나 아니면 판단자의 추론이 있어야 한다.[2] 가령, '피고인이 피해자를 성폭행했다'는 요증사실에 관하여 피해자의 옷에서 피고인의 DNA가 발견되었다고 치자. 그것이 발견된다고 해서 바로 요증사실이 증명되지는 못한다. 증명을 위해서는 최소한 추론이 있어야 한다. 즉, '피고인의 DNA가 발견되었다' → '피고인과 피해자의 접촉이 있었다' → '피고인이 피해자를 성폭행했다'는 식으로 논리적으로 연결을 한 후에만 요증사실에 대한 입증이 완성된다.

또, 사건 후에 '피고인이 피해자와 합의를 시도했다'는 사실은 요증사실을 직접 증명하지 못한다. 다만, 간접적으로 '피고인이 피해자를 성폭행했다'는 사실을 추론케 할 수 있는 사실, 즉, 간접사실이 될 수는 있다. '피고인이 피해자와 합의를 시도했다' → '피고인이 피해자에게 못된 짓을 했다' → '피고인이 피해자를 성폭행했다'는 식으로 추론이 가능한 것이다.

물론 추론이 '가능할' 뿐이지 그 추론이 설득력이 있다는 뜻은 아니다. '피고인이 피해자와 합의를 시도했다'고 해서 피고인을 성폭행범으로 모는 것은 지나친 억측일 수 있기 때문이다. 중요한 것은 '피고인이 피해자와 합의를 시도했다'는 사실이 '피고인이 피해자를 성폭행했다'는 사실에 '간접적으로' 연관되어 있다는 점이다. 이를 표현하기 위해서 아래 그림과 같이 두 사실 사이를 '꺾인' 화살표로 연결하기로 한다. 간접사실이란 바로 그런 관계를 보여주는 용어이다.

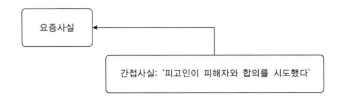

위 그림에서 보는 바와 같이 간접사실: '피고인이 피해자와 합의를 시도했다' 하나로는 추론이 제대로 안 될 가능성이 높다. 하지만 다른 간접사실과 결합하면 얼마든지 추론이 가능할 수도 있다. 가령, 아래 그림처럼 두 개의 간접사실을 병렬적으로 배열하면 그때는 진짜로 요증사실에 대한 입증이 가능할 수도 있는 것이다.

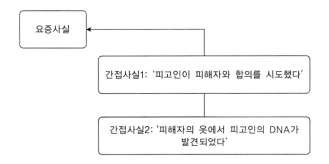

위 그림에서 간접사실2, 즉, '피해자의 옷에서 피고인의 DNA가 발견되었다'는 사실은 앞에서 본 간접사실1('피고인이 피해자와 합의를 시도했다')과 합쳐져서 요증사실을 증명하는 힘을 갖는다. 이처럼 간접사실이란 그것 하나로, 또는 다른 간접사실과 결합해서 요증사실을 입증하는 사실을 말한다.

3. 간접사실에 대한 정황증거

한편, 이 간접사실1에 대해서도 다시 이를 직접적으로 증명하는 직접증거가 있을 수 있고, 간접적으로 증명하는 간접증거가 있을 수 있다. 가령, 다음과 같이 간접사실1을 중심으로 하는 그림을 다시 그려볼 수 있다.

위 그림에서 피해자의 증언, 즉, "피고인이 내게 "한 번 만나자"라고 말했다"는 증언은 간접사실1에 대한 직접증거가 된다. 실제로 그런 말을 했는지 안 했는지 여부는 별론으로 하더라도 만약 그 말이 사실이라면 간접사실1에 대한 증명이 아무런 추론 없이 끝나기 때문이다. 즉, 피해자의 증언은 간접사실1에 대한 '직접증거'가 된다.

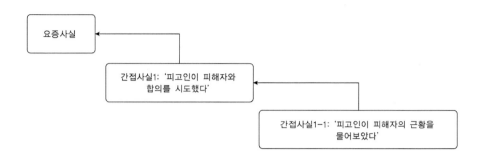

반면에 위 그림에서 보는 바와 같이, '피고인이 피해자의 근황을 물어보았다'는 사실(간접사실1－1)은 간접사실1을 직접 증명하는 힘이 없다. 피고인이 피해자의 근황을 물어보았다는 사실만 가지고 간접사실1('피고인이 피해자와 합의를 시도했다')이 바로 증명되지는 않을 것이기 때문이다. 다만, '피해자의 근황을 물어보았다' → '피해자를 만나서 사과를 하고 싶어 한다' → '피해자와 합의를 시도했다'는 식으로 간접사실을 향해 추론해 갈 수는 있다.

거듭 이 추론 역시 설득력이 있는 추론이라는 뜻은 아니다. 다만, '피고인이 피해자의 근황을 물어보았다'는 사실은 간접사실1과 '간접적으로' 관련되어 있다는 것을 말하려는 것뿐이다.[3]

이와 같이 간접사실1을 간접적으로 입증해 갈 때, "피고인이 접근해서 피해자의 근황을 물어보았다"는 직장동료의 진술은 간접사실1, 즉, '피고인이 피해자와 합의를 시도했다'는 사실에 대한 직접증거는 되지 못해도, 또 다른 간접사실, 다시 말하면, '피해자의 근황을 물어보았다'는 간접사실에 대한 (직접)증거는 된다. 바로 아래 그림이 보여주는 바다.

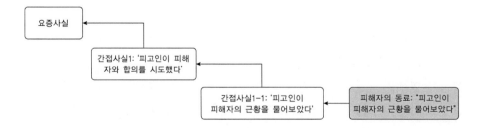

위 그림에서 피해자의 동료가 "피고인이 피해자의 근황을 물어보았다"라고 한 진술은 굳이 분류하자면, 간접사실1에 대한 또 다른 간접사실(간접사실1-1)에 대한 직접증거, 즉, 간접사실1에 대한 간접증거 또는, 간접사실1에 대한 정황증거가 된다(간접증거와 정황증거는 같은 말이다). 그 증거를 통해 간접사실1-1이 직접 증명되고, 간접사실1-1을 기초로 추론을 거쳐 간접사실1이 증명되며, 간접사실1은 다시 요증사실과 간접적으로 연결될 수 있는 것이다.

4. 정리

다시 처음으로 돌아가서 우리가 제일 처음 요증사실로 삼은 것은 '피고인이 피해자를 성폭행했다'는 사실이었다. 거기에 대한 직접증거로는 피해자의 증언("피고인이 나를 성폭행했다")이 있고, 바로 위 그림에서 본 것처럼 간접사실에 대한 정황증거(간접증거)로는 피고인이 "피해자의 근황을 물어보았다"는 동료직원의 증언이 있을 수 있다. 앞의 것은 요증사실과 가장 가까운 증거임에 반해, 뒤의 것은 요증사실과 아주 먼 곳에 있는 증거라고 할 것이다. 이를 그림으로 그리면 다음과 같다.

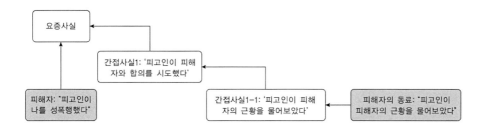

위 그림에서 음영으로 표시한 두 개의 진술은 모두 요증사실, '피고인이 피해자를 성폭행했다'는 사실에 대한 증거, 즉 직접증거 또는 간접증거가 된다.

피해자가 말한 "피고인이 나를 성폭행했다"는 진술은 요증사실에 대한 직접증거가 되고, 피해자의 직장동료가 말한 "피고인이 피해자의 근황을 물어보았다"는 진술은 요증사실에 대한 간접사실('피고인이 피해자와 합의를 시도했다')에 대한 간접사실('피고인이 피해자의 근황을 물어보았다')에 대한 직접증거, 즉 요증사실에 대한 간접사실에 대한 간접증거, 다시 말해서, 요증사실에 대한 간접사실에 대한 정황증거가 된다.

피고인에 대한 재판에서 실제로 법원이 피해자의 직장동료를 불러서 "피고인이 피해자의 근황을 물어보았다"는 진술을 끌어낼 수도 있다. 다만, 문제는 그 진술과 요증사실('피고인이 피해자를 성폭행했다')이 너무 멀리 있다는 데 있다. 간접사실을 2개나 넘어서 추론을 해 와야 하는 관계에 있다. 이런 증거는 '관련성'이 부정될 가능성이 높다. 즉, 그 증거가 있어 봐야 요증사실의 입증에 도움이 되지 않는다는 판단을 할 수 있고, 그래서 증거능력이 없을 수 있다. 바로 미연방증거규칙 제403조가 규정하고 있는 바다.

> Evidence is relevant if:
>
> (a) it has any tendency to make a fact more or less probable than it would be without the evidence[4]
>
> (증거는 (a) 그것이 없을 때와 비교해서 있을 때에 사실의 입증을 더욱 용이하게 하거나 또는 곤란하게 하는 경우에 '관련성이 있다'고 한다.)

앞에서 본 직장동료의 "피고인이 피해자의 근황을 물어보았다"는 진술은 그것이 있어 봐야 입증에 큰 도움이 되지 않는다고 결론을 내릴 수 있다. 또 반대로, 그것이 있다고 해서 피고인이 성폭행을 저지르지 않았다는 반대의 결론을 내리는 데도 큰 도움이 되지 않을 수 있다. 즉, 양쪽으로 도움이 되지 않기 때문에 그런 증거는 '관련성이 없다'고 한다.

하지만 그렇다고 모든 '간접사실에 대한 정황증거'가 다 요증사실과의 관련성이 부정되는 것은 아니다. 즉, 어떤 경우는 '간접사실에 대한 정황증거'가 입증에 요긴하게 쓰일 때도 있다. 가령, 다음과 같은 그림을 보자.

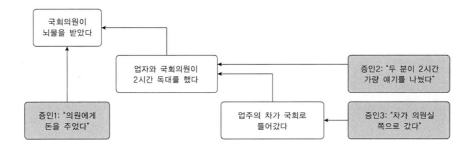

그림에서 보는 것처럼 요증사실은 '국회의원이 뇌물을 받았다'이고, 간접사실1과 간접사실1－1은 각각, '업자와 국회의원이 2시간 독대를 했다'와 '업자의 차가 국회로 들어갔다' 이다.

이에 관하여 증인1의 증언은 직접증거가 되고, 증인2의 증언은 간접사실에 대한 직접증거, 증인3의 증언은 간접사실에 대한 정황증거가 된다. 가장 멀리 있는 간접사실에 대한 정황증거인 증인3의 증언도 요증사실과 관련해서 너무 거리가 먼 얘기라는 느낌은 들지 않는다. 국회의원의 수뢰사건에서 어떤 증인이 나와 "(업자의)차가 (당일) 의원실 쪽으로 갔다"라고 증언한다고 가정하면, 그것이 사건과 전혀 관련성 없는 얘기로는 들리지 않을 것이다.

이처럼 '간접사실에 대한 정황증거'는 요증사실에 대한 입증계획을 어떻게 세워 가느냐에 따라 그 중요도가 달라진다. 따라서 일률적으로 간접사실에 대한 정황증거를 가치 없는 증거로 낮춰 볼 것은 아니다.

Ⅱ. 간접증거와 전문증거

이제 이들 각각의 증거에 대하여 그것이 다시, '전문증거'일 가능성에 대해서 생각해 보기로 한다. 전문증거란 증거로 제출되는 어떤 진술이 경험자의 진술이 아니라 경험자의 진술을 내용으로 하는 다른 사람의 진술인 경우를 지칭하는 법률용어다. 따라서 위 그림에서 우리가 정리한 것 가운데 진술증거를 먼저 특정하고, 그것이 동시에 전문증거일 경우 그 증거능력이 어떻게 달라지는지 검토해 보기로 한다.

　먼저, 직접증거가 전문증거일 경우이다.

　위 그림에서 증인1이 법정에 나오지 못한다고 생각해 보자. 그러면 다음과 같은 그림을 그려야 한다.

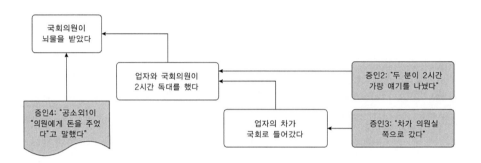

　앞의 그림에서는 증인1이 법정에 나와서 "의원에게 돈을 주었다"고 증언한 상황을 가정해서 그림을 그렸지만, 위 그림에서는 증인1이 나오지 못하고, 그의 말을 들었다고 주장하는 증인4가 나와서 "증인1(공소외1)이 "의원에게 돈을 주었다"고 말했다"는 취지로 진술하는 상황이다. 여기서 증인4의 진술은 다른 증거와 달리 물결 모양의 사각형으로 표시해 보았다. 즉, 전문진술 상황을 표현한 것이다.

　우리 법은 전문진술에 대해 일괄적으로 증거능력을 부정하는 태도를 취하지 않고, 일정한 조건을 걸어두고 그 조건을 충족하면 증거능력을 인정하는 태도를 취하고 있다. 가령, 요증사실을 증언해 줄 증인이 나오지 못하고, 다른 증인이 그 진술을 법정에 전달하는 경우에는 형사소송법 제316조 제2항의 규정이 적용된다.

　　피고인 아닌 자의 공판준비 또는 공판기일에서의 진술이 피고인 아닌 타인의 진술을 그 내용으로 하는 것인 때에는 원진술자가 사망, 질병, 외국거주, 소재불명 그 밖에 이에 준하는 사유로 인하여 진술할 수 없고, 그 진술이 특히 신빙할 수 있는 상태하에서 행하여졌음이 증명된 때에 한하여 이를 증거로 할 수 있다.[5)]

즉, 위 그림의 경우에는 공소외1이 법정에 나올 수 없고, 그의 진술이 특히 신빙할 수 있는 상태 하에서 행하여진 경우에 한하여 증거능력이 있다고 한다. 따라서 관건은 공소외1이 정말 법정에 나올 수 없는지, 그리고 그가 한 진술에 신빙성이 있는지, 가 될 것이다. 그에 따라 증인4의 증언을 증거로 채택할지 여부가 결정된다. 만약 증거로 채택할 경우에는 증인4의 증언 역시 직접증거로서 요증사실을 직접 증명하는 효과를 발휘할 수 있다. 다른 추론 없이 바로 '피고인이 돈을 받았다'는 범죄사실을 입증하는 증거가 될 거라는 말이다.

위 그림에서 확인할 수 있는 다른 진술 역시 마찬가지다. 그 진술이 간접사실에 대한 증거든, 간접사실에 대한 정황증거든 상관없이 진술에 대해서는 전문법칙이 적용된다. 가령, 위 그림에서 나머지 두 증언 모두 전문진술이라고 가정해 보자.

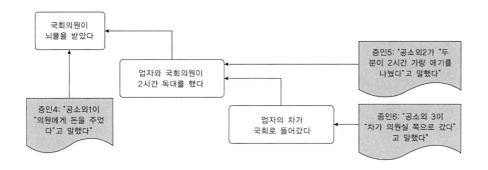

증인5의 증언은 요증사실에 관해 볼 때, 간접사실에 대한 직접증거가 되고, 증인6의 증언은 간접사실에 대한 간접증거, 즉, 간접사실에 대한 정황증거가 된다. 특히 증인6의 진술은 요증사실과 상당히 거리가 멀어 보이는 진술이라는 점은 앞에서 본 바와 같다.

그렇다면 우리가 직접증거인 증인4의 증언에서 검토한 바와 같이 증인5의 증언과 증인6의 증언에도 전문법칙이 적용된다고 할 수 있을까? 아니면 증인5의 증언과 증인6의 증언은 요증사실과 너무 먼 사실에 관한 증거라서 전문법칙이 적용되지 않는다고 말해야 할까?

앞에서 본 것처럼 요증사실과 먼 증거는 '관련성'이 없어서 증거능력이 부정될 수 있다. 하지만 그렇다고 해서 전문법칙에서 자유로운 영역이 되는 것은 아니다. 그것 역시 법정 외 진술이고 요증사실의 입증을 위해 제출되는 것이기 때문에 전문법칙이 적용되지 않을 이유가 없다. 전문법칙이란 1. 법정 외 진술로서; 2. 요증사실의 입증을 위해 제출되면 되는 것이지,[6] 그것이 간접증거라고 해서 제외되는 것도 아니고, 간접사실에 대한 정황증거라고 해서 제외되는 것도 아니다. 즉, 증인5의 증언과 증인6의 증언에도 전문법칙이 적용된다. 공소외2와 공소외3이 법정에 나올 수 없고, 그들이 진술에 특신성이 있을 때는 증거능력이 인정될 것이고, 그렇지 않을 경우에는 증거능력이 부정될 것이다.

다만, 위 증인4의 증언과 증인5 및 증인6의 증언의 증거능력 인정 요건을 판단할 때는 조금 다른 기준이 적용될 수는 있다. 가령, 증인4의 증언은 전문증거이면서도 동시에 직접증거이기 때문에 전문법칙의 예외 인정 요건인 특신성에 대한 검토를 더 엄격하게 할 가능성이 있다. 공소외1이라는 중요한 증인이 직접 법정에 나와서 진술하는 것이 아닌 만큼 그 진술을 제3자의 입을 통해 증거로 받을 때 신중한 검토가 필요하다는 것이다. 반면에 증인6의 증언은 간접사실에 대한 정황증거이고, 요증사실과의 관련성이 멀기 때문에 특신성에 대한 심사를 느슨하게 할 수 있다. 약한 정도의 특신성만 갖추어지면 증거로 해도 큰 문제가 없을 거라는 말이다.

하지만 그렇다고 해서, 직접증거인지 아닌지에 따라 전문법칙 자체가 달라지는 것은 아니다. 전문법칙은 간접사실에 대한 정황증거에도 여전히 적용되어야 하는 증거법칙이다.

Ⅲ. [대상판결]의 검토

1. [대상판결]의 문제점

이와 같은 이해를 기초로 [대상판결]의 설시에 대해서 검토해 보고, 대상판결에서 문제된 진술의 성격에 대해서 다시 한 번 생각해 보기로 한다.

[대상판결]은 전문법칙과 직접증거 또는 간접증거와의 관련성에 대해서 최

근에 설시한 판결이고, 그동안 정리된 내용을 비교적 충실하게 따른 판결이다. 그 가운데 몇 가지 문장만 추려서 그 문제점을 지적하기로 한다.

(1) "어떤 진술 내용의 진실성이 범죄사실에 대한 직접증거로 사용될 때는 전문증거가 되"는지 여부

[대상판결]은 "어떤 진술 내용의 진실성이 범죄사실에 대한 직접증거로 사용될 때는 전문증거가" 된다고 하고 있다. 앞에서 우리가 펼쳐 본 사례의 경우를 예로 들면, 증인4의 증언에 대해서만 전문법칙이 적용되고, 증인5 및 증인6의 증언에 대해서는 전문법칙이 적용되지 않는다는 취지이다. 하지만 이는 명백히 잘못된 설시이다. 여기서 '전문증거가 된다'는 말은 전문법칙에 의한 심사를 받는다는 뜻이다. 특히 직접증거는 사실을 직접 증명하는 증거이기 때문에 전문법칙에 대한 심사를 더 까다롭게 할 수 있다. 하지만 전문법칙에 의한 심사를 직접증거에만 하는 것은 아니다. 앞에서 본 사례에서처럼 간접사실에 대한 증거, 즉 증인5의 증언에 대해서도 전문법칙에 관한 심사를 해야 한다. 심지어 아주 멀어 보이는 증인6의 증언에 대해서도 심사가 필요할 수 있다. 그렇지 않으면, 직접증거가 아니라는 이유로 많은 진술들이, 경험자의 진술이 아니라 전문진술임에도 불구하고, 까다로운 심사 없이 법정에 들어와 요증사실에 대한 증거로 쓰일 위험이 있다. 실제 재판에서 직접증거의 예는 그다지 많지 않다. 우리가 보통 재판에서 사용하는 증거는 대부분 간접증거다.[7] 그런데 전문법칙은 직접증거에만 적용된다고 말하는 것은 전문법칙의 존재 의의 자체를 부정하는 것이나 다름없다. 너무 먼 간접증거에 대해서는 전문법칙의 심사가 느슨해질 수는 있어도, 간접증거에 일괄적으로 전문법칙이 적용되지 않는다고 말해서는 안 된다.

(2) "진술의 진실성과 관계없는 간접사실에 대한 정황증거로 사용될 때는 반드시 전문증거가 되는 것이 아"닌지 여부

위 판시문에서 먼저 문제가 되는 것은, "진술의 진실성과 관계없는 간접사실에 대한 정황증거로 사용될 때에는"이라는 부분이다. 여기서 '진술의 진실성'이라고 함은 어떤 진술이 실체와 부합하느냐 여부라고 할 수 있다. 따라서 모든 '간접사실에 대한 정황증거'가 진술의 진실성과는 관계없이 쓰인다고 잘못 읽거나, 오해할 수 있다. 하지만 그것은 사실이 아니다. 앞에서 본 것처럼 간접사실에 대한 정황증거는 사안마다, 요증사실마다, 천차만별이다. 일률적으로 실체와 관련이 있다, 없다, 말하기가 쉽지 않다. 우리가 본 예에서 증인6의 증언, 즉 "공소외3이 "차가 의원실 쪽으로 갔다"고 말했다"는 진술은 그것의 진실 여부가 요증사실과 관련이 있다. 차가 의원실 쪽으로 갔다 → 업자가 의원을 만났다 → 업자가 청탁을 하면서 돈을 주었다, 는 식으로 증명이 계속될 수도 있는 것이다. 따라서 '간접사실에 대한 정황증거는 진술의 진실성과 관계없다'는 일반화는 잘못된 일반화일 수 있다.

다음으로, "진술의 진실성과 관계없는 때에는[...]전문증거가 되는 것이 아니다"라는 명제는 이론의 여지없이 맞는 명제이다. 가령, 증인의 진술, "피고인이 피해자를 죽이는 것을 보았다"라는 진술이 실제로 피고인이 살인을 저질렀는지에 대한 증거가 아니라, 증인이 그와 같이 피고인의 명예를 훼손하는 진술을 했다는 것에 대한 증거로 제출될 때에는 전문증거로 취급되지 않고, 전문법칙의 적용을 받을 이유가 없다. '살인이 진짜 일어났나?'를 따지는 것이 아니라 '그런 말을 진짜로 했나?'를 따질 때에는 들은 사람이 나와서 보고하는 것은 그냥 증언이고, 전문증언이 아니다. 따라서 위 설시에서 "진술의 진실성과 관계없는 때에는 전문증거가 되는 것이 아니다"라는 명제는 정의상 당연히 성립되는, 두 말 할 필요가 없는 설시다.

문제는, "진술의 진실성과 관계없는 간접사실에 대한 정황증거로 사용될 때는 반드시 전문증거가 되는 것이 아니다"라고 문장을 통합함으로써, '간접사실에 대한 정황증거'는 전문법칙과 상관없다는 듯한 인상을 준다는 데 있다. 하지만 '간접사실에 대한 정황증거' 역시 직접증거 및 간접사실에 대한 직접증거와 차이가 없다. 진술의 진실성과 관계없이 쓰일 때는 전문법칙이 적용되지 않고, 진술의 진실성과 관계가 있는 때에는 당연히 전문법칙이 적용된다. 요컨대, '간접사실에 대한 정황증거'라고 해서 전문법칙과 관련해서 특별 취급을 할 이유가 없다.

2. 증인의 신용성 판단

[대상판결]에서 쟁점은 피고인이 피해자를 성추행했는지 여부이고, 이를 직

접 또는 간접으로 입증하는 증거는 피해자의 진술밖에 없다. 피해자의 진술을 믿을지 말지 여부가 재판에서 유일한 쟁점이 됐다. 피고인은 이에 대해 피해자의 진술이 일관되지 못하다는 점을 집중적으로 공격하고 있다. 반면에 피해자는 자기는 나름대로 최대한 기억을 더듬어서 표현한 것이고, 일부 일관되지 못한 점이 있다고 하더라도 자신의 증인으로서의 신용성에는 문제가 없다고 강변하고 있다. 즉, 다음과 같은 그림으로 이 재판의 쟁점을 정리할 수 있다.

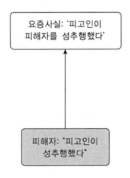

먼저 요증사실은 '피고인이 성추행했는지 여부'이고, 그에 대해서 직접증거로 피해자의 진술, 즉, "피고인이 나를 성추행했다"는 진술만 나와 있다. 그 외 요증사실에 대한 간접사실로 추출할 수 있는 사실은 거의 없다. 성폭행이 아니고 성추행 사건이기 때문에 피해자의 진술 외 다른 증거로 요증사실을 입증하기가 곤란한 상황이라고 할 수 있다. 따라서 이 사건의 모든 쟁점은 '피해자의 진술을 믿을 수 있는가' 라는 문제로 집중된다.

그런데 증인으로서 피해자의 신용성에 관한 증거들은 실체증거가 아니라 보조증거이다. 즉, 요증사실을 입증하는 증거가 아니라, 증거에 대해서 평가하는 증거이다. 위 그림을 예로 들면, 직접증거인 피해자의 진술에 대해서는 보조사실을 들어 이를 증강할 수 있다. 가령, 다음과 같은 그림이 된다.

위 두 개의 도형 사이를 화살표 있는 실선이 연결하고 있다. 우리가 앞에서 '증거'와 '사실' 사이를 연결한 것과 생긴 모양이 같다. 하지만 그 의미는 확연히 다르다. 앞에서 증거가 사실을 입증하는 관계를 표시했다면, 여기서는 사실이 증거를 지지하는 관계를 표시하고 있다. 피해자의 증언의 신빙성을 높여주는 역할을 하고 있다는 뜻이다. 그런 사실을 우리는 '보조사실'이라고 한다. 앞에서 본 요증사실과는 성격이 다르기 때문에 네모가 아닌 타원형으로 표시해 두었다. 가령, '피해자는 거짓말을 하지 않는다'는 사실은 보조사실로서 피해자의 증언을 지지하는 역할, 즉, 증언의 가치를 '증강'하는 역할을 한다. 다시 말하면, 보조사실 중에서 증강사실이라고 할 수 있다.

반면에, 어떤 사실은 증언의 가치를 깎아내리는 경우도 있다. 가령, '피해자는 거짓말쟁이다' 라는 사실은 보조사실로서 피해자의 증언의 가치를 깎아내리는 역할을 한다. 즉, 보조사실 중에서 탄핵사실이라고 할 수 있다. 이런 경우는 실선의 끝을 화살표가 아니라 동그라미로 표시하기로 한다. 같은 보조사실이라도 증거에 대해 미치는 영향이 전혀 다르다는 점을 표현하기 위함이다.

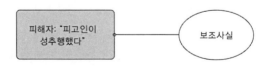

이제 어떤 증인이 나와서 증언을 할 때, 여러 가지 다른 종류의 보조사실을 제출할 수 있다. 그 가운데는 증강 역할을 하는 것도 있고, 탄핵 역할을 하는 것도 있다. 가령, 다음과 같은 보조사실들이 주로 쓰인다.

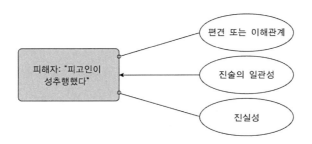

보조사실로는 여러 가지를 검토할 수 있는데, 위 그림에서는 대표적으로 증인의 '편견 또는 이해관계,' '진술의 일관성,' '진실성' 등 세 가지를 예로 들었다. 우리 형사소송규칙 제77조 제2항이 증인의 신용성에 대해서 검토하는 항목과 크게 다르지 않다.

> ② 제1항에 규정한 신문은[...]증인의 이해관계, 편견 또는 예단 등 증인의 신용성에 관한 사항에 관하여 한다.[8]

그 가운데 바로 위에서 그린 그림은 '편견 또는 이해관계'는 탄핵사실로, '진술의 일관성'은 증강사실로, '진실성'은 탄핵사실로 표현하고 있다. 즉, 피해자는 '피고인과 같은 50대 남성에게 근거 없는 적개심을 가지고 있'는 반면에, '수사 초기부터 일관되게 피해 주장을 하고 있고', 대신 '진실성에는 문제가 있다'고 가정하면, 위와 같은 그림이 그려질 수 있다. 그 가운데 탄핵사실은 끝이 동그라미인 선으로, 증강사실은 끝이 화살표인 선으로 연결되어 있음은 물론이다.

이와 같은 기본구조에 대한 이해를 바탕으로 이번에는 [대상판결]에 대한 분석을 시도해 보고자 한다.

본 사건에서는 이미 피고인 측에서 증인의 신용성을 탄핵하는 사실들을 주장하고 있기 때문에, 검찰 측에서는 신용성을 증강하는 사실을 집중적으로 제출하고 있다. 즉, 보조사실과 증언 사이에 실선으로 된 화살표가 아래와 같이 연결되어 있다.

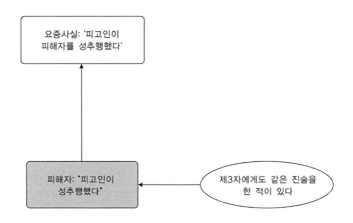

피해자의 증언을 뒷받침하기 위해서 피해자가 '제3자에게도 같은 진술을 한 적이 있다'는 사실을 증거를 통해서 입증하고자 하는 것이다.

한편, 탄핵증거든 증강증거든 보조증거에 대해서는 증명의 방법과 관련해서 다음 두 가지가 문제될 수 있다.

(1) 외부증거를 사용할 수 있는지 여부

[대상판결]에서 재판의 최종 쟁점은 '피고인이 성추행을 했는지' 여부이다. 그런데 증거관계가 단순해지는 바람에 쟁점이 '증인이 믿을 만한 사람인지' 여부로 변질되고 말았다는 점은 이미 설명한 바와 같다. 하지만 그렇다고 해서 '증인이 믿을 만한 사람인지' 여부를 놓고 무한정 논쟁을 벌이고 있을 수는 없다. 재판의 궁극적인 쟁점은 그게 아니기 때문이다. 증명의 방법도 마찬가지다. 증인이 믿을 만한 사람인지 여부가 중요하다고 해서 이를 증명하기 위해서 또 다른 증인과 증거물을 무한정 제출하게 할 수는 없다. 자칫 잘못하면 증인이 그동안 살아온 내력 전부를 검증하는 이상한 재판이 되어 버릴 수도 있다. 이런 경우 증인신문을 오래 해 온 미국은 증인의 신용성과 관련해서는 또 다른 증인과 증거물 등 '외부증거(extrinsic evidence)'를 어디까지 허용할 것인지, 에 대해서 여러 군데에서 정리해 두고 있다. 가령, 증인의 성격, 특히, 신용성을 입증하기 위해서는 다른 증인을 불러서 평판을 묻는 것 정도는 허용된다.[9] 하지만 증인이 과거에 구체적으로 어떤 행위를 했었는지를 증명하기 위해 증인을 부르는 것은 허용되

지 않는다.[10) 그렇게 되면 증인의 과거 모든 행동에 대해서 끝도 없이 많은 증인을 불러야 하고, 증인의 신용성에 대한 검토가 무한정 늘어질 수 있기 때문이다.

[대상판결]에서 제1심은 증인인 성추행 피해자의 진술이 일관되는지를 보기 위해서 또 다른 증인을 부르도록 했다. 증인의 신용성 가운데, 사건 이후 같은 주장을 계속했는지, 하는 점은 이 사건에서 아주 중요한 쟁점으로 부상한 상황이다. 따라서 이 점을 확인하기 위해서 증인을 부른 법원의 조치는 합리적인 것으로 보인다. 소환된 증인의 증언을 통해서 피해자가 사건 후에 같은 주장을 계속해 왔는지를 보고, 피해자가 갑자기 말을 바꾼 사람이 아니라는 점을 확인하는 의미가 있다.

(2) 엄격한 증명의 대상인지 여부

다음으로는 외부증거의 하나로 소환한 증인의 진술에 대해서 따로 평가해 볼 필요가 있다. 그 증인의 진술까지 포함해서 새로 그림을 그려 보면 다음과 같다.

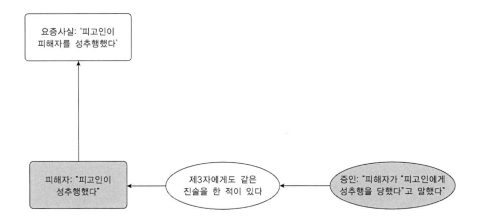

위 그림에서 보는 바와 같이 '제3자에게도 같은 진술을 한 적이 있다'는 사실의 입증을 통해 증인인 피해자가 믿을 만한 사람이라는 것을 입증하고자 하는 것이 검찰 측의 전략이다. 위 그림에서는 보조사실 '제3자에게도 같은 진술을 한 적이 있다'를 증명할 증인을 불러, "피해자가 "피고인에게 성추행을 당했다"고 말했다"는 취지로 증언을 끌어내고자 한다.

그런데 증명에는 다시 두 가지가 있다. 하나는 엄격한 증명이고, 다른 하나는 자유로운 증명이다. 우리 법조문 자체는 이와 같은 분류법을 모르지만, 학자들과 판례는 일치하여 범죄사실과 양형에 대한 증명은 엄격하게 하고, 그 외 사실에 대한 증명은 자유롭게 해도 된다고 얘기하고 있다. 그러면서 엄격한 증명은 '증거능력 있는 증거로 법에 정한 방법에 따라 하는 증명'이라고 하고, 그렇지 않은 증명을 자유로운 증명이라고 한다.

위 그림에서 보는 바와 같이 증인인 피해자의 신용성은 범죄사실에 대한 것도 아니고, 양형에 관한 것도 아니다. 따라서 그 신용성을 높이는 증명은 자유로운 증명으로 족하다. 위 증인의 증언은 요증사실을 입증하는 것이 아니라, 피해자의 증언의 신용성을 높이기 위한 데 지나지 않기 때문이다.

즉, [대상판결]의 원심에서 검찰 측은 피해자가 '제3자에게도 같은 내용의 진술을 한 적이 있다'는 사실을 들어서 피해자의 신용성을 증강하고자 하였고, 그에 대한 증거로 다른 증인(증인F)이 법정에 나와 "피해자가 (제게) "피고인에게 성추행을 당했다"라고 말했다"고 증언하고 있다.

만약 이 증인의 증언이 엄격한 증명의 대상이었다면, 다시 말해서, 범죄사실과 양형에 대한 증명이었다면, 증거능력 규정을 준수해야 하고, 따라서 전문법칙이 적용되었을 것이다. 하지만 그 증언을 통해서 입증하고자 하는 바는 피해자의 증인으로서의 신용성에 지나지 않기 때문에 자유로운 증명의 대상이 되고, 전문진술을 사용해도 문제가 없다. 자신이 경험한 것이 아니라 다른 사람의 경험을 전해 들어 전달하는 방식으로도 증명이 가능하다는 뜻이다. 위 그림에서 "피해자가 "피고인에게 성추행을 당했다"고 말했다"는 증인의 증언은 진술의 구조로 보면 전문증거처럼 보인다. 하지만 전문증거 표시인 물결 모양의 사각형으로 표시하지 않고, 타원형으로만 표시해 두었다. 전문증거라도 증인의 신용성의 입증과 같은 자유로운 증명에 쓰인 증거는 굳이 전문법칙에 의한 심사를 할 필요가 없다는 취지를 표현하기 위함이다.

3. 검토

원심에서 증인F의 증언을 들은 판사는 그 증언으로부터 '피해자가 제3자에게 같은 내용의 진술을 한 적이 있다'는 '보조사실'을 확인하고, 이를 피해자의 신용성을 증강하는 증거로 사용하면 된다. 즉, '피해자가 믿을 만한 사람이다'라는 결론을 내리는 데 사용하면 되는 것이다.

그리고 전문법칙에 대해서는 신경을 쓸 필요가 없다. 증인F가 무슨 말을 하든, 그는 지금 요증사실의 입증 목적, 즉, 피고인의 성추행 입증 목적으로 말을 하는 것이 아니다. 피해자가 '제3자에게도 같은 진술을 한 적이 있다'는 사실을 입증하는 증거만 제출하면 된다. 가령, "피해자가 제3자에게도 같은 진술을 하는 것을 보았다"라고 증언해도 된다. 그러면 피해자가 '제3자에게도 같은 진술을 한 적이 있다'는 사실을 입증하는 게 된다. 또, "피해자가 내게도 같은 말을 했다"고 증언해도 된다. 그래도 피해자가 '제3자에게도 같은 진술을 한 적이 있다'는 사실이 입증된다. 심지어 "내 친구가 그러는데 "피해자가 자기한테 "피고인에게 성추행을 당했다"라고 말했다"고 합니다"라고 증언해도 된다. 즉, 한 다리 건너 들은 말을 전달해도 된다. 그 말을 통해서 요증사실을 입증하는 것이 아니라, 피해자가 시종 일관된 진술을 했는지를 입증하는 거라면 증인F가 들은 말을 법정에서 어떤 형태로든 보고하면 되는 것이다. 그렇게 여러 다리를 건너들은 걸 증언하는 것은 전문법칙에 반하지 않느냐?라고 의문을 가질 수 있다. 답은 간단하다. 전문법칙에 반하지 않는다. 그 진술의 진위를 요증사실 입증 목적으로 쓰는 게 아니기 때문이다. 그렇다고 그렇게 여러 다리를 건너들은 것을 그대로 증거로 쓸 것이냐 하면, 그건 또 아니다. 바로 앞에서 얘기한 외부증거의 문제가 남는다. 증인F가 직접 들은 것도 아니고 여러 다리를 건너들은 거라면 그런 진술을 법원이 신용성 검증 목적으로도 받아주지 않는다. 전문법칙 때문이 아니라, 일종의 '외부증거 금지의 원칙' 때문이다. 아무리 증인의 신용성에 관한 진술이라고 해도 증인이 직접 듣지도 않은 거라면 증인신문 규칙에 어긋난다고 본다.

[대상판결]의 증인F는 이런 말로 증언을 하려고 한다. 즉, "피해자가 제게 "피고인에게 성추행을 당했다"고 말했다"고 증언하는 것이다. 이런 정도는 외부증거 금지의 원칙에 어긋나지 않는다. 증인F가 건너들은 게 아니라, 직접 들은 것이기 때문이다. 그 증언으로 피해자가 '제3자에게 같은 진술을 한 적이 있다'는 사실을 입증할 수 있다.

그런데 대상판결의 원심은 조금 다른 이야기를 하고 있다.

증인F의 원심 법정진술 중 "피해자로부터 '피고인이 추행하였다'는 취지의 말을 들었다"는 부분(피해자의 진술을 내용으로 하는 부분)은, '피고인이 피해자를 추행한 사실의 존부'에 대한 증거로 사용되는 경우에는 전문증거로서 증거능력이 없으나, 피해자가 F에게 위와 같은 진술을 하였다는 것 자체에 대한 증거로 사용되는 경우에는 F가 경험한 사실에 관한 진술에 해당하여 전문법칙이 적용되지 아니하므로, 원심이 '증인F의 법정진술' 부분을 증거의 요지에 기재하였다고 하더라도 위법하다고 할 수 없다.

위 설시의 앞부분은 문제가 없다. 증인F가 들은 말을 추행의 존부 입증으로는 쓸 수 없다. 문제는 밑줄 친 부분이다. 원심은 증인F의 진술을 '피해자가 F에게 위와 같은 진술을 하였다는 것 자체에 대한 증거로 사용'하고 싶어 한다. 쉽게 말해서, '피고인에게 성추행을 당했다'고 말한 것 자체는 맞지 않느냐? 그걸 F가 들은 것도 맞다. 따라서 F는 경험자라고 할 수 있다. 남의 진술을 들어서 전하는 사람이 아니라 자기가 직접 경험을 한 자이다. 그 경험을 증거로 쓰는 게 뭐가 문제냐? 원심은 이런 엉뚱한 얘기를 하고 있다. 실제로 원심은 F가 들은 피해자의 말을 증거로 삼고, 그걸 "증거의 요지에 기재"한 바 있다. 추행죄 유죄 입증 목적으로 쓰고 있는 것이다. 여기에 대해서 [대상판결]은 정확하게 그 허점을 짚어내고 있다.

원심의 이 부분 판단은, 피해자가 공소외인에게 '피고인이 추행했다'는 진술을 하였다는 것 자체에 대한 증거로 사용된다는 이유로 증거능력을 인정한 것이[지만], 원심은 위와 같이 판단한 다음 공소외인의 위 진술이 피해자의 진술에 부합한다고 보아 공소외인의 위 진술을 피해자의 진술 내용의 진실성을 증명하는 간접사실로 사용하였[고], 이 부분 원심판단에는 전문증거에 관한 법리를 오해한 잘못이 있[다].

[대상판결]의 결론이 적절하게 지적하고 있는 바와 같이, 원심은 다른 이유로 증거능력을 인정한 다음, 그 안에 들어 있는 피해자의 진술, 즉, "피고인에게 성추행을 당했다"는 진술을 '피고인이 성추행을 했다'는 요증사실의 입증에 사용하고 있다. [대상판결]은 그 점이 잘못됐다고 지적하고 있다.

정확하게 원심과 [대상판결]이 갈리는 부분이 어디인지, 다음 그림을 통해서 확인해 보자.

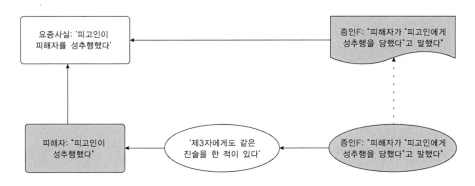

위 그림에서 증인F의 진술은 왼쪽으로 방향을 잡아서 '제3자에게도 같은 진술을 한 적이 있다'는 '보조사실'을 증명하고, 궁극적으로 피해자의 증인으로서의 신용성을 증강하는 쪽으로만 사용하면 아무 문제가 없다. 그런데 원심은, 그렇게 할 생각으로 증인F의 증언을 증거를 받아 놓고, 왼쪽이 아니라 위쪽(점선으로 된 화살표 참조)으로 올라가서 직접 요증사실을 입증하는 증거로 사용하고 있다. 증인F의 진술을 '보조증거'가 아니라 '실체증거'로, 그리고 '직접증거'로 요증사실을 입증하려는 것이다.

그런데 그렇게 하는 데는 결정적인 문제가 하나 있다. 바로 전문법칙이다.

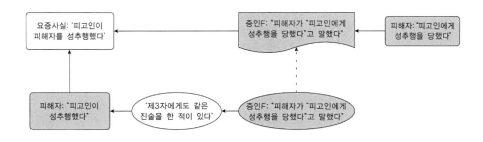

원심의 의도는 위 그림에서 증인F의 증언을 점선인 화살표를 통해서 위로 올리는 것이었다. 요증사실을 입증하는 실체증거로 쓰고 싶은 것이다. 그런데 그렇게 되면 그 증인F의 증언은 전문진술이 된다. 그 진술은 피해자의 진술, 즉 "피고인에게 성추행을 당했다"는 법정 외 진술을 들어서 전하는 것이고, 실체의 입증 목적으로 법정에 보고하는 것이기 때문이다. 위 그림의 제일 위쪽에 같은 증인F의 진술이 물결 무늬 속에 들어가 있는 이유가 그것이다. 그런 증언은 증거능력이 없다. 피해자 자신이 이미 법정증언을 하고 있기 때문에 제316조 제2항에 따라 증거능력이 없다. 제316조 제2항에 따라 증거능력을 인정받으려면 진술을 한 피해자가 법정에 못 나와야 하는 것이다. 따라서 원심은 다른 길로 증인 F의 진술을 받아야 한다. 원심이 원하는 바대로 전문법칙을 회피하기 위해서는 먼저 위 그림에서 타원으로 표시한 것과 같이 전문법칙이 적용되지 않는 진술로 증인F의 진술을 먼저 받아야 한다. 그런 다음에, 다시 말하면, 일단 전문법칙의 적용을 피한 다음에, 위 그림에서 점선으로 된 화살표를 따라 슬쩍 위로 올려놓으면 되는 것이다. 즉, 아래 그림과 같은 조작이 필요하다.

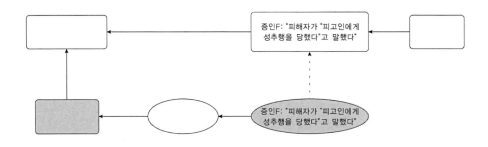

그 다음 문제는 위 그림에서 화살표 방향을 따라, 증인F의 진술을 보조증거에서 실체증거로, 또, 전문법칙의 적용을 받지 않는 증거(보조증거)에서 전문법칙에 반하지 않는 증거로, 어떻게 둔갑시킬까, 하는 점이다. 원심은, 두 가지 전술을 구사한다.

첫째, 피해자의 진술을 '말'이라고 하고, 증인F는 그 말을 들은 경험자로 바꾸는 전술이다. 원심은 어떤 진술을 했다는 사실 자체를 입증하는 증거로 증인F의 진술을 받겠다고 말한다. 하지만 그것은 명백히 잘못된 주장이다. 증인F가 경험자가 되려면 피해자는 '진술'이 아니라 '말'을 해야 한다. 즉, 협박하는 말, 남을 겁주는 말, 남을 속이는 말, 명예를 훼손하는 말을 해야 한다. 그래야 증인F

가 경험자가 된다. 그런데 [대상판결]에서 피해자는 '말'이 아닌 진술을 하고 있다. 요증사실(피고인의 성추행)을 입증하는 진술을 하고 있는 것이다. 따라서 증인 F는 말을 들은 경험자가 아니라, 진술을 들은 전문증인이라고 해야 한다. 당연히 그 증언은 전문법칙의 적용 대상이다.

둘째, 원심은 피해자의 진술을 '간접사실에 대한 정황증거'라고 주장한다. 그래서 전문법칙의 적용이 없고, 그걸 전해들은 증인F의 진술도 전문법칙의 적용이 없다고 한다. 하지만 그것 역시 틀린 말이다. 앞에서 본 바와 같이 간접사실에 대한 정황증거에는 전문법칙이 적용되지 않는다, 는 명제 자체가 참이 아니다. 간접사실에 대한 정황증거도 실체증거로 쓰면 당연히 전문법칙이 적용된다. 이 점은 앞에서 이미 충분히 설명한 바와 같다.

게다가 더 큰 문제가 있다. 도대체 피해자의 말을 무슨 '간접사실에 대한 정황증거'로 쓴다는 뜻일까? [대상판결]과 같은 상황에서 굳이 간접사실, 그리고 간접사실에 대한 정황증거를 만들고자 하면 다음과 같은 그림을 그릴 수밖에 없다.

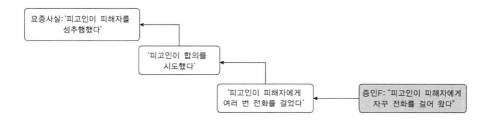

[대상판결]은 피해자의 진술 외에 증거가 거의 없는 사건을 다루고 있다. 그런 경우 우리가 생각할 수 있는 요증사실에 대한 간접사실과 그 간접사실에 대한 간접사실은 위 그림과 같이 그릴 수밖에 없다. 가령, 요증사실을 간접적으로 입증하는 사실, 즉, 간접사실로는 '피고인이 합의를 시도했다'는 사실을 들 수 있고, 그 간접사실을 다시 간접적으로 추론케 하는 사실은 '피고인이 피해자에게 여러 번 전화를 걸었다'는 사실을 들 수 있다. 위 그림 한 가운데 빈 네모로 이은 두 가지 간접사실이 그것이다. 이제 원심이 말하는 '간접사실에 대한 정황증거', 다시 말해서, '간접사실에 대한 간접사실에 대한 직접증거'로 증인F의 진술

을 쓴다고 할 때, 그것은 위 그림 오른쪽 아래에서 보는 바와 같이 "피고인이 피해자에게 자꾸 전화를 걸어 왔다"는 취지의 진술이 될 수밖에 없다. 그와 같은 증인F의 진술을 통해 우리는 직접적으로 '피고인이 피해자에게 여러 번 전화를 걸었다'는 사실을 입증할 수 있고, 또, 간접적으로 '피고인이 합의를 시도했다'는 사실을 추론할 수 있으며, 그것이 다시 요증사실을 추론하는 간접사실이 된다. 증인F의 진술을 (요증사실에 대한) 간접사실에 대한 정황증거로 쓴다는 것은 바로 이런 경우를 의미한다.

하지만 [대상판결]에서 우리가 손에 쥔 증인F의 증언은 그것과 결이 달라도 너무나 다르다. 증인F는 "피해자가 "피고인에게 성추행을 당했다"라고 말했다"는 증언을 하고 있다. 그렇다면 과연 그 증언이 어떤 간접사실에 대한 정황증거가 되는 것일까? 원심이 증인F의 증언을 간접사실에 대한 정황증거로 쓴다고 하면서, 어떤 입증계획을 머릿속에 그리고 있는 것일까?

원심이 증인F의 증언을 간접사실에 대한 정황증거로 쓴다는 말 자체는 사실, 아무런 의미가 없는 말이다. 단지, 어떻게든 실체증거로 쓰겠다는 고집을 표현하는 것에 지나지 않는다. 그렇게 하면 전문법칙의 적용이 없을 거라고 오해하고 있는 것이다.

원심판결에는 이처럼 여러 가지 말도 안 되는 논증이 보인다. 결국, 증인F의 증언을 전문법칙의 적용을 받지 않는 보통의 진술로 둔갑시킬 의도에서 나온 무리한 이론 구성이었다고 볼 수밖에 없다.

다행히 우리 대법원은 원심의 이런 잘못을 짚어 내고 있다. 즉, 증인F의 진술을 실체증거로 쓰면 전문법칙에 걸리기 때문에 안 되고, 다른 용도로만 써야 한다는 점을 밝히고 있다.

"어떠한 내용의 진술["피고인에게 성추행을 당했다"]을 하였다는 사실 자체에 대한 정황증거로 사용될 것이라는 이유로 진술의 증거능력을 인정한 다음 그 사실을 다시 진술 내용이나 그 진실성을 증명하는 간접사실로 사용하는 경우에 그 진술은 전문증거에 해당한다."

요컨대, 증인F의 진술은 그걸 실체증거로 쓴다면 전문증거에 해당하기 때문에, 제316조 제2항에 따라 증거능력이 없다고 결론을 내리고 있다.

다만 한 가지, 대법원의 이런 결론 역시 심각한 흠이 한 가지 있다. 결론은 올바로 내리고 있음에도 불구하고, 표현을 아주 잘못하고 있다는 점이 그것이다. 바로 위 인용문의 밑줄 부분의 문제다.

원심이 '진술을 하였다는 사실 자체에 대한 정황증거로 그 진술을 받았다'는 설명이나, 그것을 다시 '간접사실'로 원심이 사용했다는 설명은 도무지 무슨 뜻인지, 알 길이 없다. '진술을 하였다는 사실 자체에 대한 정황증거'란 정확히 무슨 뜻일까? 그리고 그 사실을 원심은 '간접사실'로 사용했다는 것은 또, 무슨 뜻일까? 대법원은 이 대목에서 도무지 알 수 없는 단어들을 쓰고 있다.

원심의 잘못은 원래, 이런 것이다. 성추행을 당했다는 피해자의 진술을 진술의 일관성 입증 목적으로만 썼어야 함에도 불구하고, 요증사실에 대한 직접증거로 쓴 것이다. 따라서 대법원은 원심의 잘못을 다음과 같은 표현으로 지적했어야 했다.

> 어떤 내용의 진술["피고인에게 성추행을 당했다"]을 하였다는 사실 자체를 진술을 한 자의 신용성을 입증하는 증거로 사용할 의도로 진술의 증거능력을 인정한 다음 그 사실을 다시 진술 내용이나 그 진실성을 증명하는 직접증거로 사용하는 경우에 그 진술은 전문증거에 해당한다. (따라서 전문법칙의 예외 인정 요건을 갖추지 못하는 경우에는 증거능력이 없다.)

[대상판결]에서 원심의 문제는 증인F의 진술을 신용성 입증 목적으로 받아들인 다음, 이를 요증사실에 대한 '직접증거'로 '둔갑해서' 사용하였다는 데 있다. 따라서 대법원 설시에서 '정황증거'라는 말을 '신용성 입증 용도'로 바꾸고, '간접사실'을 '직접증거'로 바꿔야 한다. 대법원은 원심을 향해, "어떤 진술을 증인의 신용성 입증 용도로 받아 놓고 이를 엉뚱하게 직접증거로 사용하는 것은 안 된다"라고 지적했어야 했다.

Ⅳ. 결론

우리 법뿐만 아니라 규칙까지도 비교적 일관된 언어로 '신용성'과 '신빙성'을 구별하고 있다. '신용성'은 사람이 믿을 만한지에 관한 개념이고, '신빙성'은 진술이 믿을 만한 것인지에 대한 개념이다. 대상판결은 다른 간접증거는 없고, 피해자인 증인의 신용성이 쟁점이 된 판결이다. 제1심은 그 신용성이 인정된다는 이유로 유죄로 인정했고, 원심이나 상고심 모두 피해자의 신용성에는 의심 되는 부분이 없어서 피고인에게 유죄를 선고했다.

문제는 그 취지를 표현하는 용어 선택에 있다. 특히, '정황증거'와 '간접증거', '간접사실' 같은 용어들을 사용할 때는 신중해야 한다. 막연히 '정황을 보여준다'는 의미로 '정황증거'라고 하고, '간접적으로 연결되어 있다'는 의미로 '간접사실,' '간접증거' 등으로 표현해서는 안 된다. '간접사실에 대한 정황증거'라는 문구 역시 정확한 지점에서 정확한 용도로 사용해야 한다.

[대상판결]에서 대법원이 원심을 비판한 요지는, 증인F의 증언을 실체증거이자 직접증거로서, 요증사실을 입증하는 데 사용했다는 데 있다. 하지만 대법원의 지적처럼 원심이 "진실성을 증명하는 간접사실로 사용"한 적은 없다. 대법원의 의중은 알겠지만, 정확한 용어로 설명하지 않으면, 읽을 때 상당히 혼란스러울 수밖에 없다.

학생들을 가르치다 보면 전문법칙 같은 까다로운 증거법칙에서는 용어를 정확하게 쓰는 것이 아주 중요하다는 것을 느낀다. 특히 이 부분에서는 학생들이 개념 정의부터 힘들어 하고, 그 때문에 증거법 전체를 아주 난해한 과목으로 여긴다. 우리 대법원이 증거법과 관련한 설시에서 정확한 용어를 사용하고 있는지 더욱 꼼꼼하게 검토할 필요가 있다.

제 2 장

"내 말대로 해!"를 해석하는 방법
— 대법원 2012. 9. 13. 선고 2012도7461 판결 —

[대상판결]

　피고인과 상대방 사이의 대화 내용에 관한 녹취서가 공소사실의 증거로 제출되어 녹취서의 기재 내용과 녹음테이프의 녹음 내용이 동일한지에 대하여 법원이 검증을 실시한 경우에, 증거자료가 되는 것은 녹음테이프에 녹음된 대화 내용 자체이고, 그 중 피고인의 진술 내용은 실질적으로 형사소송법 제311조, 제312조의 규정 이외에 피고인의 진술을 기재한 서류와 다름없어, 피고인이 녹음테이프를 증거로 할 수 있음에 동의하지 않은 이상 녹음테이프에 녹음된 피고인의 진술 내용을 증거로 사용하기 위해서는 형사소송법 제313조 제1항 단서에 따라 공판준비 또는 공판기일에서 작성자인 상대방의 진술에 의하여 녹음테이프에 녹음된 피고인의 진술 내용이 피고인이 진술한 대로 녹음된 것임이 증명되고 나아가 그 진술이 특히 신빙할 수 있는 상태하에서 행하여진 것임이 인정되어야 한다. 또한 대화 내용을 녹음한 파일 등 전자매체는 성질상 작성자나 진술자의 서명 또는 날인이 없을 뿐만 아니라, 녹음자의 의도나 특정한 기술에 의하여 내용이 편집·조작될 위험성이 있음을 고려하여, 대화 내용을 녹음한 원본이거나 원본으로부터 복사한 사본일 경우에는 복사과정에서 편집되는 등의 인위적 개작 없이 원본의 내용 그대로 복사된 사본임이 증명되어야 한다.

I. 들어가며

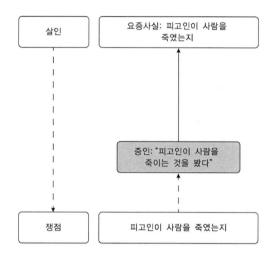

보통의 형사사건에서는 위와 같이 피고인의 행위에 대해서 이를 입증하는 증인의 진술 등을 증거로 제출한다. 가령, 살인사건의 경우 요증사실은 '피고인이 사람을 죽였는지'이고, 쟁점은 실제로 피고인이 사람을 죽인 일이 있는지로 귀결되며, 이에 대해 목격자인 증인이 나와 "피고인이 사람을 죽이는 것을 봤다"고 증언함으로써 살인죄의 공소사실을 증명하는 직접증거가 된다.

그런데 때에 따라서는 쟁점이 피고인의 행위가 아니라 피고인의 진술과 같은 '말'인 경우도 있다. 가령, 아래와 같은 명예훼손죄 사건을 보자.

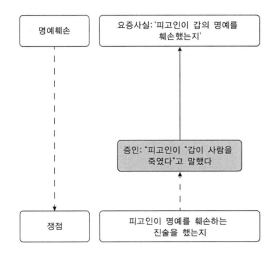

이런 사건에서는 쟁점이 피고인이 무엇을 했느냐가 아니라, 무슨 진술을 했느냐, 또는, 무슨 말을 했느냐, 이기 때문에 법정에 나온 증인의 증언도 "피고인이 무슨 진술을 했다"는 형태로 제출된다. 즉, "피고인이 "갑이 사람을 죽였다"고 말했다"라는 증언이 나온다. 남의 말을 들어서 전하는 진술, 즉, 전문진술과 비슷한 모양새를 띠는 것이다.

하지만 그 실질을 따져 보면, 전문법칙이나 전문진술과는 아무 상관이 없다. 피고인이 과거에 무슨 진술을 한 것 자체가 범죄사실이고, 그걸 경험자인 증인이 들어서 전하는 것이기 때문이다. 마치 살해 장면을 보고 증언하는 것과 다를 바 없어서 증인의 진술은 전문법칙의 적용을 받을 이유가 없다. 우리 판례도 여러 군데서 이런 진술은 전문법칙과는 상관이 없다고 강조한 바 있다.

다른 사람의 진술을 내용으로 하는 진술이 전문증거인지는 요증사실이 무엇인지에 따라 정해진다. 다른 사람의 진술, 즉 원진술의 내용인 사실이 요증사실인 경우에는 전문증거이지만, 원진술의 존재 자체가 요증사실인 경우에는 본래증거이지 전문증거가 아니다.[1]

판례는 '원진술의 존재 자체가 요증사실인 경우에는 본래증거이지 전문증거가 아니'라고 하고 있다. 여기서 '본래증거'라는 말은 아마도 '보통의 증거' 또는

'보통의 증언'이라는 뜻일 것이다. 즉, 살인죄에서 목격자인 증인의 증언과 다를 바 없다는 뜻이다.

이와 비슷한 예는 협박죄에서도 발견된다.

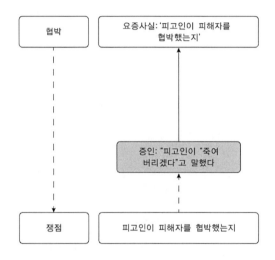

위 그림에서 쟁점은 '피고인이 피해자를 협박했는지'이다. 보통 "죽여버리겠다"와 같이 심한 말로 협박을 하기 때문에 피해자인 증인이 나와 "피고인이 "죽여버리겠다"고 말했다"라고 증언함으로써 요증사실에 대한 직접증거를 제출한다. 바로 앞에서 명예훼손죄의 경우에는 피고인의 '진술(statement)(범죄사실을 확인하는 말)'을 들은 것임에 반해, 여기서는 피고인의 '말(words)' 또는 욕설을 들은 점만 다르다. 물론 둘 다 피고인이 '말한 것'을 들었다는 점에서는 차이가 없다.

여기서도 증인의 증언이 전문진술과 유사하게 들릴 수 있다. "피고인이 뭐라고 말했다"라는 형식을 취하기 때문이다. 하지만 실질은 그것과 전혀 상관없다는 점은 앞에서 본 바와 같다. 우리 판례도 협박죄에서, 증인의 증언은 전문법칙과 아무런 상관이 없다고 강조한 바 있다.[2]

이처럼 피고인의 입에서 나온 진술을 포함한 여러 가지 말이 요증사실이 되는 사건에서는, 피고인이 진짜로 그런 말을 했는지, 여부가 쟁점이다. 또, 그런 사건이 명예훼손죄나 협박죄만 있는 것도 아니다. 사기죄의 경우에도 피고인이 속이는 말을 했는지가 요증사실이 될 수 있다.[3] 한편, [대상판결]은 공갈죄와 관련해서 피고인이 피해자인 증인에게 강요하는 말을 했는지가 쟁점이다.

"피고인이 ○○광역시 △구청장의 지위에서 피해자 조합의 토지구획정리사업 완료에 필수적인 공사 등에 관한 협의 권한이 있음을 기화로 승소 가능성이 거의 없는 이 사건 소를 제기한 뒤 피고인의 요구대로 조정에 응하지 않으면 위 사업 완료를 위한 관련 협의가 진행되지 않을 것이라고 피해자의 대표자인 공소외인을 협박"[4]한 게 문제가 된 것이다. 그 가운데 "내 말대로 해!"라는 부분을 발췌해서 보면, [대상판결]의 쟁점을 다음과 같이 그릴 수 있다.

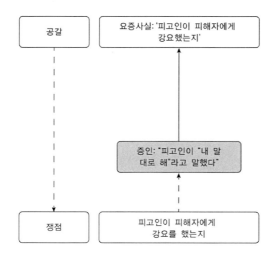

실제로 위 그림과 같이 피해자인 증인이 나와서 직접증거로, "피고인이 진짜 그랬어요!"라고 증언한다면, 피고인은 치열한 반대신문을 각오해야 한다. 가령, 피고인이 진짜 그런 진술을 했는지, 진술을 할 때 분위기가 어땠는지, 피고인은 전혀 협박의 의도가 아니었는데 피해자가 지레 그렇게 생각한 것은 아닌지, 피해자의 기억력이 괜찮은지, 당시 배석한 사람은 없었는지 등등, 반대신문이라는 이름으로 피해자인 증인에 대해 집요한 공격을 퍼부을 것이다.

또, 피해자 입장에서 보면, 실제로 기억해서 전달할 수 있는 양이 한정된다는 문제도 있다. [대상판결]에서 쏟아부었던 말은 다음과 같이 그 양이 적지 않다.

피고인은 이후에도 공소외 1에게 "나도 니가 그렇게 해서 오케이 해서 내면, 조정부에서 5월 27일까지 갈 게 뭐 있어? 그렇게 해서 끝내고 해야 나도 이놈아, 협조를 하든가 말든가 뭘 해서 같이 뭘 풀어주지. 너 그런 식으로 하면 너를 어떻게 자꾸 이렇게.", " ☆사무장하고 해결을 빨리 해, 이 새끼야! 그거 하라는 대로 해. 너 정말이야, 너!", "이 자식아! 그리고 엉아가 그렇게 얘기했으면 알아들어야지. 뭔 일을 뭐 못 알아듣고 이 새끼. 자꾸... 자꾸", "너가 이걸 빨리 법원에서 정리를 해야, 가서 조정부에 가서 하든 뭐하든 빨리 일정을 잡아서 진행을 해야 다음 진행도 너가 수월하게 간다는 것만 알고 있어", "너가 가서 빨리 그 조정을 해야 이쪽 공무원 애들도 정말 뭐, 내 눈치 안보겠어?", "조정판결이 이렇게 여기서 18억 냈고, 여기서는 8억 냈는데 이렇게 해서 조정한 거다. 해서 그렇게 해서 끝내면, 판결문 보여주면 끝나는 거지. 그거 무슨 누구 앞에서, 이 새끼야 무슨!", "그 다음에, 그 다음에 와. 그 다음에 다 딱 갖고 와. 그러면 내가 어떻게, 어떻게 하는 방법. 내가 다 여기다 불러다 놓고 방법론을 찾은 걸...", "여기서 백날 지랄해도 안 돼. 그러니까 내가 걔네들까지 불러서 할 테니까", "그거나 해갖고 와. 그래야 진행되지. 뭐 백날 해봐야 뭐", "두 가지를 빨리 해갖고 와. 그러면 내가 다 불러, 다 이 자리에 앉혀놓고 방법론을 찾아줄 테니까. 빨리빨리. 너 지금 백날 다녀봐야 너만 피곤해, 그건. 다 해갖고 와. 내가 시키는 대로 해, 이 새끼야! 내가 그러잖아. 너 이 새끼야. 내가 청장될지 몰랐지? 내가 얘기도 했잖아", "니가 가서 내가 얘기한대로. 나는 두 마디 잘 안 하는 사람이야", " 빨리 해갖고 와. 야, 시끄러! 내가 다른 소리 안 하잖아. 내가 그러면 여기 다 앉혀놓고, 임마. 다, 다 여기...", "그러니까... 이 새끼야! 나는 7년을 참았어..." 등의 말을 하면서 계속하여 피고인이 원하는 내용대로 조정에 응할 것을 종용하였다.

이걸 다 들어서 기억했다가 당시 발언 분위기를 법정에 전달하고, 피고인이 얼마나 심하게 자신을 압박했는지 증명하는 일은 생각만큼 쉽지 않을 수 있다.

그래서 피해자는 고심 끝에 이 모든 내용을 녹음해서 증거로 제출하기로 했다. 마침 대화 당사자 사이의 말을 녹음하는 것은 우리 법제가 「통신비밀보호법」에 저촉되는 것으로 보지 않는다. 피해자는 당연히 그런 방법이 가능하다면, 피고인의 실제 진술을 녹음해서 제출할 생각을 하지 않을 수 없다.

자, 그렇다면 이때, 녹취서와 함께 녹음파일을 받은 법원은 그 안에 들어 있는 피고인의 말 혹은 진술을 요증사실에 대한 증거로 할 수 있을까?

이것이 바로 [대상판결]의 쟁점이다.

[대상판결]은 이에 대해, 피해자가 제출한 녹음파일에도 전문법칙이 적용되며, 우리 법 상 전문법칙의 예외 규정 가운데 제313조 제1항 단서에 따라 증거능력이 인정된다고 설시하고 있다. 즉, 다음 규정을 충족하는지 여부를 검토하라는 것이다.

> 전2조의 규정 이외에 피고인 또는 피고인이 아닌 자가 작성한 진술서나 그 진술을 기재한 서류로서 그 작성자 또는 진술자의 자필이거나 그 서명 또는 날인이 있는 것(피고인 또는 피고인 아닌 자가 작성하였거나 진술한 내용이 포함된 문자·사진·영상 등의 정보로서 컴퓨터용디스크, 그 밖에 이와 비슷한 정보저장매체에 저장된 것을 포함한다. 이하 이 조에서 같다)은 공판준비나 공판기일에서의 그 작성자 또는 진술자의 진술에 의하여 그 성립의 진정함이 증명된 때에는 증거로 할 수 있다. 단, 피고인의 진술을 기재한 서류는 공판준비 또는 공판기일에서의 그 작성자의 진술에 의하여 그 성립의 진정함이 증명되고 그 진술이 특히 신빙할 수 있는 상태하에서 행하여 진 때에 한하여 피고인의 공판준비 또는 공판기일에서의 진술에 불구하고 증거로 할 수 있다.

위 규정과 우리 판례의 해석론에 의하면, 위 녹음파일은 공판기일에서 작성자라고 할 수 있는 피해자의 진술로 성립의 진정('피고인이 진술한 것이 그대로 녹음되어 있다는 점')이 인정되고, 특신성이 증명되면 증거로 할 수 있다.

아래에서는 [대상판결]의 결론이 합리적인 것인지 분석하면서, [대상판결]의 전문증거에 대한 해석에 문제가 있음을 지적하고자 한다. 무엇보다, 직접 증언을 하지 않기로 한 피해자 앞에 놓인 다양한 선택지를 비교·검토하면서, [대상판결]이 놓친 부분에 대해서 설명하고자 한다.

Ⅱ. 다양한 선택지들

첫째, 피해자는 자기가 들은 진술을 다른 사람에게 전달해서 그 자가 들은 바를 법정에 보고하게 하는 방법이 있다. 바로 다음과 같은 그림이다.

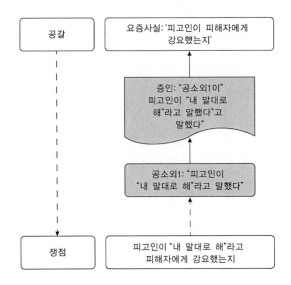

가령, 피해자가 자기 친구에게 들은 대로 말하고, 그 친구가 법정에 출석해서 증언하는 방법이다. 위 그림에서 공소외1은 피해자가 되고, 증인은 피해자의 친구가 된다.

위와 같은 전달방법에는 치명적인 약점이 하나 있다. 경험자가 아니라 다른 사람이 나와서 증언하는 것을 우리 법이 그다지 호의적으로 보지 않는다는 점이다. 판례에 따르면 이 경우는 우리 법 제316조 제2항이 적용된다.

피고인 아닌 자의 공판준비 또는 공판기일에서의 진술이 피고인 아닌 타인의 진술을 그 내용으로 하는 것인 때에는 원진술자가 사망, 질병, 외국거주, 소재불명 그 밖에 이에 준하는 사유로 인하여 진술할 수 없고, 그 진술이 특히 신빙할 수 있는 상태하에서 행하여졌음이 증명된 때에 한하여 이를 증거로 할 수 있다.

즉, 이 경우는 경험자인 피해자가 사망, 질병 등 부득이한 사유로 법정에 나올 수 없고, 경험자의 진술이 특히 신빙할 수 있는 상태하에서 행하여진 때에 한하여 증거능력이 있다. 특신상태라는 요건도 까다롭지만 그전에 먼저 피해자 본인이 부득이한 사유로 법정에 나올 수 없는 경우라야 법정에 출석한 증인의 증언이 증거가 될 수 있다. 그런데 [대상판결]의 경우 피해자 본인이 법정에 못 나올 상황이 아니다. 따라서 이 방법은 피해자가 선택 가능한 옵션이 아니다. 또, 앞에서 자세하게 설명한 것처럼 피해자 입장에서는 자신이 당한 것을 생생하게 전달하는 게 목적인데, 다른 사람의 입을 통해 전달하는 것은 그 효과에 한계가 있다.

둘째, 그 다음으로 생각할 수 있는 방법은 피해자가 들은 바를 녹음파일이 아니라 문서에 적어서 제출하는 것이다. 즉, 다음과 같은 구조가 된다.

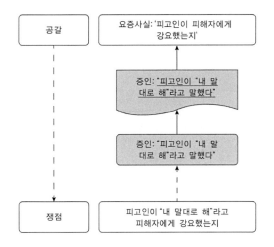

위 그림은 증인인 피해자가 나와서 "피고인이 "내 말대로 해"라고 말했다"고 보고하지 않고, 같은 내용을 서면에 적어서 법정에 증거로 내는 상황을 표현한 것이다. 밑에서부터 세 번째 물결 무늬 네모 안에 밑줄이 그어져 있는 이유가 그것이다. 밑줄 표시는 '말'로 제출한 것이 아니라 '글'로 제출한 거라는 점을 표현하기 위함이다. 그렇게 제출된 문서 역시 증인이 법정에서 직접 증언하는 게 아니기 때문에 물결 모양의 네모 안에 넣었다. 우리 법 상 전문법칙의 적용을 받는 전문진술이라는 뜻이다.

이런 전문진술에 대해서는 앞에서 인용한 바 있는 제313조 제1항 단서가 적용된다. 피해자 본인이 나중에 법정에 나와 그 서류의 성립의 진정을 인정하고,

그 서류 안에 들어 있는 피고인의 진술이 특신상태 하에서 행하여진 때에 한하여 증거능력이 있다. 즉, 피해자는 자신이 적은 서류에 대해서 "예, 맞습니다. 제가 적은 대로 잘 적혀 있습니다"라고 증언을 하고, 피고인이 진술하게 된 정황이 믿을 만할 때 증거로 할 수 있다.

우리는 앞에서 피해자가 법정에서 직접 증언하지 않고 다른 사람이 들어서 법정에 전하는 경우에도 전문법칙이 적용되어 제316조 제2항의 심사를 받는다고 했다. 위 그림에서 보는 것처럼 같은 내용을 서류에 적어서 법정에 보고하는 경우도 그와 비슷한 심사를 받는다. 다만, 그 적용 조항이 약간 달라질 뿐이다.

이와 같이 두 가지 상황, 즉 피해자인 증인이 경험한 것을 다른 증인에게 전달해서 간접적으로 보고하는 상황과, 바로 위에서 본 바와 같이 서류에 적어서 전달하는 상황을 같은 평면에 그려보면 다음과 같다.

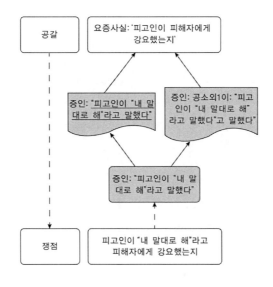

위 그림에서 오른쪽은 다른 증인의 입을 통해서 피해자의 진술을 제출하는 상황이고, 왼쪽은 본인이 작성한 글을 통해서 피해자의 진술을 제출하는 상황이다. 오른쪽 길을 통하면 제316조 제2항이 적용되고, 왼쪽 길을 택하면 제313조 제1항 단서가 적용된다는 점은 앞에서 본 바와 같다.

이와 같은 두 가지 선택지가 원래 전문진술을 법정에 전달하는 전통적인 방법이었다. 즉, 전문진술은 예전부터 다른 증인이나 서류 또는 문서를 통해서 법정에 전달되어 왔다.

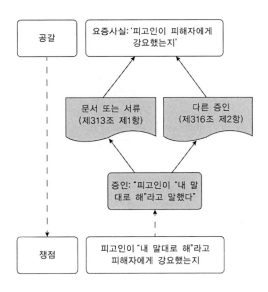

그런데 세상이 바뀌어서 제3자의 선택지가 생겼다. 바로 녹음을 해서 제출하는 방법이다. 과학기술이 발달해서, 목격자나 증인들이 경험한 것을 다른 사람에게 말하거나 글로 적지 않고 녹음을 해서 제출할 방법이 등장했다.

이와 같은 제3의 선택지에 대해서 미국이나 우리 판례 모두 그 구조가 서류에 진술을 적어서 내는 것과 다르지 않다고 본다. 어떤 진술을 글로 적어서 내는 것과 녹음을 해서 내는 것이 본질적으로 다르지 않다고 생각한 것이다.

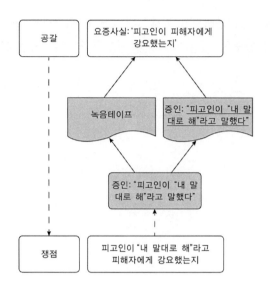

위 그림의 가운데 오른쪽은 글로 적어내는 방법이고, 왼쪽은 녹음테이프로 내는 방법이다. [대상판결]은 이 두 가지가 본질이 같다고 한다. 그래서 증거로 제출된 녹음파일(녹음테이프와 근본적으로 다르지 않은 이상)에 제313조 제1항 단서가 적용된다고 본다. 그 결과 [대상판결]은 녹음파일이 증거로 제출되는 경우, 그 작성자라고 할 수 있는 피해자가 법정에서 성립의 진정을 인정하고, 특신성이 인정되면 증거능력이 있다고 한다. 위 그림에서 보는 두 가지 선택지를 똑같이 취급하겠다는 것이다.

그렇다면 두 가지가 과연 같은 것인지 확인하기 위해서 그 안에 각각 어떤 말이 들어 있는지 그 내용(content)을 그대로 펼쳐보기로 한다.

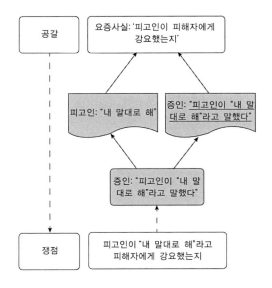

내용을 펼쳐서 확인해 보면, 그림 오른쪽에는 증인의 필체로, "피고인이 "내 말대로 해"라고 말했다"라는 진술이 들어 있는데 반해, 왼쪽에는 피고인의 말로 "내 말대로 해!"라는 날카로운 목소리만 들어 있다. 위 그림에서 양쪽이 같은 취급을 받기 위해서는 녹음파일에도 증인의 목소리로, "피고인이 "내 말대로 해!"라고 말했다"라고 녹음되어 있어야 한다. 그런데 그게 전혀 아니다.

그렇다면, [대상판결]의 결론처럼, 위 그림에 나오는 두 가지 선택지가 과연 같은 것이라고 할 수 있을까?

오른쪽에서는 말하는 사람이 증인인데 반해, 왼쪽에서는 말하는 사람이 피고인이다. 즉, 주체가 다르다. 그리고 오른쪽 밑줄 친 부분에서 확인할 수 있는 바와 같이 그 서류에는 "피고인이 "내 말대로 해"라고 말했다"라는 '진술'이 들어 있고, 반면에 왼쪽에는 그보다 훨씬 더 짧은 '육성'이 들어 있다. "내 말대로 해"라는 강압적인 말투 하나만 들어 있는 것이다.

과연 이 두 가지는 같은 것이어서, 같은 법조문이 적용되어야 할까? 그 두 가지 모두 피고인의 진술을 포함하고 있고, 두 가지 모두 전문진술이며, 전문법칙의 적용을 받는다고 해야 할까? 왼쪽에는 분명히 피고인의 목소리만 들어 있는데, 왜 우리는 그것마저 전문법칙의 적용을 받는다고 하는 것일까? [대상판결]은 왜, 다른 것을 같다고 말하는 것일까?

아래에서는 이런 문제에 대해서 차근차근 생각해 보기로 한다.

Ⅲ. [대상판결]의 문제점

[대상판결]은 아주 중요한 부분에서 착오를 하고 있다. 위 그림에 보이는 두 가지 선택지 간에는 결정적인 차이가 있다. 바로 '개입'이라는 문제다. 위 그림의 왼쪽에는 개입하는 사람이 없다. 즉, 경험자가 따로 없다. 조금 더 정확하게 말하면, 경험자라고 지칭되는 사람, 즉, 피해자가 개입해서 '하는 일'이 없다. 오른 쪽에서 경험자인 증인 또는 피해자는 자신이 경험한 것을 글로 적는다. 그렇다면 왼쪽에서는 자신이 경험한 것을 녹음파일에 녹음을 했어야 한다. 그래야 두 개를 같은 것으로 봐서, 같은 규정이 적용된다고 말할 수 있다.

그런데 왼쪽에서 경험자는 아무것도 하지 않는다. 녹음 버튼만 누를 뿐이다. 녹음파일 자체는 경험자가 만드는 게 아니라, 기계가 만든다. 경험자는 파일을 만드는 데 거의 아무런 역할도 하지 않고 있는 것이다.

전문법칙은 경험자가 직접 법정에 나오지 않고 다른 매체(사람이나 문서, 녹음테이프)로 자신의 경험을 전달할 때 작동되는 법칙이다. 그 방법은 앞에서 자세히 본 것처럼, 다른 사람에게 말하는 게 있고, 글로 적는 게 있고, 녹음을 하는 게 있다. 모두 법정증언이 아니라서 전문법칙이 적용된다. 하지만 중요한 전제는, 일단 '경험자'가 있어야 한다는 점이다. 경험자가 있고, 그가 다른 사람에게 말을 하고, 글로 적고, 녹음을 한다. 그래서 전문법칙이 적용된다고 한다. 그런데 위 그림 속 녹음파일에서는 그런 경험자의 존재가 보이지 않는다.

[대상판결]이 특별한 이유는, 거기서는 경험이 '듣는 거'라는 데 있다. 다른 사건 같으면 살해 장면을 보는 것이 경험이지만 여기서는 말을 듣는 게 경험이다. 그래서 일단은 먼저, 말을 들어야 한다. 그런 다음에 그 '들은 것'을 다른 사람에게 얘기하든지, 적든지, 녹음을 하든지, 해야 한다. 그런데 [대상판결]에서는 '들은 것'이라는 게 따로 없다. '들은 것'은 피해자의 머릿속에만 있을 뿐, 녹음파일에 옮겨지지 않았다. 녹음파일에 담긴 것은 '들은 것'(피고인이 뭐라고 말했다)이나 '경험한 것'(피고인이 누구를 죽였다)이 아니다. 그냥, 소리이다. 사건 자체라는

말이다. 녹음파일 안에서는 공갈이라는 범죄가 일어나고 있다. 마치 CCTV에서 살해 장면이 찍히는 것과 같다. 녹음파일은 사건을 실시간으로 녹음하는 것일 뿐, 경험자의 경험을 녹음한 게 아니다. 그래서 전문법칙이 끼어들 여지가 없다.

이런 상황이라면, 녹음은 녹음이고, 경험은 경험이라고 말할 수 있다. 녹음은 녹음대로 틀고, 경험은 경험대로 증언해도 된다. 그 두 가지가 완전히 따로 놀고 있다.

만약 어떤 문제가 생겨서 녹음파일이 없어진다고 하자. 그럼 경험자인 피해자는 자신이 들은 바를 법정에서 진술하면 된다. 바로 다음과 같은 법정증언을 하는 것이다.

"피고인이 "내 말대로 해"라고 말했습니다"

아니면, 다른 사람에게 말해서 그 사람이 전달하게 해도 된다. "피고인이 "내 말대로 해"라고 말했다" 라고 친구에게 이르는 것이다. 그럼 그걸 나중에 친구가 받아서 법정에서 이렇게 증언할 것이다.

"피해자가 "피고인이 "내 말대로 해"라고 말했다"고 말했습니다"

이게 바로 전문증언이다. 그 전문증언에 대해서는 제316조 제2항이 적용된다는 점은 앞에서 본 바와 같다.

아니면 서류에 적을 수도 있다.

<u>"피고인이 "내 말대로 해"라고 말했다"</u>

이렇게 말이다. 그러면 [대상판결]의 설시처럼 제313조 제1항 단서가 적용된다. 작성자가 성립의 진정을 인정해야 하고, 특신성이 증명되어야 한다.

자, 그렇다면 서류에 적지 않고 녹음을 한다면 어떻게 될까? [대상판결]의 결론에 따르면, 제313조 제1항 단서가 적용된다. 서류와 녹음파일은 같은 것으로 보기 때문이란다. 이때 입증의 편의를 위해서 피해자는 녹취서를 같이 낼 수도 있다. 제대로 된 녹취서라면 아마도 이런 내용이 들어 있을 것이다.

"피고인이 "내 말대로 해!"라고 말했다"

이것과 [대상판결]에 제출된 녹음파일 속, "내 말대로 해!"는 내용이 다르다. 녹음파일 속에는 피고인의 직접 육성이 들어 있을 뿐이다. 그 전부에 전문법칙이 적용되고, 제313조 제1항 단서가 적용된다고 말해서는 안 된다. 그 둘은 비슷하지도 않다. 녹음파일에는 피해자인 증인이 경험한 내용이 없다. 증인이 들어서 진술하는 게 아니다. 전문법칙이 적용될 여지가 전혀 없다.

IV. 나오며

[대상판결]의 공소사실은 공갈죄이고, 쟁점은 피고인이 피해자에게 공갈을 했는지 여부이다. 이와 관련해서 녹음파일이 증거로 제출되었고, 그 녹음파일 안에는 피고인의 육성, "내 말대로 해!"가 들어 있다. 과연 이 녹음파일 속 육성을 뭐라고 정의해야 좋을까? 그 해답을 얻기 위해서 마지막으로 그림 하나를 더 그려보기로 한다.

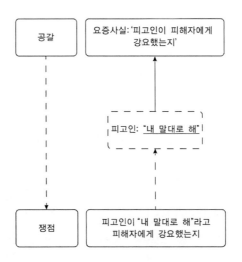

위 그림에서 "내 말대로 해!"라는 소리는 '진술'도 아니다. 진술이라면 쟁점 사실에 대해서 확인하는 내용이 담겨야 한다. 즉, 내가 뭘 했다, 누가 뭘 했다, 등등으로 사실 여부에 대한 주장(assertion of fact)이 들어가야 한다. "내 말대로 해"라는 소리는 그런 진술과는 거리가 멀다. 그건 그냥 '말'이고, '육성'일 뿐이다. 굳이 비교하자면 살인사건의 살해 장면과 같다. 소리 자체가 공갈죄에서 공갈 장면이다. 그래서 오히려 '사건'이라고 표현하는 게 맞다. 위 그림에서 "내 말대로 해!"를 점선인 네모로 묶은 이유가 그것이다. 피고인의 진술이 아니라, 사건 이면서, 피고인의 범행이라는 점을 표현하기 위한 것이다.

그 범행 혹은 사건이 녹음된 파일은 당연히, 증거물이다. 피해자인 증인은 적시에 범행 장면을 포착해서 증거물로 제출한 것이다. 살해 장면이 찍힌 CCTV 를 제출한 것과 다를 바 없다. 이 경우, 녹음파일은 공갈죄의 입증에 쓰일 직접 증거가 된다. 그리고 그 증거능력은 증거물에 준해서 판단하면 된다. 증거물로서 위조 또는 변조된 바는 없는지, 채집단계에서 작동상태에 문제가 없었는지, 보관 상 잘못으로 변형되지는 않았는지 등등. 보통의 증거물에 대해서 하듯이 증거능력을 판단하면 된다.

피해자는 고민 끝에 가장 생생한 증거로 증거물인 녹음파일을 제출했다. 그런데 그 안에 사람 말이 들어 있다는 이유로 [대상판결]은 전문법칙을 얘기하고 있다. 특신성이 있는지 여부에 따라 그렇게 생생한 증거를 안 받을 수도 있다는 점을 우회적으로 선언한 것이다. 진술도 아니고 공갈 범행이 그대로 들어가 있는데, 위조나 변조된 게 아니라면, 무슨 이유로 그 증거능력을 배척하려고 하는 것인지 이해하기가 쉽지 않다.

다행히 결론은 증거능력 인정, 이었다. 하지만 그렇다고 해서, 문제가 없는 게 아니다. 증거물에 전문법칙을 왜 적용한 것인지, 그 이유는 여전히 알 수가 없다.

심지어 우리 법 제313조 제1항 단서가 적용되는 경우, 피고인 본인도 성립의 진정을 인정해야 증거능력이 있다고 해석하는 견해도 적지 않다. 그런 견해에 의하면, [대상판결]의 녹음파일이 증거로 제출되는 경우, 피고인에게 성립의 진정 인정 여부를 물어야 한다는 결론이 나온다. 쉽게 말해서, 이미 저지른 공갈 범죄를 법정에서 피고인이 진술로 '취소'할 기회를 주는 것이다.5) 당연히 안 될 말이다.

　[대상판결]에서 녹음파일의 증거능력을 인정하는 데 그치지 않고, 그 파일
을 증거서류가 아닌 증거물로 보는, 판례의 변경이 필요하다.

제3장

"뽑아라, 말이야!"

— 대법원 2018. 5. 15. 선고 2017도19499 판결 —

[대상판결]

원심은 공소외 3, 공소외 9의 법정진술 중 "피고인 1이 2014. 9. 22.경 '총장이 (공소외 1을) 뽑으라고 한다'라고 말하는 것을 들었다"라는 부분과 공소외 3, 공소외 4의 법정진술 중 "2014. 10. 18. 면접 오리엔테이션 장소에서 피고인 1이 '총장님께 보고 드렸더니 총장님이 뽑으라고 하신다'라고 말하는 것을 들었다." 라는 부분은 모두 피고인 3의 원진술, 피고인 1의 전문진술에 대한 재전문진술이고, 같은 취지인 공소외 3, 공소외 9, 공소외 4의 검찰 진술조서와 교육부 문답서는 그와 같은 재전문진술을 기재한 조서와 서류라고 판단하였다. 나아가 원심은 재전문진술이나 재전문진술을 기재한 서류는 피고인이 증거로 하는 데 동의하지 않는 한 형사소송법 제310조의2에 따라 이를 증거로 할 수 없으므로(대법원 2000. 3. 10. 선고 2000도159 판결 참조), 위 각 진술은 재전문증거가 되어 실제 피고인 3이 공소외 1을 뽑으라고 지시했는지 여부를 증명하기 위한 증거로 사용할 수는 없으나, 여러 간접증거에 의하여 피고인 3의 공모사실을 인정함에 있어 피고인 1이 '피고인 3이 공소외 1을 뽑으라고 한다'는 말을 했었다는 사실 자체 또는 위 진술의 진실성과 관계없는 간접사실에 대한 정황증거로 사용하는 것까지 막는 것은 아니라고 판단하였다.

　　공소외 3 등의 위 각 법정진술의 원진술은 피고인 1의 진술로, 그 요지는
'총장이 공소외 1을 뽑으라고 했다'는 것이다. 그런데 피고인 1의 위와 같은 진
술은 타인인 피고인 3의 진술을 내용으로 하는 것이기는 하나, 그 원진술이라고
할 수 있는 피고인 3의 진술 내용의 진실성이 아니라 그 진술의 존재 자체가 위
피고인들 사이의 공모관계에 관한 증거가 되는 것이다. 따라서 피고인 1의 위와
같은 진술은 전문증거가 아닌 본래증거이고, 이를 내용으로 하는 공소외 3 등의
위 각 법정진술은 재전문증거가 아닌 전문증거이다. 따라서 이를 재전문증거로
본 원심판단은 적절하지 않다.

　　그러나 공소외 3 등의 위 각 법정진술은 피고인 3과의 관계에서는 형사소송
법 제316조 제2항에 정한 '피고인 아닌 자의 공판기일에서의 진술로서 피고인
아닌 타인(공동피고인 1)의 진술을 그 내용으로 하는 것'에 해당하므로, 원진술자
인 피고인 1이 사망, 질병 기타 사유로 인하여 진술할 수 없는 경우에 한하여 이
를 증거로 할 수 있는데, 그와 같은 요건이 갖추어지지 않았음은 기록상 분명하
다. 따라서 피고인 3과의 관계에서 위 각 진술 및 이를 기재한 서류를 위 피고인
이 공소외 1을 뽑으라고 지시하였는지 여부를 증명하기 위한 직접증거로 사용할
수 없다는 원심 결론은 정당하다.

　　한편 앞서 본 법리에 비추어 살펴보면, 공소외 3 등의 위 각 법정진술을 피
고인 1이 '피고인 3이 공소외 1을 뽑으라고 한다'는 말을 했었다는 사실 자체 또
는 위 진술의 진실성과 관계없는 간접사실에 대한 정황증거로 사용할 때에는 이
를 전문증거로 볼 수 없다. 같은 취지인 원심판단에 상고이유 주장과 같이 전문
법칙에 관한 법리를 오해하는 등의 잘못이 없다.

Ⅰ. 들어가며

　　정권 실세의 딸을 유명 대학에 입학시키는 과정에서 문제가 생겼다. 실세의
압력에서 자유로울 수 없는 총장은 입학처장에게 "그 딸(甲)을 뽑아라!"라고 지
시했고, 입학처장은 입시위원회에 가서 위원들에게 "총장님께서 甲을 뽑으라고
하신다"라고 압력을 넣었다.

[대상판결]을 아주 단순하게 정리하면 위와 같다.

입시위원회에서 총장의 지시를 간접적으로 들은 사람은 여러 명 있지만, 여기서는 단 한 명이 들은 걸로 가정하기로 한다. 그런데 들었다는 사람은 있는데 정작 말을 한 사람들, 즉 총장과 입학처장은 그런 말을 했다는 사실 자체를 부인하고 있다. 이 경우 전해 들은 위원의 말만 가지고 총장과 입학처장의 업무방해에 대한 형사책임을 물을 수 있을까? 이것이 [대상판결]의 쟁점이다.

당시 정황을 보면 총장과 입학처장이 甲의 입학을 위해 여러 방면으로 노력한 것만큼은 틀림없는 것 같다. 하지만 그렇다고 해서 정확하게 뭘 증거로 해서 두 사람에게 업무방해죄의 책임을 물어야 할지, 잘 잡히지 않는다. 증거라고 할 수 있는 것은 입시위원회에서 총장의 간접 지시를 들었다는 위원의 진술밖에 없기 때문이다.

[대상판결]은 여러 가지 논리와 추론을 제시하면서 피고인 두 사람, 즉, 총장과 입학처장의 형사책임을 논하고 있다. 아래에서는 과연 그런 결론이 적절한지 검토하기로 한다.

Ⅱ. 총장의 부당한 지시

우리 법은 제307조에서 증거재판주의를 선언하고 있다. 사실의 판단은 증거에 의하여야 한다는 원칙이다. 민사소송의 경우는 '변론의 전취지'로도 입증이 가능하지만, 형사소송은 그렇지 않다. 증거로만 사실을 인정할 수 있다.

그런데 증거에는 여러 가지 종류가 있다. 당연히 분류법도 여러 가지다. 그 가운데 한 가지 분류법은 증거를 진술증거와 비진술증거로 나누는 것이다. 진술증거란 사람의 말이 증거가 되는 경우를 가리킨다. 가령, 살인사건에서 목격자의 증언은 중요한 진술증거 중 하나다. 목격자가 증인으로 나와 "피고인이 피해자를 살해하는 것을 보았다"라고 말하는 식이다. 또, 피고인의 자백도 진술증거가 될 수 있다. 같은 살인사건에서 피고인 스스로 "제가 피해자를 죽였습니다"라고 자백하는 것도 진술증거가 된다. 이 중, 증인의 증언을 예로 들면 다음과 같은 그림을 그릴 수 있다.

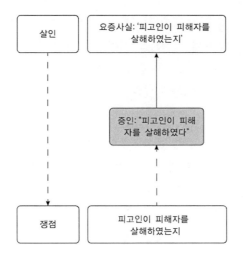

위 그림과 같은 살인사건에서 증인이란 자신이 경험한 바를 진술하는 자다. 따라서 무언가 듣거나, 보거나 등등 직접 경험한 것이 있을 것이다. 아무것도 경험한 것 없이 "피고인이 피해자를 살해했습니다"라고 말할 수는 없다. 아마도 증인은 피고인이 피해자를 살해하는 장면을 정면으로 목격했을 것이다. 즉, 다음과 같은 그림을 그려볼 수 있다.

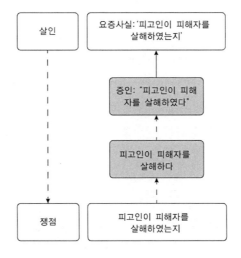

그렇다면 이 '살해 장면'(피고인이 피해자를 살해하다)은 우리가 뭐라고 정의할 수 있을까? 우리는 앞에서 '사실'과 '증거'를 구별한 적이 있다. 그렇다면 '살해장면'은 '사실'이라고 해야 할까, 아니면 '증거'라고 해야 할까? 그것도 아니면 다른 어떤 단어로 정의해야 할까?

'살해장면'은 사실, 과거에 일어난 일이다. 따라서 그것은 민법에서 정의하듯이, '사건'이라고 하는 것이 가장 정확할 것 같다. 살인사건에서 벌어진 일 자체를 의미하는 것이기 때문이다. 따라서 다음과 같이 '살해장면'을 '사건'이라는 의미에서 '점선'으로 표시하기로 한다.

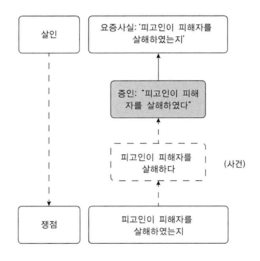

이 살인사건의 쟁점은 '피고인이 피해자를 살해했는지'이다. 위 그림에 의하면 그 쟁점과 관련해서 직접 '사건'을 목격한 자가 증인으로 나왔다. 그가 '살해장면'을 보고 법정에서 자신의 경험을 진술하고 있는 것이다. 여기서 점선으로 표시한 '사건'은 '과거에 일어난 일 자체'라고 할 수 있다.

그렇다면 이번에는 사건을 살인에서 명예훼손으로 바꾸어 보기로 하자. 명예훼손 사건에서도 '사건'이 있을 것이고, '증거'가 있을 것이고, '사실'이 있을 것이다. '사건'은 피고인이 누군가의 명예를 훼손하는 말을 한 것이 될 것이고, 이를 경험하고 법정에서 진술하는 자가 증인이 될 것이다. 그가 증언을 통해 요증사실을 주장하는 것이다. 이를 그림으로 표현하면 다음과 같다.

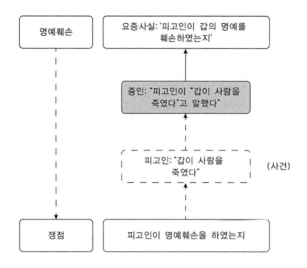

앞에 살인사건에서 '살해 장면'이라고 그린 것이 이번에는 '명예훼손 장면'으로 바뀌었다. 구체적으로 '피고인이 "甲이 사람을 죽였다"라고 말하는 장면'으로 바뀐 것이다. 이렇게 표현한 '사건' 역시 과거에 일어난 일 자체이다. 피고인이 실제로 그런 말을 하는 바람에 재판이 열리고 증인이 소환되기에 이른 것이다.

여기서도 '사건'은 점선으로 된 네모 안에 들어가 있다. 증거도 아니고 사실도 아닌, 사건이라는 점을 표시하기 위함이다. 비록 그 내용이 사람이 누군가의 죄에 대해서 진술하는 것처럼 되어 있어도 그것은 (진술)증거가 아니라, 사건이다. 즉, 과거에 일어난 일 자체이다.

이런 그림을 통해서 우리는 '사건'에도 사람의 진술이 포함될 수 있다는 점을 확인할 수 있다. 어떤 진술을 한 것 자체가 '사건'이 되는 경우도 있다는 뜻이다.

심지어 '진술'이 아니라 '욕'과 같이 사람의 입에서 나오는 말이 '사건'이 될 수도 있다. 다음과 같이 공갈죄에서는 '사람의 말'이 '사건'이 된다.

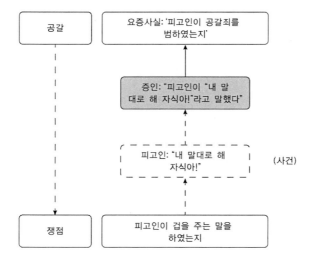

위 그림에서 '사건'은 피고인이 "내 말대로 해! 자식아!"라고 겁을 준 것이다. 그걸 들은 피해자인 증인이 법정에 나와서 "피고인이 "내 말대로 해, 자식아!"라고 말했습니다"라고 증언한다. 이를 통해 사건의 경험자인 증인의 증언이 공갈죄에 대한 직접증거로 법정에 제출되는 것이다.

[대상판결]은 여러 가지 면에서 위 그림과 아주 비슷하다. [대상판결]은 총장이 "甲을 뽑아!"라고 부당한 지시를 함으로써 입시업무를 방해했느냐, 여부가 문제된 업무방해죄 사건이다. 따라서 총장이 진짜로 "甲을 뽑아!"라고 말을 했는지가 쟁점이다. 앞에서 피고인이 "내 말대로 해 자식아!"라고 말을 했는지가 쟁점이 된 것과 전혀 다르지 않다. 따라서 [대상판결]에 대해서는 다음과 같은 그림을 그려볼 수 있다.

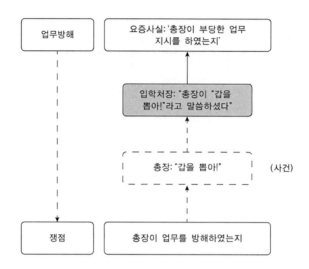

   [대상판결]에서 총장이 "甲을 뽑아!"라고 말한 것을 직접 들은(경험한) 사람이 있다. 바로, 입학처장이다. 따라서 입학처장이 법정에 나와서 위 그림과 같이 증언을 해 주면 문제는 깔끔하게 해결된다.

   그런데 총장의 말을 들은 입학처장은 그런 말을 들었다는 사실 자체를 부인하고 있다. 총장을 비호하기 위해서 그러는 것일지는 모르겠지만, 이로 인해 총장의 업무방해죄를 처벌할 수 없는 상황이 됐다. 하지만 다행스럽게도, 검찰 측 증인으로 당시 입학사정에 참여했던 위원이 나섰다. 그 위원이 직접 입학처장의 말을 들었다고 제보한 것이다. 즉, 다음과 같이 총장이 부당한 지시를 했다는 것을 간접적으로 법정에 보고하고 있다.

   자, 이제 이렇게 층위를 달리하는 여러 가지 '말' 또는 '진술'의 본질이 무엇인지 설명을 붙여 보기로 한다. 그러면 다음과 같은 그림이 나올 것이다.

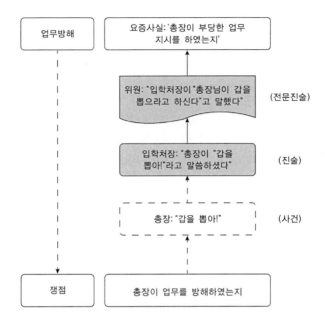

위 그림에서 보는 것처럼 총장의 부당한 업무지시는 그것 자체가 '사건'이고, 입학처장의 말은 (경험자의) '진술'이 되며, 위원의 말은 '전문진술'이 된다.

이제 총장의 죄를 검사가 입증하는 방법은 크게 두 가지가 있다. 하나는 입학처장을 증인으로 불러서 그의 증언을 통해 진술증거를 제출하는 것이고, 다른 하나는 입학처장의 말을 들은 위원을 불러서 그가 들은 바를 증언하게 하는 것이다.

그런데 입학처장이 법정에서 증언하기를 거부하고 있기 때문에 첫 번째 선택지는 해당사항이 없다. 그래서 검찰은 두 번째를 택했다. 즉, 입학처장의 말을 들었다는 위원을 증인으로 불러 그가 들은 바를 증언하게 한 것이다.

이런 검찰의 전략은 다시 실패할 수밖에 없다. 바로, 우리 법 제316조 제2항 때문이다.

피고인 아닌 자의 공판준비 또는 공판기일에서의 진술이 피고인 아닌 타인의 진술을 그 내용으로 하는 것인 때에는 원진술자가 사망, 질병, 외국거주, 소재불명 그 밖에 이에 준하는 사유로 인하여 진술할 수 없고, 그 진술이 특히 신빙할 수 있는 상태하에서 행하여졌음이 증명된 때에 한하여 이를 증거로 할 수 있다.

위원의 말을 증거로 쓰기 위해서는 원진술자인 입학처장이 부득이한 사유로 법정에 출석할 수 없고, 그 진술자의 진술이 특히 신빙할 수 있는 상태하에서 행하여졌어야 한다. 그런데 뒷부분의 소위 특신성 요건은 따질 것도 없이, 입학처장은 [대상판결]의 공동피고인으로서 법정에 이미 출석해 있다. 따라서 제316조 제2항에 따라 위원의 증언을 증거로 받을 가능성 자체가 봉쇄되고 말았다.

결국 입학처장의 말을 들어서 총장의 업무방해 사실을 입증하고자 하는 검찰의 계획은 실패했다. 이 점은 원심도 마찬가지였다. 원심도 총장의 업무방해죄 자체는 무죄라고 결론을 내렸다. 그런데 원심은 우리가 위에서 일일이 이름을 붙인 각 진술의 전달 단계를 다음과 같이 정의하고 있다.

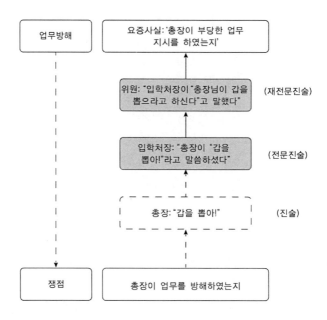

위 그림에서 보는 바와 같이 원심은 제일 먼저, "甲을 뽑아라!"라는 총장의 말을 '진술'로 잘못 이해하고 있다. 진술은 쟁점 사실의 확인을 목적으로 하는 주장이어야 하는데, "甲을 뽑아라!"라는 말은 전혀 그런 용도가 아니다. 우리가 앞에서 본 바와 같이 "甲을 뽑아라!"라는 총장의 목소리는 그것 자체를 '사건'이라고 보아야 한다. 그리고 만약 총장의 말이 '사건'이라면, 그걸 들어서 경험한 입학처장의 말은 경험자의 '진술'이 되고, 이를 전해들은 위원의 말은 '전문진술'이 되어 전문법칙의 적용을 받는다. 그런데 원심은 총장의 말을 '진술'로, 입학처장의 말을 '전문진술'로, 위원의 말을 '재전문진술'로 잘못 파악하고 있다.

[대상판결]은 이 점을 정확하게 지적하면서 다음과 같이 설시하고 있다.

> 피고인 1[입학처장]의 위와 같은 진술은 전문증거가 아닌 본래증거이고, 이를 내용으로 하는 공소외 3[위원]의 위 각 법정진술은 재전문증거가 아닌 전문증거이다. 따라서 이를 재전문증거로 본 원심판단은 적절하지 않다.

흠잡을 데 없는 설시라고 본다.

이제 다음 문제는 [대상판결]이 위원의 증언을 다른 어떤 방법으로든 총장의 업무방해 사실을 입증하는 용도로 쓸 수는 없을까, 하는 점이다. 앞에서도 본 것처럼 직접증거로 쓰는 길은 전문법칙 때문에 봉쇄되고 말았다. 그렇다면 다음 방법은 직접증거가 아닌 간접증거로 쓰는 방안일 것이다. 즉, 요증사실을 직접 입증하지는 못하지만 간접사실의 입증을 통해 우회적으로 요증사실을 입증해 갈 가능성을 생각해 볼 수 있다.

이 점에 관해서 [대상판결]은 다음과 같이 설시하고 있다.

> 공소외 3[위원] 등의 위 각 법정진술을 피고인 1[입학처장]이 '피고인 3[총장]이 공소외 1[甲]을 뽑으라고 한다'는 말을 했었다는 사실 자체 또는 위 진술의 진실성과 관계없는 간접사실에 대한 정황증거로 사용할 때에는 이를 전문증거로 볼 수 없다.

과연 이런 설시가 설득력이 있는지 확인하기 위해서 다음과 같은 그림을 그려 보기로 한다.

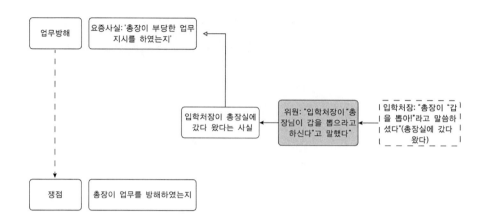

[대상판결]에서 위원의 진술을 요증사실에 대한 직접증거로 쓰는 방법은 봉쇄되었기 때문에 간접증거로 쓰는 방법만 남아 있다. 가령, 위원의 진술로부터 총장이 진짜 갑을 뽑으라고 했는지 입증하지는 못하지만 '입학처장이 총장실에 갔다 왔다는 사실'을 입증할 수는 있다. [대상판결]은 이와 같은 '제2의 용도'를 다음과 같이 표현하고 있다.

  "피고인 3[총장]이 공소외 1[甲]을 뽑으라고 한다'는 말을 했었다는 사실 자체 또는 위 진술의 진실성과 관계없는 간접사실에 대한 정황증거로 사용할 때에는"

즉, 위원의 진술을 통해 '두 사람, 즉 총장과 입학처장이 얘기를 나누었다는 사실'을 입증할 수는 있다. "총장이 "甲을 뽑으라"고 말씀하셨다"는 입학처장의 진술로부터 다른 건 몰라도, 입학처장이 위원회에 오기 전에 총장실에 갔다 왔다는 사실은 확인할 수 있는 것이다. 위 그림 오른쪽 끝에 있는 입학처장의 진술 끝에 괄호로 (총장실에 갔다 왔다) 라는 문구를 넣은 이유가 그것이다. 입학처장의 말에서 '지금 총장과 얘기를 하고 내려오는 길이다'라는 의미는 읽을 수 있다는 뜻이다. 그렇게 하면 [대상판결]의 지적처럼 위원의 진술을 전문진술이라고 볼 이유가 없다. 총장이 '甲을 뽑아라'라는 말을 했다는 사실을 입증할 목적이 아니라, 입학처장이 총장실에 갔다 왔다는 사실을 입증할 목적이라면, 입학처장은 그 사실을 말한 사람이 되고, 위원은 입학처장의 말을 들은 사람이 되기 때문이다. 위원은 입학처장의 말, 즉 "내가 지금 총장을 만나고 왔다"는 말을 들은 경험자라고 할 수 있다. 위 그림에서 위원의 말을 앞에서 '사건'을 뜻하는 점선 네모로 표현한 이유가 그것이다. 전문법칙의 적용을 받지 않고도 증거능력이 인정될 수 있다는 뜻이다. 위원의 진술은 '입학처장이 총장실에 갔다 왔다는 사실'에 대한 증거로 쓸 수 있는 것이다. [대상판결]도 위원의 말을 이런 용도로 쓰는 것은 틀리지 않다, 라고 얘기하고 있다.

자, 이제 남은 문제는 그와 같이 위원의 진술을 통해서 입증한 사실, 즉, '입학처장이 총장실에 갔다 왔다는 사실'이 '총장이 부당한 업무지시를 하였는지'에 대한 간접사실이 되는가, 하는 점이다.

직접증거로 입증하는 방법과 간접증거로 입증하는 방법은 그 경로 자체가 아주 다르다. 위 그림에서 직접증거의 자리에서 간접증거의 자리로 오면, 그만큼 어려움이 따른다. 바로, 간접사실을 정확하게 설정해야 하는 어려움이다.

직접증거와 달리 간접증거로 쓰기 위해서는 먼저 간접사실을 잘 만들어야 한다. 간접사실의 증명을 통해서 요증사실을 입증하는 것이기 때문에 그럴 만한 개연성 있는 사실을 정확하게 만들어야 한다. 그렇다면 '입학처장이 총장실에 갔다 왔다는 사실'은 요증사실을 입증하는 효과가 있을까? 그건 경우에 따라 다르다. 그 간접사실 하나만 있다면 어떨지 모르지만, 다른 간접사실이 추가된다면 그것과 합쳐서, 요증사실을 입증하는 힘을 가질 수도 있다. 가령, '입학처장의 오른손 바닥에 '甲'이라는 글자가 볼펜으로 적혀 있다는 사실'이 추가되고, '그 필체가 총장의 필체와 맞다는 사실'이 추가된다고 하자. 그러면 두 사람이 얘기를 나눈 다음에 총장이 입학처장의 손바닥에 甲이라는 글자를 썼다는 추론이 가능해지면서, 요증사실을 입증하는 효과를 발휘할 수도 있다.

그런데 문제는, [대상판결]의 경우에는 위원의 진술 외에 요증사실의 입증에 도움 되는 다른 간접사실이나 증거가 전혀 없다는 데 있다. [대상판결]이 마주하고 있는 가장 큰 어려움은 그것이다. 위원의 진술 하나만으로 위원이 직접 만나본 적도 없는 총장의 혐의를 입증해야 한다. 따라서 위 그림과 같이 어렵게 위원의 진술을 증거의 자리에 놓고, 그걸 통해서 '입학처장이 총장실에 갔다 왔다는 (간접)사실'을 입증했지만, 그 사실을 통해서 요증사실을 추론하는 데는 성공하지 못했다. 위 그림 상단에 간접사실과 요증사실 사이에 속이 비고, 끊어진 화살표를 그려둔 이유가 그것이다. '입학처장이 총장실에 갔다 왔다는 사실'로부터 '총장이 부당한 업무지시를 했는지'가 추론되지 않는다는 점을 표현한 것이다.

결국 위원의 진술은 전문법칙 때문에 직접증거로 사용될 길도 막혔고, 위에서 보는 것처럼 간접증거로서 입증의 효과를 내는 데도 실패했다. [대상판결] 역시 그 점을 정확하게 지적하고 있다. 다만 한 가지, [대상판결]의 추론에서 다음과 같은 아쉬운 대목이 보인다.

첫째, [대상판결]은 용어 선택에서, '간접사실의 정황증거'와 '간접사실의 증거'를 정확하게 구별하지 못하고 있다.

[대상판결]은 "공소외 3[위원]의 위 각 법정진술, 즉 피고인 1[입학처장]이 '피고인 3[총장]이 공소외 1[甲]을 뽑으라고 한다'는 말을[...]간접사실에 대한 정황증거로 사용할 때에는 이를 전문증거로 볼 수 없다"고 판시하고 있다. 위원의 말을 요증사실과 관련해서, "간접사실의 정황증거"로 쓰고 있다는 지적하고 있는 것이다. 하지만 이것은 잘못된 설시다. [대상판결]에서 위원의 말은 '간접사실의 정황증거'로 쓰인 것이 아니라, '간접사실의 (직접)증거'로 쓰였다. 이 점을 지적하지 않을 수 없다.

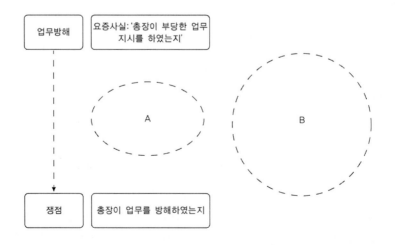

위 그림과 같이 입증의 영역을 A와 B로 나눠 보자. A 영역은 직접증거의 영역이다. 요증사실을 입증하는 증거를 그 안에 놓기만 하면 된다. 하지만 B 영역은 다르다. 그리로 가면 요증사실과 멀어지는 것은 물론이고, 다시 요증사실로 오는 길도 보장되어 있지 않다. 간접사실이라는 징검다리를 넘어서 차근차근 올 수밖에 없다. 그 징검다리를 잘못 잡으면 금세 길을 잃는 것은 물론이다. 요증사실로 향한다는 점을 설득하는 데 실패하고, 결국은 입증에 실패할 염려가 있는 것이다.

B 영역에서는 그림을 치밀하게 잘 그려야 한다. 어떤 간접사실을 통해서 요증사실로 올지 계획을 잘 세워야 한다. 또, 용어도 정확하게 써야 한다. 가령, '간접사실에 대한 증거'와 '간접사실에 대한 정황증거'는 비슷해 보여도 전혀 다른 개념이다. 간접사실에 대한 증거는 간접사실을 직접 지시하는 것이기 때문에 간접사실에 대한 정황증거에 비해서 입증이 용이하다. 반면에 간접사실에 대한 정황증거는 간접사실에 대한 또 다른 간접사실에 대한, 직접증거라는 뜻이다. 그래서 간접사실 하나를 더 만들어야 한다. 그래야 요증사실과 연결이 가능하다. 간접사실에 대한 증거는 간접사실이라는 징검다리를 하나만 건너면 되고, 간접사실에 대한 정황증거는 두 개를 건너야 한다. 당연히 요증사실을 입증하는 힘이 적을 수밖에 없다. 다음 그림을 보자.

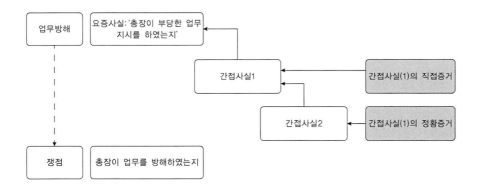

[대상판결]이 어떤 증거를 간접사실에 대한 정황증거라고 말하기 위해서는, 두 번째 간접사실이 무엇인지도 말해 주어야 한다. [대상판결]에서 위원의 말을 막연히 '간접사실에 대한 정황증거'라고 말해서는 안 된다. 그러기 위해서는 우리가 이미 본 바 있는 간접사실1('입학처장이 총장실에 갔다 왔다는 사실') 외에 간

접사실2가 무엇인지도 말해 주어야 한다. 간접사실의 정황증거로 쓰겠다는 것은 또 다른 간접사실, 즉, 간접사실2를 이용한 입증이기 때문이다.

　　[대상판결]은 위원의 말, 즉 "입학처장이 "총장이 甲을 뽑으라고 한다"고 말했다"라는 진술을 간접사실, 즉 '입학처장이 총장실에 갔다 왔다는 사실'을 입증하는 데 쓴다고 했다. 그렇다면 위원의 말은 '간접사실의 증거'이지, '간접사실의 정황증거'가 아니다. '간접사실의 정황증거'가 되려면 위 그림에서 보는 바와 간접사실2가 새로 만들어져야 한다. 그것 없이 '간접사실의 정황증거'라고 지칭하는 것은 입증의 기술로 치밀하지 못한 것이라고 할 수밖에 없다.

　　둘째, [대상판결]은 "어떤 말을 했었다는 사실 자체 또는 위 진술의 진실성과 관계없는 간접사실에 대한 정황증거로 사용할 때에는 이를 전문증거로 볼 수 없다"고 설시하고 있는데, 이 대목에 대해서는 약간의 설명이 필요할 것 같다. 먼저, 앞에서 본 바와 같이 위 설시 가운데 '간접사실에 대한 정황증거'는 '간접사실에 대한 증거'로 바꾸어야 할 것 같다. 또, [대상판결]이 말하는 '간접사실'이란 '입학처장이 총장실에 갔다 왔다는 사실'이라는 점도 이미 본 바와 같다. 즉, [대상판결]은 "어떤 말을 했었다는 사실 자체 또는 위 진술의 진실성과 관계없이 '입학처장이 총장실에 갔다 왔다는 사실'에 대한 증거로 사용할 때에는 이를 전문증거로 볼 수 없다"고 판시하고 있는 셈이다. 그 취지는 당연히 맞다. [대상판결]에서 입학처장의 말을 그 진실성, 즉, 총장이 부당한 업무지시를 했느냐, 라는 문제와는 상관없이 입학처장이 어떤 말을 했다는 것과 입학처장이 총장실에 갔다 왔다는 사실을 입증하는 증거로 쓸 때는 전문증거가 아니라고 할 수 있다. 하지만 문제는 왜 전문증거가 아닌가, 하는 점이다. 그 이유는 간접사실에 대한 증명에 쓰이기 때문이 아니다. 간접사실에 대한 증명에도 당연히 전문법칙이 적용된다. [대상판결]에서 전문법칙이 적용되지 않는 이유는 그 입증취지를 '입학처장이 총장실에 갔다 왔다'로 바꾸고 나면, 위원이 바로 경험자가 되기 때문이다.

　　[대상판결]에서 위원의 진술을 직접증거로 쓰지 못했다. 바로 전문법칙 때문이다. 그래서 자리를 옮겨서, 간접증거로 쓰려고 한다. 그건 문제가 없다. 입학처장의 진술을 그 내용의 진실성(총장이 甲을 뽑으라고 진짜로 지시했는지) 입증을 위해서 쓰려는 게 아니기 때문이다. 그 진술을 했다는 자체를 입증할 목적으로 쓰려고 한다. 입학처장의 말을 반드시 '총장이 업무지시를 했다'는 취지로 들을

필요는 없다. '입학처장이 총장실에 갔다 왔다'는 취지로 들을 수도 있다. 그때는 '甲을 뽑아라!'라는 진술 내용은 생각할 필요가 없다. 입학처장은 면담을 하고 나왔고, 위원에게 말을 했으며, 위원은 그 사실, 즉 '면담을 했다'는 사실을 인지한 사람이 된다.

　'입학처장이 총장실에 갔다 왔다'는 사실에 관한 한, 위원이 경험자다. 경험은 다양한 방법으로 할 수 있다. 집무실 밖으로 새어나오는 소리를 들을 수도 있고, 얘기하고 나오는 입학처장의 지친 표정을 볼 수도 있고, 입학처장의 몸에서 총장실 특유의 냄새를 맡을 수도 있다. 말하는 태도 등 전체 분위기를 보고 알 수도 있다. 위원은 입학처장의 말을 듣고, 동시에 비장한 표정을 보고 '입학처장이 총장실에 갔다 왔다는 사실'을 인지했다. 총장이 입학처장이 말한 대로, 입학처장에게 부당한 지시를 했는지는 직접 경험자가 아니라서 알지 못한다. 하지만 최소한 두 사람이 얘기를 나눈 사실 자체는 알고 있다. 면담 후 입학처장이 한 말을 듣고 알게 된 것이다. 입학처장이 총장실에 가서 총장과 입학처장이 얘기를 나누었다는 사실을 말이다.

　이제 그 위원이 증언대에 선다고 하자. 그렇다면 그의 증언, 즉, "입학처장이 "총장이 갑을 뽑으라고 하신다"고 말했다"와 관련해서는 위원은 직접 경험자가 된다. 그 입증의 최종 목표가 간접사실이어서가 아니라, 위원이 직접 경험자이기 때문이다. 같은 간접사실에 대한 입증이라도 위원이 아니라 위원의 조교가 증인이 된다면 그때는 또 얘기가 달라진다. 즉, 전문증거가 되고, 전문법칙이 적용될 수가 있다. 가령, 다음 그림과 같은 경우다.

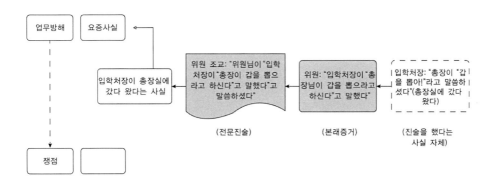

위 그림에서 보는 바와 같이 입학처장의 진술, 즉 "총장이 "甲을 뽑아!"라고 말씀하셨다"라는 진술은 요증사실이 간접사실('입학처장이 총장실에 갔다 왔다는 사실')로 바뀌면, '어떤 진술을 했다는 사실 자체'가 된다. 따라서 이를 들어서 전하는 위원의 진술 "입학처장이 "총장이 甲을 뽑으라고 하신다"고 말했다"는 진술은 우리 판례의 견해에 따르면, 전문증거가 아니라 '본래증거'로 바뀐다. 보통의 증언과 다르게 취급할 이유가 없다는 뜻이다. 그래서 [대상판결]은 그 진술은 "전문증거가 되지 않는다"고 결론을 내린 바 있다. 하지만 그 진술을 전해들은 조교가 있다면 그 조교의 진술은 당연히 전문증거가 되고, 전문법칙이 적용된다. 위 그림에서 조교의 진술 부분을 물결무늬로 표시한 이유가 그것이다.

이처럼 간접사실에 대한 증명이라고 해서 전문법칙이 적용되지 않는 게 아니다. 적용된다. 그 증명 역시 실체증거로서의 증명이기 때문이다. 결과적으로 '입학처장이 총장실에 갔다 왔다'는 간접사실은 요증사실, 즉 '총장이 부당한 업무지시를 하였는지'를 입증하는 데는 성공하지 못했다(속이 빈 화살표 참조). 하지만 그런 부실한 간접사실의 증명도 전문법칙에서 자유로울 수 없다. 다만, [대상판결]에서는 위원의 진술이 본래증거라서 전문증거로 취급되지 않은 데 지나지 않는다.

그런 의미에서, [대상판결]이 다음과 같이 조금 더 친절하게 풀어 주었으면 더 좋지 않았을까, 하는 아쉬움이 남는다.

"어떤 진술을 했다는 사실 자체 또는 진술의 진실성과 관계없는 간접사실, 즉, '입학처장이 총장실에 갔다 왔다는 사실'에 대한 증거로 사용할 때는 전문증거가 되지 않는다. 그와 같은 간접사실에 관한 한, 위원의 진술은 본래증거이기 때문이다. 하지만 다시 한 다리를 건너, 제3자에게 전달되고 나면 그 제3자의 진술은 전문진술이 되고, 전문법칙의 적용을 받는다."

라고 말이다.

Ⅲ. 입학처장의 부당한 지시

총장의 업무방해 혐의와 달리 입학처장의 혐의는 훨씬 더 쉽게 입증이 가능하다. 이를 확인하기 위하여 입학처장을 피고인으로 하는 [대상판결]의 입증과정을 아래와 같이 그려 보기로 한다.

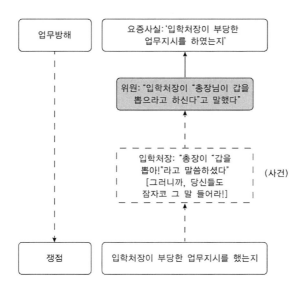

입학처장의 죄책 입증방법으로 그린 위 그림에서 가장 중요한 것은 입학처장의 말을 어떻게 이해할 것인가, 하는 점이다. 표면적으로 보면 "총장이 "甲을 뽑아!"라고 말씀하셨다"는 입학처장의 진술은 전문진술처럼 보인다. 하지만 그 진술 안에 들어 있는 생략된 말([...])을 떠올려 보면 얘기가 다르다. 입학처장은 문제된 진술을 가지고 사실 두 가지 말을 하고 싶어 했다. 하나는 "총장이 "甲을 뽑아!"라고 말씀하셨다"는 점을 위원에게 상기시키는 것이고, 다른 하나는 암묵적으로, "그러니까 당신도 그 말대로 해라!"는 말을 하고 싶었던 것이다. 위 그림에서 네모진 괄호 안에 ["그러니까, 당신들도 잠자코 그 말 들어라!"]라는 말을 집어넣은 이유가 그것이다.

이렇게 놓고 보면 입학처장의 말은 사실 그 자체가 '부당한 업무지시'다. 업무방해죄와 관련해서는 '사건'이라고 볼 수 있는 것이다. 협박죄에서 협박 문구와 다를 바 없다. 따라서 입학처장의 말을 들은 위원은 증인이 되고, 그가 법정에서 "입학처장이 "총장이 甲을 뽑으라고 하신다"고 말했다"고 증언했다면, 그것은 그대로 입학처장의 업무방해죄에 대한 직접증거가 된다. 위 그림에서 위원의 진술 부분에 물결무늬가 없는 것은 그것이 보통의 증언과 다를 바 없기 때문이다.

결국, 입학사정위원회에 참여했던 위원의 진술은 총장의 죄책을 입증하는 데는 전혀 효과를 발휘하지 못했지만, 입학처장의 죄책을 입증하는 데는 아무런 문제가 없었다. 위 그림에서 보는 바와 같이 [대상판결]은 위원의 증언을 기초로 해서 입학처장에게 유죄를 선고했다.

Ⅳ. 나오며

증거를 이용해서 사실을 입증하는 과정 자체는 까다로운 검증이 필수적이다. 그래야 양 당사자가 판단 결과를 수긍할 수 있기 때문이다.

간접증거가 직접증거보다 어려운 이유는 간접사실이라는 중간 기착지를 넘어야 요증사실로 갈 수 있기 때문이다. 그것도 무작정 기착한다고 되는 게 아니다. 논리적으로 수긍할 수 있는 자리에 간접사실을 놓고, 그걸 통과해서 최종적으로 요증사실로 가는 길을 만들어야 한다.

심지어 간접사실의 정황증거를 통한 입증은 간접사실1과 간접사실2를 어떻게 놓느냐에 따라 입증의 성패가 달라진다. 치밀한 고민 없이 그 관련성이 멀어 보이는 증거를 '간접사실의 정황증거'라고 이름 붙이고, 그것이 어떻게든 요증사실을 입증할 것이라고 생각해서는 안 된다. 바로 아래 그림에서 보이는 큰 화살표처럼 막연한 그림을 그려서는 안 되는 것이다.

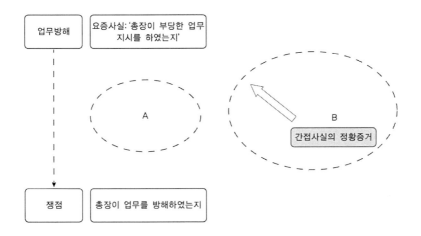

무엇이 간접사실인지, 또, 무엇이 간접사실에 대한 정황증거인지에 대해 정확한 그림을 그려야 한다. 그래야 그 입증이 설득력을 발휘할 수 있다.

또, 간접사실의 정황증거는 전문법칙이 적용되지 않는다, 는 식으로 말하면 오해의 소지가 있다. 전문법칙의 제외 사유에 딱히 그런 것은 없기 때문이다. 간접사실의 정황증거도, 실체증거로 쓰이는 한 전문법칙의 적용을 피할 수 없다.

[대상판결]이 결과적으로 옳은 판단을 했음에도 불구하고, 이 두 가지 점에서 애매한 태도를 보인 점이 못내 아쉽다.

미주

제1부 제1장   미주

1) Hon. R.A. Posner, "On Hearsay", *Fordham Law Review*, 2016, 1467면 ("I am "saying" what I "heard" = "hearsay"") 참조.

2) S.I. Friedland et al., 『Evidence, Law and Practice (5th)』, LexisNexis, 2012, 413면 참조.

3) 위의 책, 414 – 16면에서 발췌.

4) 그런 의미에서 판사들은 전문진술을 "남의 입을 통해서 말하는 것"이라고 비아냥대고 있다는 데 대해서는, H.S. Chasanow & J.F. Anderson, "The Residual Hearsay Exceptions: Maryland's Lukewarm Welcome", *University of Baltimore Law Review*, Vol. 24, 1994, 6면("Judges began to criticize hearsay as a "tale of tale," and a "story out of another man's mouth") 참조.

5) D.A. Schum, "Assessing the Competence and Credibility of Human Source of Intelligence Evidence: Contributions from Law and Probability", *Law, Probability and Risk*, Vol. 6, 2007, 253면 참조.

6) 전문법칙의 예외에 관한 정리로는 이주원, 『형사소송법』, 박영사, 2019, 391면 참조.

7) 이재상·조균석, 『형사소송법(제12판)』, 박영사, 2019, 616면("여기서 특히 신빙할 수 있는 상태(특신상태)란 영미법의 신용성의 정황적 보장과 같은 의미[이다]") 참조.

8) 가령, 1961년은 우리 법 상 공식적으로 전문법칙이 도입된 해이다. 형사소송법 일부 개정 1961. 9. 1. [법률 제705호, 시행 1961. 9. 1.] "개정이유"("⑥ 공판준비 또는 공판기일에서의 진술에 대신하여 진술을 기재한 서류나 공판준비 또는 공판기일 외에서의 타인의 진술을 내용으로 하는 진술은 이를 증거로 할 수 없도록 함") 참조. https://glaw.scourt.go.kr/wsjo/lawod/sjo190.do?contId=1670953#1609641427708 (2023. 10. 3. 최종 방문)

9) 차이가 있다는 견해로는, 신동운, 『신형사소송법(제5판)』, 법문사, 2014, 1178면 참조.

10) 김종구, "형사소송법상 전문법칙의 입법연혁과 영미법의 영향 – 일본 형사소송법상

전문법칙의 제정과정과 관련하여 –", 법학논총 제19집 제3호, 2012, 72면("해방 후 1947년에 미군정 당국에 의해 법전편찬위원회가 설치되었고, 1948년 대한민국의 시작과 함께 새로운 법전편찬위원회가 구성되게 된다") 참조.

11) 초안 제294조 이하 참조. 신양균, 『형사소송법 제·개정 자료집(상)』, 형사정책연구원 연구총서 09–25–08, 2009, 40면.

12) 증거편 제294조는 증거재판주의, 제295조는 자유심증주의, 제296조는 자백배제법칙, 제297조 자백보강법칙 등 증거 편 총칙 규정은 현행법과도 별 차이가 없다. 다만, 전문법칙이나 전문진술 같은 용어 자체가 들어 있지 않았다. 위의 책, 40면 참조.

13) 위의 책, 41면.

14) 현행 형사소송법 [법률 제16924호, 시행 2021. 1. 1.] 제315조 제1호에서 "호적등본이나 초본"이 "가족관계기록사항에 관한 증명서"로 바뀐 것만 다르다.

15) 신양균, 앞의 책, 67–8면.

16) 『표준국어대사전』에 보면 정황은 "일의 사정과 상황"이고, 상황은 "일이 되어 가는 과정이나 형편"이므로 정황은 "일의 사정과 되어 가는 과정, 형편"이라고 정의할 수 있고, 상태는 "사물·현상이 놓여 있는 모양이나 형편"이라고 한다. 아주 큰 차이가 있는 것 같지는 않다.

17) 정도 면에서 다른 의미라는 견해로는, 김정한, "형사소송법 상 특신상태의 의미와 개념요소 및 판단기준에 관한 소고", 비교형사법연구 제16권 제1호, 2014, 159면("전문법칙의 예외이론이 말하는 신용성의 정황적 보장이 전문증거이지만 일응 증거능력을 부여하여도 될 정도의 일반적인 보장이라면, 특신상태가 말하는 신용성의 정황적 보장은 그야말로 특별한 보장으로서 예외이론이 말하는 보장보다 훨씬 더 강한 정도의 보장, 즉 증거 획득 과정에서의 신빙성에 대한 우려를 불식시킬 수 있는 정도의 보장이라고 해석[된다]") 참조.

18) 김병로 대법원장은 국회에서 새로운 형사소송법의 입안과정에 대하여 설명하면서, 구형사소송법과 미군정법령 제176호 그리고 1948년의 일본 신형사소송법이 제정형사소송법안의 중요한 참고자료였음을 밝히고 있다. 한국형사정책연구원, 『형사소송법제정자료집』, 한국형사정책연구원, 1996, 206면; 김종구, "형사소송법 상 전문법칙의 입법연혁과 영미법의 영향", 법학논총 제19집 제3호, 2012, 72면("제정형사소송법의 입안자들이 참고한 자료 중 전문법칙을 담고 있는 것은 1948년의 일본 신형사소송법이다") 참조.

19) 다만 주로 서증에 대한 전문법칙이었다는 점에 대해서는, 위의 글, 85면("일본의 경우는 수사기관 작성의 신문조서가 전문법칙의 주요 대상이고 전문법칙의 예외도 주로 서증과 관련된 것이라는 점에서 미국법상 전문법칙의 내용과는 많은 차이점이 있다") 참조.

20) 쇼와형사소송법 제320조는 전문법칙을 선언하고 있는데, 이 규정은 제정법에는 도입 되지 않고 1961년 개정법에 들어오게 된다.

21) "피고인 이외의 자의 공판준비 또는 공판기일의 진술에서 피고인 이외의 자의 진술 을 그 내용으로 하는 것에 대해서는, 제321조 제1항 제3호의 규정을 준용한다." 제 321조 제1항 제3호의 규정을 준용하므로 바로 앞의 각주에서 보는 바와 같이 "단, 그 진술이 특히 신용할 만한 정황 하에서 된 것일 때에 한한다"가 된다.

22) "전 2호에 게재한 서면 이외의 서면에 대해서는, 진술자가 사망, 정신 또는 신체의 이상, 소재불명 또는 국외에 있어 공판준비 또는 공판기일에 진술할 수 없고, 한편, 그 진술이 범죄사실의 존부의 증명에 없어서는 안 되는 것일 때. 단, 그 진술이 특히 신용할 만한 정황 하에서 된 것일 때에 한한다."

23) "전 2호에 게재한 것 외에 특히 신용할 만한 정황 하에서 작성된 서면."

24) 지금도 일본형사소송법은 같은 단어를 쓰고 있다. 최병천, "특신상태에 관한 비판적 고찰", 법학논고 제66집, 2019, 277-78면 참조.

25) E. Mulligan, "Evidence - Erroneous Application of the Residual Hearsay Rules",, Vol. 25, 1991, p.326("The common-law courts developed the traditional hearsay exceptions out of both necessity and their circumstantial guarantees of trust-worthiness"); 미연방증거규칙 제803(24)조 참조.

26) '특히'는 표 양쪽 모두에 있다. '특히'에 대해서 특별한 의미를 두는 견해로는, 김정 한, 앞의 글, 159면 참조.

27) 신양균, 앞의 책, 147면.

28) 전문법칙이나 전문증거의 예외에 대한 얘기는 관심을 끌지 못했다. 위의 책, 147면 이하 참조.

29) 이재상·조균석, 앞의 책, 587면 이하; 배종대 외, 『신형사소송법(제5판)』, 홍문사, 2013, 630면 이하 등 참조.

30) Ohio v. Roberts, 100 S. Ct. 2531 (1980), p.2539("The focus of the Court's concern has been to insure that there are indicia of reliability which have been widely viewed as determinative of whether a statement may be placed before the jury though there is no confrontation of the declarant") 참조. 한편, 영국법은 미국법과 달리 reliability를 예외 인정의 요건으로 명시하고 있다. Criminal Justice Act 117(7)("The court may make a direction under this subsection if satisfied that the statement's reliability as evidence for the purpose for which it is tendered is doubful in view of...") 참조.

31) 일본형사소송법에는 예나 지금이나 '신빙'이라는 글자가 없다.

32) 판례도 대법원 1987. 3. 24. 선고 87도81 판결("형사소송법 제314조 단서에 규정된

진술 또는 작성이 특히 신빙할 수 있는 상태 하에서 행하여진 때라 함은 그 진술내용이나 조서 또는 서류의 작성에 허위개입의 여지가 거의 없고 그 진술내용의 신용성이나 임의성을 담보할 구체적이고 외부적인 정황이 있는 경우를 가리킨다")을 마지막으로 신용성 대신 신빙성이라는 말을 쓰고 있다. 다만 대법원 2006. 5. 25. 선고 2004도3619 판결("둘째로 그 진술 또는 서류의 작성이 특히 신빙할 수 있는 상태 하에서 행하여진 것이어야 한다('신용성 정황적 보장의 요건')")과 같이 '신용성[의] 정황적 보장'이라는 문구를 추가한 경우도 있다. 아마도 교과서에서 여전히 전문법칙의 예외 인정 요건을 '신용성의 정황적 보장'이라고 설명하는 것에 영향을 받은 것 같다.

33) Idaho v. Wright, 497 U.S. 805 (1990), p.814.

34) H.S. Chasanow & J.F. Anderson, 앞의 글, 7면.

35) Washington v. Anderson, 733 P.2d 517(1987), p.520.

36) 대표적으로 (6)번이 그렇다. 반면에 "내용의 진실성을 의미하는 것이 아니라 진실성을 보장할 외부적 정황을 의미한다"는 견해로는 이재상·조균석, 앞의 책, 607면 참조.

37) H.S. Chasanow & J.F. Anderson, 앞의 글, 10−11면("The codification of the Federal Rules of Evidence began with the appointment of a special committee on evidence by Supreme Court Chief Justice Earl Warren in 1961. A drafting committee was appointed in 1965. A draft of the Federal Rules of Evidence was completed in 1969") 참조.

38) 대법원 2017. 7. 18. 선고, 2015도12981, 2015전도218 판결.

39) "그 진술이"는 사례에서 "원진술이" 또는 "B의 진술이" 라는 뜻이다

40) 전문증거가 아니라 보통의 증인신문이라면 다음과 같은 그림이 되었을 것이다.
B → 법관

41) 유명한 Walter Raleigh의 반역죄에 대한 재판에서는 리스본에 여행 갔던 영국 사람이 증인으로 나와 어느 주점에서 포르투갈 사람에게서 들은 말 "내가 알기로는 코브햄 경과 롤리 경이 왕을 죽이려고 한다는데"를 증언으로 제출했다. H.S. Chasanow & J.F. Anderson, 앞의 글, 6면("A witness testified at the trial that he overheard an unknown Portuguese gentleman in a tavern state: "[Y]our king shall never be crowned for Don Cobham and Don Raleigh will cut his throat before he comes to be crowned") 참조.

42) 위의 글, 6면("The "person who relates a hearsay, is not obliged to enter into any particulars, to answer any questions, to solve any difficulties, to reconcile any contradictions, to explain any obscurities, to remove any ambiguities: he entrenches himself in the simple assertion that he was told so, and leaves the

burden entirely on his dead or absent author") 참조.

43) S.I. Friedland et al., 앞의 책, 412면("Hearsay rule protects the right to cross-examinine") 참조.

44) A에 대한 검증은 법정에서 하면 되기 때문이다. 형사소송규칙 제77조 참조.

45) 전문법칙은 배심재판을 위해서 필요한 법칙이라고 설명하는 게 일반적이다. 반대로, 배심원도 직업법관처럼 전문증거로 인해 증거판단에 혼란을 겪지 않는다는 주장에 대해서는, Hon. R.A. Posner, 앞의 글, 1467면("I am mindful too of studies that find that jurors tend to be skeptical of hearsay evidence, which if the studies are true imply that hearsay evidence admission does little harm even when it's unreliable") 참조.

46) 대법원 2017. 12. 5. 선고, 2017도12671 판결 참조.

47) 대법원 2017. 7. 18. 선고, 2015도12981, 2015전도218 판결.

48) 특신성 판단의 예로 판례는 "① 부지불각 중에 한 말, ② 죽음에 임하여 한 말, ③ 반사적으로 나온 말, ④ 앞뒤가 맞고 이론정연한 말, ⑤ 범행 직후에 범증을 은폐할 시간적 여유가 없는 중에 나온 말, ⑥ 범행 직후에 깊이 뉘우치는 상태에서 한 말 등"을 들고 있다. 대법원 1983. 3. 8. 선고 82도3248 판결 참조. 그 외 판례에 나타난 구체적 사례분석에 대해서는 김정한, 앞의 글, 169면 이하 참조.

49) 대법원 2017. 7. 18. 선고, 2015도12981, 2015전도218 판결.

50) "관계증거를 기록과 대조하여 검토하"는 등의 방법으로 특신성을 판단한다는 데 대해서는, 대법원 1995. 6. 13. 선고 95도523 판결 참조.

51) 반대신문의 기술이 발달해 있다면 법정에 나온 A의 진술의 신빙성을 상당한 정도로 높일 수 있을 것이고, 그때는 법정 밖 B의 진술의 신빙성을 아주 높게 요구하지 않아도 될 것이다.

52) 증인 둘의 법칙은 미국 헌법 제3조 제3문에 나온다.

53) S. M. Finkelstein, "A Tale of Two Witnesses: The Constitution's Two-Witness Rule and the Talmud Sanhedrin", *Litigation*, 2010, 17면 ("The testimony of one witness that contradicted the testimony of the other on critical points of evidence would render invalid the testimony of both. For example, if one witness testified to an event occurring on the third day of the month and the other testified to it as having occurred on the fifth day of the month, their testimony was rendered invalid. Similarly, if one witness testified to an event occurring in the third hour of the day and the other testified to it as having occurred in the fifth hour of the day, their testimony was rendered invalid. Great emphasis was placed on the importance of cross-examination and on

techniques that could be used to develop such inconsistencies to achieve a reliable judgment essential to conviction of a capital offense").

54) 미연방증거규칙 제807조.

55) 정웅석, "형사소송법상 특신상태의 필요성에 대한 비판적 고찰", 「저스티스」, 통권 제138호, 2013, 327면("최종적인 신빙성 판단과 같은 수준으로 판단하는 것은 부적절하다고 할 것이다. 이는 증거능력 판단에서 아예 최종적인 사실판단을 해 버리는 것이 되고, 그러면 결국 배심원의 사실판단권을 침해하는 것이기 때문이다") 참조.

56) 전문법칙은 원래 문서의 신빙성에 대한 의문에서 시작되었다. H.S. Chasanow & J.F. Anderson, 앞의 글, 6면("The only other item of evidence against Raleigh was a written confession obtained from, and later recanted by, Lord Cobham") 참조. 그리고 실제로 대부분의 예외가 문서에 관한 예외이다. 증거규칙 제803조 참조.

57) 동의를 해도 직권으로 진정성을 검증한다. 법 제318조 제1항("검사와 피고인이 증거로 할 수 있음을 동의한 서류 또는 물건은 <u>진정한 것으로 인정한 때</u>에는 증거로 할 수 있다")(밑줄표시 필자) 참조.

58) 실체진실의 발견을 위해서는 정보의 양도 중요하다는 점에 대해서는, 헌법재판소 2013. 10. 24. 선고 2011헌바79 결정 참조.

59) 전문법칙을 오래 적용해 온 나라들은 진술에 대한 예외도 많다. 증거규칙 제803조 참조.

60) 대법원 2017. 12. 5. 선고, 2017도12671 판결("형사소송법 제315조 제3호에서 규정한 '기타 특히 신용할 만한 정황에 의하여 작성된 문서'는 형사소송법 제315조 제1호와 제2호에서 열거된 공권적 증명문서 및 업무상 통상문서에 준하여 '굳이 반대신문의 기회 부여 여부가 문제 되지 않을 정도로 고도의 신용성의 정황적 보장이 있는 문서'를 의미한다"); 헌법재판소 2013. 10. 24. 선고 2011헌바79 결정("형사소송법 제315조 제1호와 제2호에서 열거된 공권적 증명문서 및 업무상 통상문서에 준하여 '굳이 반대신문의 기회 부여 여부가 문제되지 않을 정도로 고도의 신용성의 정황적 보장이 있는 문서'를 의미하는 것으로 해석할 수 있[다]") 참조.

61) 증거규칙은 이 점을 여러 군데서 명시하고 있다. 증거규칙 제803(6)(A)조 ("..someone with knowledge.."); 제803(8)(A)(ii)(..a matter observed by law enforcement personnel..) 등 참조.

62) 따라서 각각이 전문법칙의 예외 인정요건에 맞아야 한다. 증거규칙 제805조 ("Hearsay within hearsay is not excluded by the rule against hearsay if each part of the combined statements conforms with an exception to the rule") 참조.

63) 우리 법에는 위 각주에서 소개한 것과 같은 재전문증거에 관한 규정이 없을 뿐만 아니라 판례도 재전문증거는 증거능력이 없다고 한다. 다만 재전문증거 가운데 재전문

서류(전문진술이 기재된 조서)와 재전문진술을 달리 취급하고 있다. 대법원 2012. 5. 24. 선고 2010도5948 판결 참조.

64) 대법원 2017. 12. 5. 선고 2017도12671 판결.

65) 다만 이에 대해서는 제311조도 같은 문제가 있다는 점에서 제315조 적용에서 문제가 없다는 견해가 있다.

66) 대법원 2004. 1. 16. 선고 2003도5693 판결.

67) 대법원도 "사무처리 내역을 계속적, 기계적으로 기재한 문서"라고 설명하고 있다. 대법원 2017. 12. 5. 선고 2017도12671 판결 참조.

68) 차라리 제311조의 예외를 확장하는 방향으로 새로 입법을 하는 편이 나을 것 같다. 다른 피고인에 대한 형사사건의 공판조서(대법원 1964. 4. 28. 선고 64도135 판결, 대법원 1966. 7. 12. 선고 66도617 판결 등 참조) 역시 마찬가지다.

69) 수사기관의 조서의 경우는 진술자가 법정에 나와 성립의 진정을 인정하는 것을 조건으로 증거능력이 인정되도록 하였다. 신양균, 앞의 책, 154면("공판준비수속이나 또는 공판에 와서 피고인이 경찰에서 그와 같이 내가 말한 것이 사실입니다 또는 그런 말을 않더라도 사실내용을 물을 때에 거기에 부합되게 피고인이 진술해야만 경찰이 기록한 조서가 유죄판단의 재료가 되는 것입니다") 참조.

70) 다중전문증거에 대해서는, P. Nicolas, "But What If the Court Reporter Is Lying? The Right to Confront Hidden Declarants Found in Transcripts of Former Testimony", *Brigham Young University Law Review*, 2010, p.1154 참조.

71) 따라서 각각이 전문법칙의 예외 인정요건에 맞아야 한다. 증거규칙 제805조 ("Hearsay within hearsay is not excluded by the rule against hearsay if each part of the combined statements conforms with an exception to the rule") 참조.

72) Crawford v. Washington 에서는 대륙법의 조서 작성 관행을 "ex parte examinations as evidence"라고 해서 부정적으로 평가하고 있다. 124 S. Ct. 1354 (2003), p.1363.

73) 이 점과 관련해서 쇼와형사소송법 제정 시기에 논란이 많았다는 점에 대해서는, 김종구, 앞의 글, 83면("일본 형사소송법의 개정작업이 최종 단계에 진입한 1948년 3월, 형사소송법 개정 제9차안이 일본 측으로부터 공표가 되나, 이를 검토한 연합군총사령부는 수정을 요구하게 된다. 연합군총사령부 측은 원래의 초안에서 "검찰관, 형사경찰직원이 작성한 신문조서는 어떠한 경우에도 증인의 진술을 녹취한 증거로서 법정에 제출할 수 없다"고 하였다") 참조.

74) Crawford v. Washington, 124 S. Ct. 1354(2003), p.1359("English common law has long differed from continental civil law in regard to the manner in which witnesses give testimony in criminal trials. The common－law tradition is one of

live testimony in court subject to adversarial testing, while the civil law condones examination in private by judicial officers") 참조.

75) 증거법을 바꿔서 될 문제가 아니라 헌법을 바꾸어야 하는 문제라는 점에 대해서는, Crawford v. Washington, 124 S. Ct. 1354(2003), p.1356("The Constitution prescribes the procedure for determining the reliability of testimony in criminal trials, and this Court, no less than the state courts, lacks authority to replace it with one of its own devising") 참조.

76) 김정한, 앞의 글, 175면("314조는 한편으로는 증거능력 부여의 필요성이 매우 큰 반면, 다른 한편으로는 진정성립 불비까지도 불식시킬 수 있을 정도의 특히 엄격한 특신상태 판단이 필요하다고 할 수 있다") 참조.

77) 아직도 전문법칙의 예외의 예외라고 보는 판례도 적지 않다. 대법원 2013. 4. 11. 선고 2013도1435 판결; 대법원 2019. 11. 21. 선고 2018도13945 전원합의체 판결("전문법칙에 대하여 예외를 정한 형사소송법 제314조의 취지에 반하고") 참조.

78) 대법원 2017. 7. 18. 선고 2015도12981, 2015전도218 판결; 대법원 2014. 4. 30. 선고 2012도725 판결.

제1부 제2장   미주

1) 김희균·신호인, "'특신상태'의 의미에 관한 비교법적 고찰 – 제정형사소송법 규정을 중심으로–," 법학논총 제33권 제3호, 2021, 426–28면 참조.

2) 형사소송법[법률 제705호, 시행 1961. 9. 1.] 참조.

3) 1961년 개정법 제276조에 의하면 "피고인이 공판기일에 출석하지 아니한 때에는 특별한 규정이 없으면 개정하지 못"하고, 다만, 제297조에서 피고인의 퇴정 규정("① 재판장은 증인 또는 감정인이 피고인 또는 어떤 재정인의 면전에서 충분한 진술을 할 수 없다고 인정한 때에는 그를 퇴정하게 하고 진술하게 할 수 있다. 피고인이 다른 피고인의 면전에서 충분한 진술을 할 수 없다고 인정한 때에도 같다. ② 전항의 규정에 의하여 피고인을 퇴정하게 한 경우에 증인, 감정인 또는 공동피고인의 진술이 종료한 때에는 퇴정한 피고인을 입정하게 한 후 서기로 하여금 진술의 요지를 고지하게 하여야 한다")을 두고 있다.

4) 형사소송법[법률 제705호, 시행 1961. 9. 1.] 제287조 제1항("검사와 변호인은 순차로 피고인에게 대하여 공소사실과 정상에 관한 필요사항을 직접 신문할 수 있다") 참조.

5) R.K. Newman, 『The Yale Biographical Dictionary of American Law』, Yale

University Press, 2009, 587−89면 참조.

6) S. Stonefield, "Rule 801(D)'s Oxymoronic "Not Hearsay" Classification: The Untold Backstory and a Suggested Amendment", *Federal Courts Law Review*, 2011, 10면 참조.

7) 위의 글, 참조.

8) 미연방증거규칙(Federal Rules of Evidence), 제801조.

9) S. Stonefield, 앞의 글, 13−4면 참조.

10) 위의 글, 14면 참조.

11) 미연방증거규칙 제801(c)조.

12) S. Stonefield, 앞의 글, 13면 참조.

13) 위의 글, 14면, 각주 48) 참조.

14) 모건 교수는 전문법칙의 예외별로 요구하는 신빙성의 정도가 다르다는 점과 피의자의 진술의 경우는 그가 반대신문권을 주장할 이유가 없다는 점에서 예외로 인정하는 데 문제가 없다고 지적한다. 위의 글, 18면("He noted that, in creating hearsay exceptions, courts "have appeared to require only some guaranty of truth ... and some measure of necessity." And he posited that the reason for these requirements was "chiefly the protection of the party against whom the evidence is to be used, rather than ... eliminat[ing] the possibility of false testimony." He supported this view by noting that courts regularly receive hearsay (as well as other) evidence if the opponent does not object to it. Morgan then stated, as "too obvious for comment," that in the case of an admission, "the party whose declarations are offered against him is in no position to object on the score of lack of confrontation or lack of opportunity for cross−examination" and that "[a]ll the substantial reasons for excluding hearsay are therefore wanting." He concluded by asserting that the party against whom the admission is offered "cannot object to it being received as prima facie truthworthy, particularly when he is given every opportunity to qualify and explain it.") 참조.

15) 위의 글, 참조.

16) S. Stonefield, 앞의 글, 52면("simple; "There is no practical difference between an exception to the hearsay rule and an exemption from that rule. If a statement fits either an exemption or an exception, it is not excluded by the hearsay rule, and it can be considered as substantive evidence if it is not excluded by any other rule (e.g. Rule 403)") 참조.

17) 제외설을 따를 수도 있지만, 우리 법이 피의자의 진술을 전문법칙의 예외라고 보고

있기 때문에 예외설을 따라서 설명을 시도해 보고자 한다.

18) P. Nicolas, 앞의 글, 1154면 참조.

19) 위의 글("Thus, to overcome a hearsay objection, not only would Anna's written statement have to fall within an exception to the hearsay rule, but so too would Bob's statement to Anna") 참조.

20) 미국의 유명한 크로포드 판결에서도 공범자인 Sylvia Crawford의 진술을 경찰이 녹취해서 증거로 제출한 바 있다. Crawford v. Washington, 541 U.S. 36 (2004) 참조.

21) P. Nicolas, 앞의 글, 1159면("The transcript is being offered to prove what the reporter heard the witness state. That is the first level of hearsay because it involves the perception, recollection, narration and sincerity of the court reporter. If the witness' words are also being offered for their truth, a second level of hearsay exists because this brings into play the perception, recollection, narration and sincerity of the witness") 참조.

22) 쇼와형사소송법은 우리와는 달리 녹취서를 제출하도록 하고 있다.

23) 우리 판례도 증거가 되는 것은 녹음 자체이지 녹취서가 아니라고 한다. 대법원 2012. 9. 13. 선고 2012도7461 판결("대화 내용을 녹음한 파일 등 전자매체는 성질상 작성자나 진술자의 서명 또는 날인이 없을 뿐만 아니라, 녹음자의 의도나 특정한 기술에 의하여 내용이 편집·조작될 위험성이 있음을 고려하여, 대화 내용을 녹음한 원본이거나 원본으로부터 복사한 사본일 경우에는 복사과정에서 편집되는 등의 인위적 개작 없이 원본의 내용 그대로 복사된 사본임이 증명되어야 한다") 참조.

24) P. Nicolas, 앞의 글, 1159면 참조.

25) 신동운, 앞의 책, 1220면("진술주체인 피고인의 진술을 제삼자인 진술기재자가 서면에 기재한 진술서면[은] 이중전문의 구조를 가진다") 참조.

26) 연방증거규칙 제801조 참조.

27) 연방증거규칙 제803(5)조 참조.

28) Crawford v. Washington, 541 U.S. 36 (2004) 참조.

29) 쇼와형사소송법 제322조("제322조 피고인이 작성한 진술서 또는 피고인의 진술을 녹취한 서면에서 피고인의 서명 또는 날인이 있는 것은 그 진술이 피고인에게 불이익한 사실의 승인을 내용 이를 증거로 할 수 있다. 다만, 피고인에게 불이익한 사실의 승인을 내용으로 하는 서면은 그 승인이 자백이 아닌 경우에도 제319조의 규정에 준하여 임의로 된 것이 아닌 의심이 있다고 인정할 때는 이것을 증거로 할 수 없다. 피고인의 공판준비 또는 공판기일에 있어서의 진술을 녹취한 서면은 그 진술이 임의로 된 것으로 인정할 때에 한하여 이를 증거로 할 수 있다").

30) 쇼와형사소송법 제322조 참조.

31) S. Stonefield, 앞의 글, 12면(", "[t]he theory of the Hearsay rule is that the many possible sources of inaccuracy and untrustworthiness which may lie underneath the bare untested assertion of a witness can best be brought to light and exposed … by the test of cross−examination") 참조.

32) 위의 글("Noting that "[t]he purpose and reason of the Hearsay rule [to test assertions through cross−examination] is the key to the exceptions to it[,]" Wigmore then recognized that "[the] test …may in a given instance be superfluous … [where] the statement offered is free from the risk of inaccuracy and untrustworthiness, so that the test of cross−examination would be a work of supererogation."") 참조.

33) 위의 글, 18면 참조.

34) 위의 글 참조.

35) E.M. Morgan, "Admissions as an Exception to the Hearsay Rule", *Yale Law Journal*, 1920, 361면 참조.

36) 위의 글, 359면 참조.

37) 이재상 외, 『형사소송법(제14판)』, 박영사, 2022, 381면("당사자주의란 당사자, 즉 검사와 피고인에게 소송의 주도적 지위를 인정하여 당사자 사이의 공격과 방어에 의하여 심리가 진행되고 법원은 제3자의 입장에서 당사자의 주장과 입증을 판단하는 소송구조를 말[한다]") 참조.

38) S. Stonefield, 앞의 글, 20면("the favorable treatment of admissions stems instead from notions of party responsibility for their own statements and the adversary theory of trials") 참조.

39) 대법원 2005. 11. 25. 선고 2005도5831 판결("피고인을 검거한 경찰관의, 검거 당시 또는 조사 당시 피고인이 범행사실을 순순히 자백하였다는 취지의 법정증언이나 위 경찰관의 진술을 기재한 서류는, 피고인이 그 경찰관 앞에서의 진술과는 달리 범행을 부인하는 이상 형사소송법 제312조 제2항의 취지에 비추어 증거능력이 없다고 보아야 한다") 참조.

40) 신동운, 앞의 책, 1241면("위법수사 또는 강압수사의 가능성을 봉쇄하는 한편 실체적 진실발견과의 균형을 도모하기 위하여 입법자는 그동안 판례에 의하여 불허되던 조사자증언제도를 입법적으로 도입하였다") 참조.

41) B.L. Garret, "Interrogation Policies", *University of Richmond Law Review*, 2014, 897면 참조.

42) E.B. Primus, "The Future of Confession Law: Toward Rules for the Voluntariness Test", *Michigan Law Review*, 2015 참조.

43) 형사소송법 제200조의5(체포와 피의사실 등의 고지)("검사 또는 사법경찰관은 피의자를 체포하는 경우에는 피의사실의 요지, 체포의 이유와 변호인을 선임할 수 있음을 말하고 변명할 기회를 주어야 한다") 참조.

44) 홍진영, "개정 형사소송법 제312조에 대한 검토", 형사소송 이론과 실무 제11권 제1호, 2020, 237-38면.

45) 법원행정처, 『법원실무제요 형사(Ⅱ)』, 2008, 107면.

46) 수원지방법원 2010. 7. 8. 선고 2010노1741 판결.

47) 홍진영, 앞의 글, 229면.

48) 위의 글.

49) 위의 글.

50) 신동운, 앞의 책, 1240면("실체적 진실발견을 추구하여 전문진술의 사용을 허용하게 되면 오히려 오판을 불러일으킬 위험이 있다") 참조.

51) 다만 앞에 소개한 대법원 2012. 5. 24. 선고 2010도5948 판결문을 보면 특신상태에 대한 심사를 엄격히 한다고 오인할 가능성이 있다.

52) 위그모어는 이 점을 중시해서 전문법칙의 예외가 아니라 적용제외라고 한 것이다.

53) 이에 대한 반대견해로는 신동운, 『간추린 신형사소송법(제11판)』, 법문사, 2019, 472면("피고인의 진술을 원진술로 하는 전문증거에 증거능력을 인정하면 자칫 자백편중의 수사관행을 묵인하는 폐단을 낳기 쉽다. 따라서 피고인의 진술을 내용으로 하는 전문증거는 그 증거능력을 부여함에 있어서 특별히 엄격한 해석을 가하지 않으면 안 된다") 참조.

54) 홍진영, 앞의 글, 209면.

제1부 제3장 미주

1) 이진수, "형사소송법 상 「성립의 진정」에 관한 연혁적 고찰과 그 함의", 비교형사법연구 제20권 제1호, 2018, 120면 이하 참조.

2) 민사소송법 제356조 및 제357조 참조.

3) 형사소송법 제311조("제311조(법원 또는 법관의 조서) 공판준비 또는 공판기일에 피고인이나 피고인 아닌 자의 진술을 기재한 조서와 법원 또는 법관의 검증의 결과를 기재한 조서는 증거로 할 수 있다. 제184조 및 제221조의2의 규정에 의하여 작성한 조서도 또한 같다") 참조. 직업법관이 일하는 중립적인 법원에서 작성했다는 차이가 있으나 진술을 그대로 전달하지 못하며 신빙성 평가에도 어려움이 있다는 한계는 수

사기관이 작성한 조서와 다르지 않다는 견해로는 최준혁, "다른 사건의 공판조서와 직접심리주의", 『형사소송 이론과 실무』, 2019, 84면 참조. 그런 의미에서 제311조의 서류는 성립의 진정에 대한 검증 없이도 증거서류가 된다고 할 것이다.

4) 제정형사소송법[법률 제341호, 시행 1954. 5. 30.] 제48조(조서의 작성방법) ① 피고인, 피의자, 증인, 감정인, 통역인 또는 번역인을 신문하는 때에는 참여한 서기관 또는 서기가 조서를 작성하여야 한다. ② 조서에는 다음 사항을 기재하여야 한다. 1. 피고인, 피의자, 증인, 감정인, 통역인 또는 번역인의 진술 2. 증인, 감정인, 통역인 또는 번역인이 선서를 하지 아니한 때에는 그 사유 ③ 조서는 진술자에게 읽어주거나 열람하게 하여 기재내용의 정확여부를 물어야 한다. ④ 진술자가 증감변경의 청구를 한 때에는 그 진술을 조서에 기재하여야 한다. ⑤ 신문에 참여한 검사, 피고인, 피의자 또는 변호인이 조서의 기재의 정확성에 대하여 이의를 진술한 때에는 그 진술의 요지를 조서에 기재하여야 한다. ⑥ 전항의 경우에는 재판장 또는 신문한 법관은 그 진술에 대한 의견을 기재하게 할 수 있다. ⑦ 조서에는 진술자로 하여금 간인한 후 서명날인하게 하여야 한다. 단, 진술자가 서명날인을 거부한 때에는 그 사유를 기재하여야 한다.

5) 피의자신문조서의 경우에는 제244조에서 작성방법에 대한 가이드라인이 있으나 참고인진술조서에 대해서는 비슷한 규정이 없다. 다만, 검찰사건사무규칙 제38조 제2항에서 진술조서에 기재할 것과 진술조서의 양식에 따를 것을 규정하고 있다.

6) 신양균 편저, 앞의 책, 125면("첫째 문제로서 인권옹호와 국가의 범죄수사 내지 형사재판의 편의를 기하자는 것인데 이 두 가지가 다 충돌이 됩니다. 인권을 옹호하려면 형사재판이나 범죄수사가 불편하게 되고, 후자에 대하여 완전을 기하려면 인권옹호면에 있어서 유감된 점이 나타나게 될 것입니다. 또 그 다음에 소송경제와의 관계에 있어서 범죄수사나 형사재판은 정확을 기해야 할 것도 요청되는 바이고, 신속을 기하는 것도 요청되는 바이지만 정확을 기하려면 신속할 수 없고, 신속을 기하려면 정확할 수 없는데 이 네 개의 원칙을 대각선을 그려 놓고 볼 때에 대단히 어려운 문제에 봉착할 것입니다") 참조.

7) 이완규, 『주석형사소송법(Ⅲ)(제5판)』, 한국사법행정학회, 2017, 486-87면 참조.

8) 사무인계, 특히 예심제도가 존재하던 때에는 수사와 소송을 연결된 것(소위 '사무인계')으로 보기 때문에 예심판사가 작성한 조서도 소송절차에서 작성된 조서와 같은 취급을 했다.

9) 증거서류의 적용 대상을 연혁적으로 정리하면 다음과 같다.

검사 피신조서	제312조	제313조
사경 피신조서	제정법	
검사 진술조서	검사 피신조서	
사경 진술조서	사경 피신조서	4개
검사 피의자진술서	검사 진술조서	

사경 피의자진술서 검사 참고인진술서 사경 참고인진술서 검사 검증조서 사경 검증조서 감정서(11개)	사경 진술조서 검사 검증조서 사경 검증조서 감정서 (7개)	
	1961년 개정법	
	검사 피신조서 검사 진술조서 검사 검증조서 사경 검증조서 사경 피신조서 (5개)	① 5개 ② 1개
	2007년 개정법	
	(10개)	① 0개 ③ 1개

10) 신동운, 간추린 형사소송법(제13판), 앞의 책, 629면("제정형사소송법의 입법자는 '성립의 진정'이라는 개념을 안전장치로 설정하여 각종서류를 형사법정에서 증거로 활용하기로 하였다") 참조.

11) 이흔재, "탄핵증거의 자격과 피고인 진술의 탄핵대상 여부", 형사법연구 통권 제68호, 한국형사법학회, 2016, 46면 참조.

12) 신동운, 『형사소송법(제3판)』, 법문사, 807면("1961년의 형사소송법 개정시에 형사소송법 제312조 제1항 단서를 통하여 '특신정황'의 요건이 신설되었다. 이와 같은 도입 경위를 살펴볼 때 '특신정황'은 증거능력의 요건을 보다 엄격하게 제한하기 위한 노력의 일환으로 우리 입법자가 도입한 요건이라고 하지 않을 수 없다") 참조.

13) '특신정황'의 의미에 대해서는 신동운(제3판), 앞의 책, 809−11면 참조.

14) 1961년 1차 개정에서 전문법칙의 예외와 관련해서는 아래와 같은 세 조문이 변경되었고, 그 내용은 '특신성' 요건을 추가하는 것이었다.

1961년 개정	
제312조 제1항 (단서 신설)	단, 피고인이 된 피의자의 진술을 기재한 조서는 **그 진술이 특히 신빙할 수 있는 상태하에서 행하여진 때에 한하여** 피의자였던 피고인의 공판준비 또는 공판기일에서의 진술에 불구하고 증거로 할 수 있다.
제313조 제1항 (단서 신설)	단, 피고인의 진술을 기재한 서류는 공판준비 또는 공판기일에서의 그 작성자의 진술에 의하여 그 성립의 진정함이 증명되고 **그 진술이 특히 신빙할 수 있는 상태하에서 행하여진 때에 한하여** 피고인의 공판준비 또는 공판기일에서의 진술에 불구하고 증거로 할 수 있다.

제316조 (제1항 신설)	피고인이 아닌 자의 공판준비 또는 공판기일에서의 진술이 피고인의 진술을 그 내용으로 하는 것인 때에는 **그 진술이 특히 신빙할 수 있** **는 상태하에서 행하여진 때에 한하여** 이를 증거로 할 수 있다.

15) 신동운(제3판), 앞의 책, 805－06면 참조.

16) 가중요건설과 완화요건설에 대해서는 이재상·조균석(제12판), 앞의 책, 631면 참조.

17) 신동운(제3판), 앞의 책, 807면("1961년의 형사소송법 개정시에 형사소송법 제312조 제1항 단서를 통하여 '특신정황'의 요건이 신설되었다. 이와 같은 도입 경위를 살펴 볼 때 '특신정황'은 증거능력의 요건을 보다 엄격하게 제한하기 위한 노력의 일환으로 우리 입법자가 도입한 요건이라고 하지 않을 수 없다") 참조.

18) 위의 책, 806면은 이 견해를 실질적 진정성립은 인정하지만 내용은 부인하는 견해라고 해서 '내용부인설'이라고 부른다.

19) 대법원 2007. 1. 25. 선고 2006도7342 판결.

20) 신동운(제5판), 앞의 책, 1169면.

21) 한 가지 다른 것은 제312조 제1항 단서에는 '피의자였던' 이라는 글자가 하나 더 들어간다는 것밖에 없다. 표에서 [...] 참조.

22) 대법원 2012. 9. 13. 선고 2012도7461 판결("피고인의 진술 내용을 증거로 사용하기 위해서는 형사소송법 제313조 제1항 단서에 따라 공판준비 또는 공판기일에서 작성자인 상대방의 진술에 의하여 녹음테이프에 녹음된 피고인의 진술 내용이 피고인이 진술한 대로 녹음된 것임이 증명되고 나아가 그 진술이 특히 신빙할 수 있는 상태하에서 행하여진 것임이 인정되어야 한다") 참조.

23) 법 제244조의2 참조.

24) 법 제244조의3 참조.

25) 법 제244조의4 참조.

26) 법 제244조의5 참조.

27) 신동운(제5판), 앞의 책, 1225면.

28) 이 경우 녹음자가 성립의 진정을 인정하면 된다고 하는 것이 우리 판례라는 점은 앞에서 본 바와 같다. 하지만 위 가중요건설에 대한 논의를 떠나서 피고인의 진술이 담긴 녹음테이프는 진술기재서류가 아니라 진술서라고 보아야 한다. 즉, 제313조 제1항 본문에 따라 원진술자인 피고인이 성립의 진정을 인정해야 하는 것이다.

29) 미연방증거규칙 제403조 참조.

제1부 제4장 미주

1) Crawford v. Washington, 541 U.S. 36 (2004), 39-40면.

2) Crawford v. Washington, 541 U.S. 36 (2004), 41면.

3) 금태섭, "크로포드 판결 이후 미국 연방대법원 판례의 경향", 「형사소송 이론과 실무」 제1권, 2009; 정웅석, "참고인진술의 증거능력을 인정하기 위한 대면권과 전문법칙과의 관계 - Crawford 판결과 Bryant 판결을 중심으로 -", 형사법의 신동향 제35권, 2012; 참조.

4) 이재상 외(제14판), 앞의 책, 692면 참조.

5) 54 P.3d 656 (2002), 658면 참조.

6) Wash. Rev. Code § 5.60.060(1) (1994) 참조.

7) State v. Burden, 841 P. 2d 758 (1992), 761면 참조.

8) Crawford v. Washington, 541 U.S. 36 (2004), 44면.

9) Crawford v. Washington, 541 U.S. 36 (2004), 48-9면.

10) Radbruch/최종고 譯, 『법철학』, 1988, 115면.

11) 법원행정처, 『형사소송법 개정법률 해설』, 법원행정처, 2008, 137면.

12) 최근 검사피신조서의 증거능력 인정 요건이 강화되면서 조서에 대한 의존도는 점차 낮아지고 있지만, 다른 증거서류마저 전부 증거의 세계에서 몰아내는 것은 너무 요원한 일로 보인다. 오히려 반대로 미국에서도 최근 법정 외 진술을 영상녹화물에 담아서 제출하면 증거로 할 수 있다는 연방증거법 개정안이 제출되어 논란이 된 바 있다. recorded statement 참조. 독일은 이미 증인의 진술을 담은 영상녹화물은 직접주의의 예외로 그 증인을 부르지 않고도 증거능력이 인정된다. 독일 형사소송법 참조.

13) P. Nicolas, 앞의 글, 1153면.

14) Crawford v. Washington, 541 U.S. 36 (2004), 49면.

15) Crawford v. Washington, 541 U.S. 36 (2004), 63면.

16) Crawford v. Washington, 541 U.S. 36 (2004), 62면.

17) Crawford v. Washington, 541 U.S. 36 (2004), 50면.

18) Crawford v. Washington, 541 U.S. 36 (2004), 43면.

19) Crawford v. Washington, 541 U.S. 36 (2004), 44면.

20) Crawford v. Washington, 541 U.S. 36 (2004), 48면.

제2부 제1장 미주

1) 직접증거와 간접증거의 구별에 대해서는 이주원, 『형사소송법』, 박영사, 2019, 326면 ("직접증거란 주요사실 그 자체를 직접 증명하는 증거(예: 피고인의 자백, 범행현장을 직접 목격한 증인의 증언, 위조통화)를 말한다. 주요사실이란 피고사건의 유죄증명에서 핵심적 내용을 이루는 사실(주로 범죄사실)을 의미한다.[반면에,] 주요사실을 직접 증명하는 것은 아니지만, 어느 일정한 사실을 인정하고 그 사실로부터 주요사실을 간접적으로 추인하는 증거를 간접증거 또는 정황증거라고 하고, 인정된 사실을 간접사실이라고 한다. 예컨대, 범행현장에서 채채취된 피고인의 지문은, 피고인이 범행현장에 간 적이 있다는 사실(간접사실)을 증명하는 증거로서, 살인의 사실(주요사실)에 대한 간접증거[가 된다]") 참조.

2) T. Anderson et al., 『Analysis of Evidence(2d.)』, Cambridge, 2005, p.62. n. 14 ("In law, direct evidence is evidence which, if believed, resolves a matter in issue. All other evidence is indirect or circumstantial because even if the circumstances depicted are accepted as true, additional reasoning is required to reach the desired conclusion") 참조.

3) '피고인이 피해자의 직장에 여러 번 찾아왔다'는 사실만으로 간접사실1이라는 요증사실을 추론하기는 쉽지 않겠지만, 거기에 추가로 '피고인이 피해자에게 2,000만 원을 송금했다'라는 사실을 더하면 간접사실1에 대한 입증이 가능할 수도 있을 것이다.

4) 미연방증거규칙 제401조.

5) 형사소송법 제316조 제2항.

6) 미연방증거규칙 제801조 참조.

7) T. Anderson, 앞의 책, p.77("Rule 1. All evidence is either direct or circumstantial. Rule 2. There is no such thing as direct evidence")은 Binder and Bergman을 인용하면서 "모든 증거는 정황증거이며, 직접증거는 없다"고 결론을 내리고 있다.

8) 「형사소송규칙」 제77조 제2항.

9) 미연방증거규칙 제608(a)조 참조.

10) 미연방증거규칙 제608(a)조 참조.

제2부 제2장 미주

1) 대법원 2019. 8. 29. 선고 2018도13792 전원합의체 판결.

2) 대법원 2008. 11. 13. 선고 2006도2556 판결 참조.

3) 대법원 2012. 7. 26. 선고 2012도2937 판결 참조.

4) 대법원 2012. 9. 13. 선고 2012도7461 판결.

5) 바로 위에서 본 것처럼 피고인의 '진술'이 들어 있는 것도 아닌데, 진술에 적용되는 제313조 제1항 단서를 언급하는 것 자체가 사실은 말이 되지 않는다.

저자약력

김 희 균

1966년 서울 출생
서울 양정고등학교 졸업
서울대학교 법과대학 사법학과 졸업
파리8대학교 문학부 졸업
파리8대학교 문학부 석사
인디애나대학교 로스쿨 석사
인디애나대학교 로스쿨 박사
뉴욕주 변호사
성신여자대학교 법학과 전임강사, 조교수
서울시립대학교 법학전문대학원 부교수, 교수
한국형사소송법학회 수석부회장
대검찰청 영미형사법아카데미 회장

세종도서
『대륙법전통』(역서)
『왜 법이 문제일까?』
『생각이 많은 10대를 위한 토론수업』

전문법칙의 이해와 오해

초판발행   2024년 2월 14일

지은이   김희균
펴낸이   안종만·안상준

편 집   윤혜경
기획/마케팅   장규식
표지디자인   BEN STORY
제 작   고철민·조영환

펴낸곳   (주) **박영사**
             서울특별시 금천구 가산디지털2로 53, 210호(가산동, 한라시그마밸리)
             등록 1959. 3. 11. 제300-1959-1호(倫)
전 화   02)733-6771
f a x   02)736-4818
e-mail   pys@pybook.co.kr
homepage   www.pybook.co.kr
ISBN   979-11-303-4648-9   93360

정 가   20,000원

이 저서는 2022년도 서울시립대학교 교내학술연구비에 의하여 지원되었음.